国家"十三五"重点图书出版规划项目
"江苏省新型建筑工业化协同创新中心"经费资助

新型建筑工业化丛书
吴 刚 王景全 主 编

房产全寿命周期管理与 BIM 技术应用

编著 李明勇 袁竞峰
　　　徐 照 徐春社

·南京·

内 容 提 要

本书结合国网江苏省电力有限公司的实际情况，以调研为基础，提出了房产全寿命周期管理的整体解决方案，包括面向大数据管理的房产全寿命周期管控模式设计、全寿命周期标准化管理手册设计、房产管理制度研究及动态管控机制设计；同时结合BIM技术、互联网技术等，提出了Web-BIM环境下针对非生产性房产协同管理的思路和模式，在调研分析国网江苏省电力有限公司的BIM应用现状和管理流程、信息、组织的协同现状基础上，构建了基于Web-BIM的非生产性房产多维协同管理模式、实施流程以及实施路径，为实现房产全寿命周期全面信息化的管理提供支持。本书可为电网公司管理人员、房产全寿命周期研究人员、BIM技术研究人员提供理论和技术帮助。

图书在版编目(CIP)数据

房产全寿命周期管理与BIM技术应用/李明勇等编著.
—南京：东南大学出版社，2019.8
 ISBN 978-7-5641-8202-1

Ⅰ.①房… Ⅱ.①李… Ⅲ.①房地产—项目管理—应用软件—研究 Ⅳ.①F293.33-39

中国版本图书馆CIP数据核字(2018)第293232号

房产全寿命周期管理与BIM技术应用
Fangchan Quanshouming Zhouqi Guanli yu BIM Jishu Yingyong

编　著　李明勇　袁竞峰　徐　照　徐春社

出版发行	东南大学出版社
社　　址	南京市四牌楼2号　邮编：210096
出 版 人	江建中
责任编辑	丁　丁
编辑邮箱	d.d.00@163.com
网　　址	http://www.seupress.com
电子邮箱	press@seupress.com
经　　销	全国各地新华书店
印　　刷	江阴金马印刷有限公司
版　　次	2019年8月第1版
印　　次	2019年8月第1次印刷
开　　本	787 mm×1 092 mm　1/16
印　　张	17.75
字　　数	389千
书　　号	ISBN 978-7-5641-8202-1
定　　价	78.00元

本社图书若有印装质量问题，请直接与营销部联系。电话(传真)：025-83791830

序

  改革开放近四十年来,随着我国城市化进程的发展和新型城镇化的推进,我国建筑业在技术进步和建设规模方面取得了举世瞩目的成就,已成为我国国民经济的支柱产业之一,总产值占GDP的20%以上。然而,传统建筑业模式存在资源与能源消耗大、环境污染严重、产业技术落后、人力密集等诸多问题,无法适应绿色、低碳的可持续发展需求。与之相比,建筑工业化是采用标准化设计、工厂化生产、装配化施工、一体化装修和信息化管理为主要特征的生产方式,并在设计、生产、施工、管理等环节形成完整有机的产业链,实现房屋建造全过程的工业化、集约化和社会化,从而提高建筑工程质量和效益,实现节能减排与资源节约,是目前实现建筑业转型升级的重要途径。

  "十二五"以来,建筑工业化得到了党中央、国务院的高度重视。2011年国务院颁发《建筑业发展"十二五"规划》,明确提出"积极推进建筑工业化";2014年3月,中共中央、国务院印发《国家新型城镇化规划(2014—2020年)》,明确提出"绿色建筑比例大幅提高""强力推进建筑工业化"的要求;2015年11月,中国工程建设项目管理发展大会上提出的《建筑产业现代化发展纲要》中提出,"到2020年,装配式建筑占新建建筑的比例20%以上,到2025年,装配式建筑占新建建筑的比例50%以上";2016年8月,国务院印发《"十三五"国家科技创新规划》,明确提出了加强绿色建筑及装配式建筑等规划设计的研究;2016年9月召开的国务院常务会议决定大力发展装配式建筑,推动产业结构调整升级。"十三五"期间,我国正处在生态文明建设、新型城镇化和"一带一路"倡议实施的关键时期,大力发展建筑工业化,对于转变城镇建设模式,推进建筑领域节能减排,提升城镇人居环境品质,加快建筑业产业升级,具有十分重要的意义和作用。

  在此背景下,国内以东南大学为代表的一批高校、科研机构和业内骨干企业积极响应,成立了一系列组织机构,以推动我国建筑工业化的发展,如依托东南大学组建的新型建筑工业化协同创新中心、依托中国电子工程设计院组建的中国建筑学会工业化建筑学术委员会、依托中国建筑科学研究院组建的建筑工业化产业技术创新战略联盟等。与此同时,"十二五"国家科技支撑计划、"十三五"国家重点研发计划、国家自然科学基金等,对建筑工业化基础理论、关键技术、示范应用等相关研究都给予了有力资助。在各方面的支持下,我国建筑工业化的研究聚焦于绿色建筑设计理念、新型建材、结构体系、施工与信息化管理等方面,取得了系列创新成果,并在国家重点工程建设中发挥了重要作用。将这些成果进行总结,并出版《新型建筑工业化丛书》,将有力推动建筑工业化基础理论与技术的发展,促进建筑工业化的推广应用,同时为更深层次的建筑工业化技术标准体系的研究奠定坚实的基础。

《新型建筑工业化丛书》应该是国内第一套系统阐述我国建筑工业化的历史、现状、理论、技术、应用、维护等内容的系列专著,涉及的内容非常广泛。该套丛书的出版,将有助于我国建筑工业化科技创新能力的加速提升,进而推动建筑工业化新技术、新材料、新产品的应用,实现绿色建筑及建筑工业化的理念、技术和产业升级。

是以为序。

清华大学教授　
中国工程院院士

2017 年 5 月 22 日于清华园

丛书前言

建筑工业化源于欧洲,为解决战后重建劳动力匮乏的问题,通过推行建筑设计和构配件生产标准化、现场施工装配化的新型建造生产方式来提高劳动生产率,保障了战后住房的供应。从 20 世纪 50 年代起,我国就开始推广标准化、工业化、机械化的预制构件和装配式建筑。70 年代末从东欧引入装配式大板住宅体系后全国发展了数万家预制构件厂,大量预制构件被标准化、图集化。但是受到当时设计水平、产品工艺与施工条件等的限定,导致装配式建筑遭遇到较严重的抗震安全问题,而低成本劳动力的耦合作用使得装配式建筑应用减少,80 年代后期开始进入停滞期。近几年来,我国建筑业发展全面进行结构调整和转型升级,在国家和地方政府大力提倡节能减排政策引领下,建筑业开始向绿色、工业化、信息化等方向发展,以发展装配式建筑为重点的建筑工业化又得到重视和兴起。

新一轮的建筑工业化与传统的建筑工业化相比又有了更多的内涵,在建筑结构设计、生产方式、施工技术和管理等方面有了巨大的进步,尤其是运用信息技术和可持续发展理念来实现建筑全生命周期的工业化,可称谓新型建筑工业化。新型建筑工业化的基本特征主要有设计标准化、生产工厂化、施工装配化、装修一体化、管理信息化五个方面。新型建筑工业化最大限度节约建筑建造和使用过程的资源、能源,提高建筑工程质量和效益,并实现建筑与环境的和谐发展。在可持续发展和发展绿色建筑的背景下,新型建筑工业化已经成为我国建筑业发展的必然选择。

自党的十八大提出要发展"新型工业化、信息化、城镇化、农业现代化"以来,国家多次密集出台推进建筑工业化的政策要求。特别是 2016 年 2 月 6 日,中共中央、国务院印发《关于进一步加强城市规划建设管理工作的若干意见》,强调要"发展新型建造方式,大力推广装配式建筑,加大政策支持力度,力争用 10 年左右时间,使装配式建筑占新建建筑的比例达到 30%";2016 年 3 月 17 日正式发布的《国家"十三五"规划纲要》也将"提高建筑技术水平、安全标准和工程质量,推广装配式建筑和钢结构建筑"列为发展方向。在中央明确要发展装配式建筑、推动新型建筑工业化的号召下,新型建筑工业化受到社会各界的高度关注,全国 20 多个省市陆续出台了支持政策,推进示范基地和试点工程建设。科技部设立了"绿色建筑与建筑工业化"重点专项,全国范围内也由高校、科研院所、设计院、房地产开发和部构件生产企业等合作成立了建筑工业化相关的创新战略联盟、学术委员会,召开各类学术研讨会、培训会等。住建部等部门发布了《装配式混凝土建筑技术标准》《装配式钢结构建筑技术标准》《装配式木结构建筑技术标准》等一批规范标准,积极推动了我国建筑工业化的进一步发展。

东南大学是国内最早从事新型建筑工业化科学研究的高校之一，研究工作大致经历了三个阶段。第一个阶段是海外引进、消化吸收再创新阶段。早在20世纪末，吕志涛院士敏锐地捕捉到建筑工业化是建筑产业发展的必然趋势，与冯健教授、郭正兴教授、孟少平教授等共同努力，与南京大地集团等合作，引入法国的世构体系；与台湾润泰集团等合作，引入润泰预制结构体系；历经十余年的持续研究和创新应用，完成了我国首部技术规程和行业标准，成果支撑了全国多座标志性工程的建设，应用面积超过500万平方米。第二个阶段是构建平台、协同创新。2012年11月，东南大学联合同济大学、清华大学、浙江大学、湖南大学等高校以及中建总公司、中国建筑科学研究院等行业领军企业组建了国内首个新型建筑工业化协同创新中心，2014年入选江苏省协同创新中心，2015年获批江苏省建筑产业现代化示范基地，2016年获批江苏省工业化建筑与桥梁工程实验室。在这些平台上，东南大学一大批教授与行业同仁共同努力，取得了一系列创新性的成果，支撑了我国新型建筑工业化的快速发展。第三个阶段是自2017年开始，以东南大学与南京市江宁区政府共同建设的新型建筑工业化创新示范特区载体（第一期面积5 000平方米）的全面建成为标志和支撑，将快速推动东南大学校内多个学科深度交叉，加快与其他单位高效合作和联合攻关，助力科技成果的良好示范和规模化推广，为我国新型建筑工业化发展做出更大的贡献。

然而，我国大规模推进新型建筑工业化，技术和人才储备都严重不足，管理和工程经验也相对匮乏，亟须一套专著来系统介绍最新技术，推进新型建筑工业化的普及和推广。东南大学出版社出版的《新型建筑工业化丛书》正是顺应这一迫切需求而出版，是国内第一套专门针对新型建筑工业化的丛书。丛书由十多本专著组成，涉及建筑工业化相关的政策、设计、施工、运维等各个方面。丛书编著者主要是来自东南大学的教授，以及国内部分高校科研单位一线的专家和技术骨干，就新型建筑工业化的具体领域提出新思路、新理论和新方法来尝试解决我国建筑工业化发展中的实际问题，著者资历和学术背景的多样性直接体现为丛书具有较高的应用价值和学术水准。由于时间仓促，编著者学识水平有限，丛书疏漏和错误之处在所难免，欢迎广大读者提出宝贵意见。

丛书主编　吴　刚　王景全

前　言

　　一些国家诸如美国、法国、日本等市场调节与政府主导相结合的房产管理模式,使得其房产管理政策具有很大的灵活性和实用性。一方面,就国内房产管理而言,随着消费者和房地产企业对房产管理部门的服务水平要求的提升以及"智慧城市"建设理念的提出,房产管理单位的信息化已经从初级的"无纸化"办公,发展到"以图管房"和现阶段的面向全行业的"数字房产",而未来形成"数字城市"的趋势也日渐明显。另一方面,自实行"三集五大"以来,国家电网公司在实现转变发展方式等方面完成了卓有成效的工作,但在资产全寿命周期管理中仍存在组织协调、流程优化以及信息共享等方面的不足。因此,探索基于全寿命周期管理的房产管控模式,对提升国家电网公司房产管理水平具有深远意义。

　　本书通过对各省(自治区、直辖市)电力公司和各直属单位的调研,从房产全寿命周期[项目申请、项目立项审批、项目发包(委托)、项目设计、建设管理、竣工验收、资产管理、运营维护、资产处置等]视角出发,分析了当前国家电网非生产性房产的管控现状及存在问题,对加强公司系统非生产性房产管理模式设计进行了研究。在此,特别感谢参与本书实践调研的团队！他们的调研工作为本书理论框架的设计提供了强有力的现实基础。

　　基于调研结果的分析,省公司目前尚未建立统一的信息集成平台及相应的信息共享机制,也存在现有信息系统使用烦琐,不能进行统计分析等问题。再者,随着计算机技术在建筑工程业的不断发展和应用,BIM技术在不同领域的应用进一步得到发展和重视,而BIM的应用在我国实际工程项目中的应用案例并不多,针对BIM的使用大多数也只停留在科研层面,现实管理业务的实操性较低。鉴于此,结合国内外的先进案例和管理经验,本书提出基于组织协同、流程优化和信息共享三方面的Web-BIM环境下非生产性房产全寿命周期协同管理,进一步结合协同度评价指标体系和权重分配构建了基于信息面、流程面和组织面的面向大数据管理的房产全寿命周期管理模式。本书结合国网江苏省电力有限公司的实际情况,以调研为基础,基于典型案例分析提出了Web-BIM环境下针对非生产性房产协同管理的思路和模式,为全国首创。

　　本书在编写过程中查阅和检索了许多房产管理、全寿命周期管理理论以及BIM技术应用相关方面的信息、资料和有关专家、学者的著作、论文,并得到诸多单位和学者的支持和帮助,在此由衷地表示感谢！由于基于Web-BIM的房产全寿命周期管理理论、方法和运作还需要在理论和实践中不断丰富、发展和完善,本书缺点与不足在所难免,不当之处敬请读者、同行批评指正。

笔　者

2019年6月于东南大学九龙湖校区

目　　录

第 1 章　绪论 ··· 1
1.1　研究背景 ··· 1
1.2　研究意义 ··· 1
1.3　国内外研究现状 ··· 3
　　1.3.1　房产管理研究现状 ··· 3
　　1.3.2　BIM 技术的研究现状 ·· 3
　　1.3.3　BIM 技术在房产管理中的研究现状 ······················· 4
　　1.3.4　国内外现有研究评述 ·· 5

第 2 章　房产全寿命周期管理理论 ·· 6
2.1　全寿命周期理论 ··· 6
　　2.1.1　基本概念 ·· 6
　　2.1.2　全寿命周期成本管理理论 ···································· 6
　　2.1.3　全寿命周期信息管理理论 ···································· 7
　　2.1.4　资产全寿命周期管理理论 ···································· 7
2.2　房产管理面临的挑战 ··· 8
　　2.2.1　全寿命周期管理理论应用的挑战 ··························· 8
　　2.2.2　智能化管理信息系统应用的挑战 ··························· 8
　　2.2.3　BIM 建模可视化技术应用的挑战 ·························· 9
　　2.2.4　当前房产管控出现的新问题 ································· 9
2.3　房产管理向全寿命周期管理的转变 ································ 10

第 3 章　国网公司非生产性房产管理现状与水平分析 ················ 11
3.1　调研概况 ·· 11
　　3.1.1　调研背景 ··· 11
　　3.1.2　调研目的 ··· 11
3.2　调查问卷分析及建议 ·· 11
　　3.2.1　公司非生产性房产基本情况 ································ 11
　　3.2.2　公司在全寿命周期非生产性房产管控中战略层面的现状 ·········· 12
　　3.2.3　公司在全寿命周期非生产性房产管控中决策层面的现状 ·········· 13

3.2.4　公司非生产性房产项目实施现状 ································ 13
　　3.2.5　公司非生产性房产使用的现状 ································ 14
　　3.2.6　公司非生产性房产全寿命周期管控中报废管理的现状 ············· 15
　　3.2.7　公司非生产性房产全寿命周期管控信息管理及信息一体化现状 ······ 15
　　3.2.8　其他 ·· 16

第4章　房产管理水平国内外典型案例分析 ······························· 18
4.1　案例介绍 ·· 18
　　4.1.1　非生产性房产管控水平案例介绍 ································ 18
　　4.1.2　Web-BIM 技术的非生产性房产协同管理案例分析 ············· 35
4.2　案例分析 ·· 44
　　4.2.1　非生产性房产管控水平案例分析 ································ 44
　　4.2.2　Web-BIM 技术的非生产性房产协同管理案例分析 ············· 46
4.3　重要启示 ·· 47
　　4.3.1　非生产性房产管控的重要启示 ·································· 47
　　4.3.2　Web-BIM 技术的非生产性房产协同管理重要启示 ············· 48

第5章　房产全寿命周期管理的整体解决方案 ··························· 51
5.1　房产全寿命周期管理的"三个方向" ····································· 51
5.2　房产全寿命周期管理的"三个定位" ····································· 51
5.3　房产全寿命周期管理的总体思路 ··· 52
　　5.3.1　管控目标："三大目标" ··· 52
　　5.3.2　管控主轴："三个时期" ··· 54
　　5.3.3　管控手段："三面融合" ··· 56

第6章　面向大数据管理的房产全寿命周期管控模式设计 ············ 58
6.1　房产孕育期管控模式设计 ·· 58
　　6.1.1　基于流程面的管控模式 ··· 58
　　6.1.2　基于信息面的管控模式 ··· 63
　　6.1.3　基于组织面的管控模式 ··· 67
6.2　房产运行期管控模式设计 ·· 70
　　6.2.1　基于流程面的管控模式 ··· 70
　　6.2.2　基于信息面的管控模式 ··· 75
　　6.2.3　基于组织面的管控模式 ··· 79
6.3　房产报废期管控模式设计 ·· 82
　　6.3.1　基于流程面的管控模式 ··· 82

		6.3.2 基于信息面的管控模式	83
		6.3.3 基于组织面的管控模式	87
		6.3.4 基于大数据运用的控制机制	88
	6.4	"三面融合"的实现机制	88

第7章 房产全寿命周期标准化管理手册设计 … 91

- 7.1 房产设计标准化管理手册 … 91
  - 7.1.1 概述 … 91
  - 7.1.2 标准化管控流程 … 91
  - 7.1.3 附件 … 102
- 7.2 房产施工标准化管理手册 … 107
  - 7.2.1 概述 … 107
  - 7.2.2 标准化管控流程 … 107
  - 7.2.3 附件 … 125
- 7.3 房产运行维护标准化管理手册 … 145
  - 7.3.1 概述 … 145
  - 7.3.2 标准化管控流程 … 145
  - 7.3.3 附件 … 154
- 7.4 房产报废退役标准化管理手册 … 155
  - 7.4.1 概述 … 155
  - 7.4.2 标准化管控流程 … 155
  - 7.4.3 附件 … 158

第8章 房产管理制度研究及动态管控机制设计 … 160

- 8.1 房产管理相关制度 … 160
  - 8.1.1 管理制度的不足 … 160
  - 8.1.2 管理制度的改进 … 162
- 8.2 房产全寿命周期风险管控 … 162
- 8.3 房产全寿命周期管控综合评价 … 170
- 8.4 房产管理的动态预测 … 176
  - 8.4.1 小型基建与技改项目的投资预测 … 176
  - 8.4.2 房产运行维护投资预测 … 178
- 8.5 房产全寿命周期管理的持续改进 … 179
  - 8.5.1 持续改进的目的 … 179
  - 8.5.2 持续改进的机制 … 180
  - 8.5.3 持续改进的内容 … 181

	8.5.4 持续改进的方案	181
	8.5.5 数据驱动型持续改进系统	182

第9章 房产管理 BIM 技术应用案例分析 … 185

- 9.1 系统介绍 … 185
  - 9.1.1 系统定位 … 185
  - 9.1.2 系统架构 … 186
  - 9.1.3 角色及权限 … 186
- 9.2 系统核心技术 … 186
  - 9.2.1 基于 BIM 的可视化管理 … 186
  - 9.2.2 GIS 与 BIM 技术结合 … 187
  - 9.2.3 以工作流驱动的平台运作模式 … 187
- 9.3 基础功能模块 … 188
  - 9.3.1 用户自定义看板 … 188
  - 9.3.2 多项目集成管理 … 188
- 9.4 模型管理模块 … 188
  - 9.4.1 模型基本操作 … 188
  - 9.4.2 数据关联 … 188
  - 9.4.3 模型上传与变更 … 188
- 9.5 OA 型流程管理模块 … 189
  - 9.5.1 主要流程 … 189
  - 9.5.2 OA 型流程管理功能汇总 … 190
- 9.6 图纸管理模块 … 190
- 9.7 进度管理模块 … 191
  - 9.7.1 Web-BIM 平台进度管理工作流程 … 191
  - 9.7.2 进度管理其他辅助功能 … 193
  - 9.7.3 进度管理功能汇总 … 194
- 9.8 造价管理模块 … 195
  - 9.8.1 Web-BIM 平台造价管理流程 … 195
  - 9.8.2 造价管理其他辅助功能 … 198
  - 9.8.3 造价管理功能汇总 … 198
- 9.9 安全管理模块 … 199
- 9.10 质量管理模块 … 200
- 9.11 资料管理模块 … 202
- 9.12 成功案例——PPP 绩效管理系统 … 203

第 10 章 基于 BIM 的房产全寿命周期协同管理研究 204
10.1 协同管理理论 204
10.1.1 协同管理的概念 204
10.1.2 协同度测量模型 204
10.1.3 协同管理的目标 206
10.2 Web-BIM 技术与应用 207
10.2.1 Web-BIM 技术基本概念 207
10.2.2 Web-BIM 技术应用框架 208
10.2.3 Web-BIM 技术应用条件 211

第 11 章 基于 Web-BIM 的房产全寿命周期协同管理整体解决方案 214
11.1 基于 Web-BIM 的房产全寿命周期协同管理的"三个目标" 215
11.2 基于 Web-BIM 的房产全寿命周期协同管理的"三个阶段" 215
11.3 基于 Web-BIM 的房产全寿命周期协同管理总体思路 216

第 12 章 基于 Web-BIM 的房产全寿命周期协同管理模式构建 219
12.1 基于 Web-BIM 的房产全寿命周期协同管理框架设计 219
12.2 基于 Web-BIM 的房产全寿命周期协同管理目标设置 220
12.3 基于 Web-BIM 的房产全寿命周期协同管理信息需求分析 220
12.3.1 房产管理不同职能参与人员的信息需求 221
12.3.2 房产管理不同职务参与人员的信息需求 226
12.3.3 房产管理不同阶段参与人员的信息需求 231

第 13 章 基于 Web-BIM 的房产全寿命周期协同管理流程设计 233
13.1 基于 Web-BIM 的房产全寿命周期协同管理流程设计框架 233
13.1.1 房产全寿命周期协同管理流程的精益管理 233
13.1.2 协同管理流程的定义、要素与设计框架 234
13.2 基于 Web-BIM 的房产全寿命周期协同管理组织结构设计 235
13.2.1 层级结构分析 235
13.2.2 组织结构设计 237
13.3 基于 Web-BIM 的房产协同管理活动识别 238
13.3.1 房产协同管理活动的分解梳理 238
13.3.2 房产协同管理活动的分类研究 240
13.4 基于数值型 DSM 的协同管理活动间逻辑关系构件 242
13.4.1 DSM 模型的分类与应用 242
13.4.2 房产全寿命周期协同管理活动间的逻辑关系表达式 243

第 14 章 基于 Web-BIM 的房产全寿命周期协同管理实施路径 ········ 251
  14.1 基于 Web-BIM 的房产全寿命周期协同管理总体实施路径探索 ········ 251
  14.2 基于 Web-BIM 的房产全寿命周期协同管理组织优化实施路径 ········ 252
  14.3 基于 Web-BIM 的房产全寿命周期协同管理流程运行实施路径 ········ 252
  14.4 基于 Web-BIM 的房产全寿命周期协同管理信息共享实施路径 ········ 253

第 15 章 总结 ········ 255
  15.1 结论 ········ 255
  15.2 主要建议 ········ 256
    15.2.1 成立协同管理团队 ········ 258
    15.2.2 营造 BIM 应用环境 ········ 258
    15.2.3 推广应用已有成果 ········ 261

参考文献 ········ 265

第1章 绪 论

1.1 研究背景

随着国民经济的快速发展,事业单位拥有了数量较大的房产,包括办公性房产、生产性房产、仓储性房产、居住性房产和商业性房产。这些房产是事业单位重要的固定资产,它改善了事业单位工作人员的办公、生产和生活条件,在国民经济建设中发挥着巨大作用。本书以国网非生产性房产为研究对象,研究房产全寿命周期管理理论及BIM技术的应用。

自实行"三集五大"以来,国家电网公司(以下简称"国网公司")在实现转变发展方式等方面完成了卓有成效的工作。国网公司日益重视项目管理,尤其对小型基建、非生产性技改大修项目的管理愈加严格,要求对涉及的房屋、设备设施进行全方位的管理,对此,国网公司在房屋的新建扩建、维修改造以及权证完善等各个环节均制定了管理办法,建立了管理指标体系,加强了管理考核。

目前,国网公司所属各单位按照"三集五大"统一布置,构建了统一规划、合理建设、集约高效的管理体系。国网公司后勤系统紧紧围绕"两个转变"中心工作,贯彻"三集五大"体系建设要求,房产管理得到了不断加强,但是在资产全寿命周期各环节的衔接、信息共享、实时查看等方面还存在一定不足。因此,探索基于全寿命周期管理的房产管控模式,将进一步提升国网公司资产管理水平。

1.2 研究意义

本书面向房产全寿命周期管控全过程,研究探索新形势下房产管控的定位、目标、业务范围和基本模式,设计面向大数据管理的房产全寿命周期管控模式,将进一步提升国网公司房产全寿命周期管理水平与绩效,推动房产的建设规范化、管理标准化、信息集成化和过程可视化,最终实现房产管控的安全、效能和成本最优的总体目标。

1) 创国际一流企业

"十三五"期间,国网公司后勤工作以支撑保障全面建设"一强三优"现代公司、加快创建"两个一流"为出发点和落脚点,坚持规划统领,深化集约管控,强化改革创新,加快建设与电网发展现代化相匹配的后勤保障资源体系、与国网公司治理现代化相一致的后勤管理工作机制和与国网公司卓越企业文化相适应的后勤职工队伍,全面建设"科学规范、集约高效、保障有力、服务优质"的后勤综合保障体系。因此,国网公司的发展对房产管控工作提出了新的更高要求。

随着国网公司"两个转变",以及全面深化改革、全面依法治企及实现卓越管理等工作的深入推进,国网公司对后勤保障工作提出了更高要求。本书正是为了解决房产管控中存在的瓶颈问题,强化非生产性房产资源集约统筹、合理调配和高效利用,优化配置存量资源,提高管理效率和效益,推动后勤管理工作开拓创新。

2) 流程集成化管理

由于房产从形成到报废处置涉及多个工作环节,在传统管理模式下,国网公司内部的制度、流程、标准不尽一致,各部门各层级各自强调阶段和职能的划分,未形成统一的目标,容易造成各部门各层级在自身管辖范围内强化管理,过分追求局部优化而忽视整体最优,造成了资产在运用效率、风险管控、成本控制等方面的独立,不利于可持续发展。

因此,实施对国网各层级组织系统集成优化和对房产从规划、计划、可研、设计、采购、施工、运维、技改大修至报废的全过程集成化管理,是统一各环节工作目标、提升资产利用效率、提高经营能力的关键手段,也是提升价值创造能力的重要途径。

3) 周期成本最优化

随着电网快速发展以及房产资产的迅速扩大,传统资产管理方式下设备寿命短、使用效率低等问题便逐渐显现。国网公司应加快转变管理理念,创新管理方式,统筹处理好安全、效能和周期成本三者的关系,提高资产质量和效益,以实现可持续发展。

通过系统引入资产全寿命周期管理理念和方法,可较好实现非生产性房产全寿命周期的统筹管理,在资产安全可靠运行和满足使用需求的条件下,对流程进行优化,通过综合评价实现持续改进,并实施全过程风险管控,将促使资产全寿命周期成本最优化。国外实践表明,推行资产全寿命周期管理能够为公司节约成本,促进经济效益显著提升。

4) 信息一体化管控

近年来,随着电网企业建设投资规模的持续增大,房产资产的更新改造和运行维护任务极其繁重,传统的资产管理理念和做法已难以适应新形势下的发展要求。站在实现国内、国际领先目标的高度来全面审视,国网公司资产管理存在着精细化程度不高、管理手段滞后等问题,严重制约了资产管理水平的进一步提高,并因此造成了资产使用效率不高、使用寿命短、资产实物管理与价值管理脱节等诸多问题。

为了解决这一系列问题,通过对国网公司房产管控现状分析,提出基于全寿命周期管理的房产管控模式,并引入大数据管理、BIM(Building Information Modeling)可视化技术等先进理念与方法,设计房产管控信息化方案,减少各个环节之间的信息沟通障碍和信息传递损失,推动实现房产全寿命周期信息一体化,全面提升国网公司资产管理水平和绩效。

因此,本书的研究将产生"充分发挥已形成资产的使用价值;有效降低资产的全寿命周期费用；积极防范相关资产不当处置与流失"等直接效益，还可获得"提升国网公司非生产性房产的资产管理水平，进一步完善非生产性房产管理制度"等间接效益，具有重要的实践意义和理论价值。

1.3 国内外研究现状

1.3.1 房产管理研究现状

经过大量的分析研究，本书认为一些国家诸如美国、法国、日本等由于采取了市场调节与政府主导相结合的房产管理模式，使得它们的房产管理政策具有很大的灵活性和实用性。2008年11月，IBM提出了"智慧地球"这一理念，进而引发了全世界对"智慧城市"[1]建设的热潮，而"智慧城市"的重要基础之一就是大数据技术。以美国的迪比克市为例，物联网将城市的所有资源（水、电、油、气、交通等公共服务）连接起来，监测、分析和整合各种数据以做出智能化的响应，更好地服务市民。同时搭建综合监测平台，及时对数据进行分析、整合和展示，使整个城市对资源的使用情况一目了然。通过公布这些信息，使用户对自己的耗能有更清晰的认识，有利于节能环保。

国内在房产管理领域，随着消费者和房地产企业对房产管理部门服务水平的要求越来越高，在较短的时间内，房产管理单位的信息化已经从初级的"无纸化"办公，发展到"以图管房"和现阶段的面向全行业的"数字房产"[2-3]，而未来形成"数字城市"的趋势也日渐明显。每个发展阶段均以技术进步作为其强大的支撑，各有其技术特点：(1)"无纸化"办公[3]：将办公自动化(OA)系统引入房产管理工作。无纸化办公的优点，不仅简化了业务流程、提高工作效率、节约办公和环保成本，更为以后的数据存储、利用、更新提供了方便。(2)以图管房：将地理信息系统(GIS)图形空间技术应用到房产管理工作中。每个房屋，其特定空间地理位置属性信息可通过GIS技术存储起来，运用到房产管理中。从此，房产管理工作中所用文件不再只是纯文本文件，而是经过专业测绘的分层分户图。这类技术在查询业务上，可以对地图进行定位、标注、空间分析，为工作人员提供准确、直观的信息，同时还提供更加强大的统计分析和辅助决策功能。(3)数字房产：利用网络技术、BIM技术、GIS技术和计算机软件技术等构建房产管理综合应用平台，通过完成不同任务的各个子系统，实现房产管理工作的统一管理。各子系统权限的统一管理、数据库的统一规划、新增子系统的快速构建、子系统中新增业务和功能的配置等工作，全部建立在该平台统一的底层架构上。房产管理综合应用平台的建立，真正实现了房产各种业务系统的统一管理和数据共享。该平台可极大地提升管理的便捷性，为在不同行业间的数据传递从而共享实现"数字城市"，甚至构建未来的空间基础设施(SDI)[4]提供必要的准备。

1.3.2 BIM技术的研究现状

BIM起源于美国，并且在欧洲及美国等国家得到迅速的发展应用，美国以及其他的一些国家都设立了相应的企业协会及研究机构。BIM 的发展经历了从虚拟的模型开发到可视化的信息化模型的开发的转变,欧洲及美国等一些建筑设计软件的开发商对 BIM 的发展注入了重要的动力因素[5]。美国的 AUTOCAD 公司第一个对 BIM 进行了一次次深入的研究,并且在工程界得到推广及认可[6]。BIM 的应用在我国实际工程项目中的应用案例并不多,但是 BIM 的应用对于我国建筑工程业的发展来说,是一种新的理念,对国际建筑工程业也是一个新的前沿领域[7]。近年来,计算机技术在建筑工程业的不断发展和应用,使得这个技术得到进一步发展和重视。

BIM 技术在国外得到深入研究和广泛应用,主要有以下几个原因:

(1) 开发商在招标文件中将 BIM 应用列入基本要求。现在的建筑工程项目规模逐渐增大,建筑的形式也越来越复杂,项目参与方更多,在项目的不同阶段产生的问题也复杂多样,BIM 平台的建设项目复杂程度及不同形式可产生更为高效的管理方式,这是 BIM 技术在国外广泛使用的前提[8]。对开发商来说,施工及设计方能否更为有效地利用 BIM 来进行项目设计、建造,是开发商选择的指标之一。

(2) 建立协同工作的管理模式[9]。BIM 技术在国外的发展应用已达到相当完善和广泛的程度,在建筑工程局部的环节中 BIM 的应用也逐步完善,例如在设计阶段使用 BIM 进行风光热、日照等分析。从工程技术管理角度来看,以 BIM 为主导的项目管理模式也逐渐形成,IPD(Integrated Project Delivery,集成项目交付模式)[10]是目前较为完善的一种,此模式要求设计、开发商、物业管理及施工等参与方在前期的项目开发中对项目进行规划,对项目方案从不同角度进行完善,参与各方形成合作性质的同盟,收益共享,风险均担。这种模式在国外的建筑工程中已有完善的准则及合同管理文本,支持基于 BIM 的项目管理模式的发展应用。

(3) 软件开发较为成熟。美国的欧特克公司的 Revit 系列软件、ARCHICAD 及芬兰 Tekla 公司开发的 Tekla 系列软件等,为国内外的工程技术领域提供了完善的解决方案并得到了广泛的引用,为 BIM 的发展和应用提供强大的支持[11]。

国外 BIM 技术起步较早,已经形成了较为完善的应用体系,对于 BIM 的研究已扩展到更为广泛的大型、超大型土木工程建筑领域及不同计算软件的信息共享数据研究[12]。

1.3.3 BIM 技术在房产管理中的研究现状

BIM 必须在战略上就如何利用现代化房产管理达成一致目标,以及根据各企业自身实际制定切实有效的实施规划[13]。在实施过程中,挑选合适的专业合作伙伴,采取有效持续共赢的合作方式也很重要。对于 BIM 在房产管理中的实施路径,需要把握以下三个重点:

(1) 引入 BIM 房产管理的全生命周期咨询服务公司[14]。利用 BIM 对房产信息进行归纳和梳理,结合企业形成一套可行方案,聘请专业 BIM 团队,结合其研究成果、案例经验,结合企业自身的情况,建立企业的 BIM 应用架构,制订 BIM 应用短期和长期计划,方可避免闭门造车。

(2) 建立 BIM 云平台[15]。企业必须先建设一个管理更可控、流程更高效、信息更透明、数据更全面的 BIM 管理云平台,在此基础上方能开展房产管理需求的深度应用。应用情形必须得到应用软件的支持,只有相应的应用软件存在,这些应用情形才能实现。BIM 管理云平台是建筑业的模型和流程操作系统,越来越多的信息将在基于 BIM 管理云平台系统上完成,这样能让工作更高效、质量更高,让工作成果可存储、可搜索、可计算分析[16]。

(3) 建立 BIM 管理体系。BIM 管理云平台的应用不是简单工具软件的操作,它涉及企业各部门、各岗位,涉及公司管理的流程,涉及人才梯队的培养和考核,需要配套制度的保障,需要软硬件环境的支持[17]。BIM 管理应用体系可分为企业级应用和部门级应用。部门级应用只涉及一个部门,比如设计管理部门。部门级应用无法发挥部门间的协同效应,其应用效果受限,但可以作为初期尝试[18]。

1.3.4 国内外现有研究评述

从现有研究的文献来看,在房产管理方面,国内和国外在管理模式上有很大差异[19],国外为市场调节与政府主导相结合的房产管理模式,国内主要为政府指导性房产管理模式。因此,国外在房产管理方面具有非常丰富的经验,这样的房产管理模式很值得借鉴,这对于促进我国高房产资源的合理优化配置具有一定的指导意义。国外在大数据方面应用较早,技术上较国内先进。但是,国内也在不断发展,努力实现房产管理单位的信息化,实现"数字城市"。BIM 技术在一些发达国家的使用已经相对广泛,目前我国对 BIM 技术的运用也已经有了广泛的研究。随着计算机的发展及应用、国家政策的支持,BIM 技术将会在我国得到不同程度全方位的应用。BIM 技术的普及将彻底改变房产管理信息不对称带来的各种根深蒂固的弊病,用更高程度的数字化及信息整合优化全产业链,可实现信息化、工厂化、精细化的房产管理模式。

第2章
房产全寿命周期管理理论

2.1 全寿命周期理论

2.1.1 基本概念

全寿命周期的概念源于英国人 A.Gordon 在 1964 年提出的"全寿命周期成本管理"理论[20]。全寿命周期认为工程的寿命是有限的,而且在工程建设过程中努力水平和关注焦点可能产生可预测的变化。对于一个工程而言,其前期决策、规划、设计、建造、使用维修、技术改造到最后的拆除的各个阶段是相互关联而又相互制约的[21]。由于各个阶段对其他阶段的影响和作用,使它们一起形成了一个全寿命周期的系统。在建设工程全寿命周期中发生的前期费用、建设费用、运营费用、维修费用、技改费用、回收费用等构成"全寿命周期费用"[22]。由此,工程全寿命周期管理的内涵就是以工程全寿命周期的整体最优作为管理目标,把工程全寿命周期的各个阶段,即前期决策、规划、设计、建造、使用维修、技术改造到最后的拆除等阶段纳入统一管理,形成具有连续性和系统性的管理组织责任集成的管理方式[23]。

2.1.2 全寿命周期成本管理理论

全寿命周期成本(Lifecycle Cost,LCC)管理[24],是指从工程的长期经济效益出发,全面考虑设备、项目或系统的规划、设计、制造、购置、安装、运营、维修、改造、更新,直至报废的全过程,即从整个工程寿命周期进行思考,将不同阶段的成本统筹考虑,以总体效益为出发点,在合适的可用率和全费用之间寻求平衡,找出 LCC 最小的方案,避免临时与局部的思想,从制度与全局保证 LCC 方法的应用。全寿命周期成本包括:

(1) 投入费用(Investment Costs)。投入费用是指构成非生产性房产的固定资产投资,包括采购费用和建设费用。

(2) 运行费用(Operation Costs)。运行费用是指非生产性房产在日常运行过程中,通过物业管理为完成"项目产出物"所耗费的各项资源。这既包括在项目运行过程中所耗用的物质资源的成本,也包括项目运行过程中所消耗的劳动的成本[25]。

(3) 检修维护费用(Maintenance Costs)。检修维护费用是指运行阶段设备设施等固定资产的保养费、检修费、备品备件更换费[26]。

（4）技改大修费用（Extension Costs）。技改大修费用是运行条件发生变化时，技改大修所发生的设备费用、建设费用及调试费用等[27]。

（5）残值（Disposal Costs）。残值是指房屋及设备设施等固定资产出现功能、性能等不足或技改大修费用过高时，报废或退役处理现有资产带来的资金流出或流入。

2.1.3　全寿命周期信息管理理论

全寿命周期信息管理的概念来自美国 Autodesk 公司为解决建筑行业劳动生产率下降的现实情况而提出的建设项目全寿命周期管理（Building Lifecycle Management，BLM）的概念[28]，认为建设项目信息全寿命周期的行为本质就是创建（Create）、管理（Management）和共享（Share），从而提出了建筑全寿命周期管理（BLM）技术，以 BIM 软件为支持，改变信息的管理和共享过程，试图在技术上解决建设项目各参与方杂乱无序的沟通方式。

非生产性房产全寿命周期信息管理，是指非生产性房产全寿命周期过程中相关信息资源的开发和利用，以及信息技术在非生产性房产全寿命周期管理中的开发和应用。在设计建设一个新的非生产性房产时，应重视开发和充分利用已有的同类或类似的工程的有关信息资源；对于既有的非生产性房产，也应充分考虑融入最新的信息技术参与技改大修与日常维护[29]。信息技术在非生产性房产全寿命周期管理中的开发和应用，包括前期决策的开发管理、建设阶段的项目管理和运营阶段的设施管理，具体的方式是非生产性房产全寿命周期信息管理平台的开发和应用[30]。

2.1.4　资产全寿命周期管理理论

资产管理是指一个战略性的、一体化的综合流程，包括财务、管理、工程、运作和维修，最终目的是实现有形资产（生产与运作设备）寿命周期、利用率和收益的最大化。

资产全寿命周期管理是指从企业的长期经济效益出发，通过一系列的技术经济组织措施，对资产的规划、设计、制造、购置、安装、调试、运行、维护、改造、更新直至报废的全过程进行全面管理。在保障资产安全效能的同时，对全过程发生的费用进行控制，使全寿命周期费用最小的一种管理理念，核心内容就是在资产全寿命周期范围内协调一致地制定和执行最有价值的资产使用和维护决策[31]。资产全寿命周期管理有五个特点：

（1）追求全寿命周期费用最经济；
（2）从技术、经济、管理三方面进行综合管理和研究；
（3）应用可靠性和维修性的保障措施；
（4）管理范围扩展到资产的一生，即对资产进行全过程管理；
（5）注重各种信息的反馈管理。

资产全寿命周期管理实质上是系统工程理论在资产管理上的应用。资产全寿命周期管理是以资产作为研究对象,从系统的整体目标出发,统筹考虑资产的规划、设计、采购、建设、运行、检修、技改、报废的全过程,在满足安全、效能的前提下追求资产全寿命周期成本最优,实现系统优化的科学方法[32]。

2.2 房产管理面临的挑战

根据前述的非生产性房产资源概况,结合全寿命周期管理理论,通过案例研究,本书总结出当前国网公司非生产性房产管控面临的挑战。

2.2.1 全寿命周期管理理论应用的挑战

如何将先进的全寿命周期管理理论应用到国网公司非生产性房产全寿命周期管控之中,仍然是一个巨大的挑战。

1)非生产性房产全寿命周期管理含义有待明确

国网公司还未形成自身的非生产性房产全寿命周期管控的理念或思想,对此也没有明确的定义。因此,需要国网公司从非生产性房产全寿命周期管控的角度,重新定义资产全寿命周期管理:从国网公司非生产性房产管控的长期经济效益出发,通过一系列的技术、经济、组织措施,对非生产性房产的规划、设计、可研、土地获取、采购、施工、运行、维护、技改、大修直至报废退役的全过程进行全面管理,在保障非生产性房产安全和效能的同时,对全过程发生的费用进行控制,使全寿命周期费用最小的一种管理理念。核心内容就是解决国网公司在非生产性房产全寿命周期范围内不能协调一致地制定和执行最有价值的非生产性房产计划、建设、使用和维护决策的问题[33]。

2)非生产性房产全寿命周期管控要求难以满足

目前,国网公司在非生产性房产管控方面还不能很好地应用资产全寿命周期管理理论,从管控的整体目标出发,统筹考虑非生产性房产自始至终的全过程[33];难以实现在满足安全、效能的前提下追求非生产性房产全寿命周期成本最优,即难以做到:

(1)追求非生产性房产全寿命周期费用最优;

(2)从技术、经济、管理三方面进行综合管理;

(3)应用可靠性过程和维修性过程的动态管控技术;

(4)管理范围扩展到资产的"一生",即对资产进行全过程管理;

(5)注重各种信息的反馈管理。

基于资产全寿命周期管理理论的国网公司非生产性房产全寿命周期管控必须满足以上五个特点,才能更好地实施非生产性房产全寿命周期管控。

2.2.2 智能化管理信息系统应用的挑战

提高国网公司非生产性房产全寿命周期管控水平,必然离不开管理信息系统理论与方法。然而,如何高效合理地应用管理信息系统理论,仍然面临较大的困难。

1）非生产性房产全寿命周期信息化管控认识存在不足

在国网公司非生产性房产管控中，对管理信息系统的认识还不能较好地与全寿命周期管控理念相吻合。全寿命周期管控过程中，管理信息系统应是以系统的思想为基础，以现代化信息技术为手段，为国网公司管理者的决策提供信息服务的人机系统[34]。从国网公司的角度来讲，就是为实现公司非生产性房产管控整体目标，对管理信息进行系统综合处理，辅助各级管理决策的硬件、软件、通信设备、规章制度及有关人员的统一体[35]。

2）现有管理信息系统难以满足全寿命周期管控的要求

国网公司非生产性房产当前的管理信息系统还不能满足全寿命周期管控的要求，主要有以下几个难题：

（1）不能与管理手段巧妙融合。单独依靠信息系统来提高非生产性房产管控效率而没有有效的管理措施，系统并不能发挥出最大的效用。若要发挥最大的经济和管理效用，必须结合国网公司管理者的管理，在开发系统的时候就要充分考虑管理思想与信息技术的融合。

（2）难以为管理决策服务提供综合信息。管理信息系统还不具备高效辅助公司非生产性房产全寿命周期管控决策者进行决策的能力，缺乏及时提供有效信息的功能。

（3）难以掌控整个供应链和组织。国网各公司或部门在开发管理信息系统时根据实际需要建立不同的子系统，但多个信息系统在技术和管理上难以整合，难以为整个流程服务，不能发挥最大的效用，对管控决策的支撑作用未能实现最大化[36]。

2.2.3　BIM建模可视化技术应用的挑战

国网公司非生产性房产全寿命周期的管控要求管理者或决策者具有系统性的理念，而能够很好地实现这一要求的BIM技术，在国网公司非生产性房产管控中并未得到使用，因此，国网公司非生产性房产的管控很难实现信息的统一与集成[37]。

BIM技术在非生产性房产全寿命周期管控中的应用还面临以下挑战：

（1）国网公司还未实现非生产性房产管控的各个阶段信息集成化；在项目规划、计划、可研、设计、土地获取、采购、施工、运行、维护、技改、大修以及报废退役全过程各阶段的信息分散并存在衰减现象[38]，使得大范围应用BIM技术存在障碍，同时基于BIM的全寿命周期可视化管控也难以实现。

（2）BIM技术还未实现与国网公司现有的非生产性房产管理系统的有效结合，未实现与现有数据的统一与对接，不能为可视化决策平台的构建提供支持。

（3）基于BIM的开发工作还未开展，还未实现非生产性房产全寿命周期管控过程中对相应决策过程的合理、高效的支持。

2.2.4　当前房产管控出现的新问题

信息技术的进步和国网公司规模的不断扩大，要求非生产性房产管控转变管理理念，引入新的管理模式和技术手段，优化管理策略，进行科学决策，推进非生产性房产全寿命

周期管控的实施。现阶段主要还面临以下问题:
(1) 面向内外部环境变化的非生产性房产的寿命急需提升;
(2) 面向非生产性房产高效管控的大数据管理思维还未建立;
(3) 面向非生产性房产可持续发展的节能、绿色和智能要求还未得到较好的满足。

2.3 房产管理向全寿命周期管理的转变

鉴于非生产性房产面临的各类挑战,现有非生产性管控模式应当向全寿命周期管控转变[39]。根据全寿命周期管理理论,现有管控模式与全寿命周期管控模式的区别见表2-1。

表 2-1 现有管控模式与全寿命周期管控模式的区别

区别点		现有管控模式	全寿命周期管控模式
整体管控机制		分段式项目管理制	集成式资产管理制
组织架构		针对不同阶段设置组织 针对不同层级设置组织	需要对非生产性房产全寿命周期全过程设置组织
人力资源		工程技术和管理人员为主	需要工程、信息、财务、资产管理、物业管理等高级专业人才
流程构造	目标控制	强调阶段性的成本、质量、进度等局部优化	强调全寿命周期的安全、效能和成本全局优化
	流程体系	为不同阶段设计了相应的流程,注重前期计划、设计、施工等流程控制,后期运维和报废阶段有待提升	全寿命周期的流程应实现前后贯穿,前期设计、施工等应为后期运维提供支持,实现寿命最大化和功能最合理
	管控方法	采用传统的项目管理、财务管理等方法,对全流程的管控决策支持较弱	采用 LCC、状态评估、风险管控、综合评价等全寿命周期的管控方法,应用综合评价与决策方法提升科学性
信息管理		在不同阶段采用不同的信息系统,数据分析处理能力不强,可视化程度较低,信息集成、共享、传递等能力不强	在不同阶段应用统一的信息平台,实现数据的前后贯穿、多方共享、实时传递、高度可视化和智能处理
设备装备		现代化设备装备较少,缺乏先进的信息获取、处理和分析工具	配置高度智能化、动态化、移动化和具备快速处理能力的信息捕捉设备装备、信息集成与共享工具、信息分析平台和大数据处理工具

根据表2-1所示,本书认为国网公司非生产性房产当前的管控模式尚不能满足全寿命周期管控要求,需要进一步准确识别非生产性房产全寿命周期管控的需求,面向全寿命周期管控模式进行转变,实现全寿命周期的管控目标。

第3章
国网公司非生产性房产管理现状与水平分析

3.1 调研概况

3.1.1 调研背景

调研主要围绕各省(自治区、直辖市)电力公司和各直属单位开展。为贯彻落实2016年公司"两会"及后勤工作会议精神,进一步提升非生产性房产管理水平,开展"基于全寿命周期管理的非生产性房产管控模式"咨询的调研工作。

3.1.2 调研目的

通过对各省(自治区、直辖市)电力公司和各直属单位的调研,从房产全寿命周期[项目申请、项目立项审批、项目发包(委托)、项目设计、建设管理、竣工验收、资产管理、运营维护、资产处置等]视角出发,了解目前各单位非生产性房产的管控现状,对加强公司系统非生产性房产管控模式有着十分重要的意义。

3.2 调查问卷分析及建议

3.2.1 公司非生产性房产基本情况

1) 总面积

从全国范围来看,非生产性房产的总面积在30万~60万平方米的公司数量最多,大部分公司的非生产性房产总面积在90万平方米以下。

其中,华东地区公司的非生产性房产的总面积最多,接下来依次是华北地区、华中地区、东北地区、西南地区、西北地区。直属企业的非生产性房产总面积最少。

2) 建设年代

从全国范围来看,投入使用11~20年的非生产性房产面积最多,其次是投入使用5~10年的非生产性房产面积、投入使用21~30年的非生产性房产面积。

其中,华中地区的公司和直属企业投入使用5年内的非生产性房产面积最多;华北地区的公司投入使用11～20年与21～30年的非生产性房产面积几乎相同；其余地区都是投入使用11～20年的非生产性房产面积最多。

3.2.2 公司在全寿命周期非生产性房产管控中战略层面的现状

1）管控目标

（1）基层单位层面，国网公司非生产性房产全寿命周期管控目标建议为：资产效率最优化、资产价值最大化、资产功能长效化、资产管理集成化、资产信息一体化。

（2）进一步实现国网公司的非生产性房产全寿命周期管控目标，在所属各单位层面，需要掌握非生产性房产全部信息，掌握非生产性房产利用情况，加以科学规划，合理安排项目建设计划，有效管理项目实施，有效提升物业管理成效。

（3）在管控目标方面，全国各地区差异不大。

2）职能分配

国网公司所属各单位在非生产性房产全寿命周期管控中的职能为计划管理、目标设定、实施监督、资源调配、信息搜集与反馈、过程评估。

地市公司在非生产性房产全寿命周期管控中的职能为计划上报、信息搜集、项目实施管理、资产确权、资产维护、物业管理、报废管理等，其中报废管理得到的关注相对较少。

在职能分配方面，全国各地区差异不大。

3）管控模式

（1）从全国范围来看，公司非生产性房产全寿命周期管控模式大多为战略控制型、战略控制与财务控制结合型，其次为战略控制与运营控制结合型，极少数为财务控制型和其他类型，没有公司采用运营控制型和运营控制与财务控制结合型。其中，华中地区的公司较为特殊，均未采用战略控制型。

（2）从全国范围来看，公司非生产性房产全寿命周期管控中面临的困难最主要的是全寿命周期管控中各个部门之间存在不协调，缺乏全寿命周期管控思想，不能实现成本最优；其次是对现有资产信息掌握不全，运营维护费用不足，导致不能及时大修技改，项目决策依据不足，信息集成化程度不够，全寿命周期管控中各个环节间存在漏洞。

其中，华北地区的公司不存在"管理过程中存在信息障碍"的困难；东北地区的公司不存在"信息集成化程度不足""管理过程中存在信息障碍"的困难；西南地区不存在"管理过程中存在信息障碍"的困难；直属企业不存在"各层级责权分配不对等"的困难。

（3）从全国来看，公司非生产性房产全寿命周期管控中，大多数公司已经建立风险管控体系。其中，华东地区的公司已经全部建立了风险管控体系，直属企业绝大部分建立了风险管控体系；其他地区已经建立风险管控体系的公司数量优势不明显。

（4）从全国范围来看，风险管控主要涉及项目实施（如进度控制、质量控制、安全控制、投资控制等），其次是项目决策（如必要性、可行性）、运营维护（如设备故障、物业管理、报废管理等）。另外，外部政策影响、项目舆情控制、建立风险应急预案等也有所涉及。其中，东北地区公司的风险管控不涉及项目舆情控制，西北地区公司不涉及外部政策影响、项目决策、项目舆情控制,西南地区公司不涉及外部政策影响。

(5) 从全国范围来看,绝大多数公司非生产性房产全寿命周期管控的制度完全采用国网通用制度,少数公司在国网通用制度基础上进行了深化与完善,制定了通用制度实施细则、补充规章制度、建设标准与管理办法等。其中,华北、华中、华东、西南地区的公司对国网通用制度的深化与完善较多。

3.2.3 公司在全寿命周期非生产性房产管控中决策层面的现状

(1) 从公司不同层级的视角,绝大多数公司非生产性房产全寿命周期管控中的决策模式为LCT模式,其次是LI型和LC型,其他模式采用较少[40]。全国各地区差异不大。

(2) 从工作合理性的视角,绝大多数公司非生产性房产全寿命周期管控中的决策模式为程序性模式,其次是合理性模式,极少数为混合型和"垃圾箱式"。其中,华东地区的安徽省公司采用了"垃圾箱式"。其余地区差异不大。

(3) 公司非生产性房产全寿命周期管控中决策有关联的部门为后勤工作部、财务资产部、物资管理部和发展策划部。全国各地区差异不大。其中,华东地区的安徽省公司提出,公司非生产性房产全寿命周期管控中决策有关联的部门还有安全监察质量部。

(4) 站在基层单位层面,国网公司在非生产性房产全寿命周期管控中决策的主要内容包括建设规模、实施必要性、进度安排、实施模式选择、管理模式选择。其中,华中地区的公司决策的主要内容不包括管理模式选择。

(5) 站在基层单位层面,国网公司在非生产性房产全寿命周期管控中的决策依据主要为公司发展战略、公司中长期规划、公司现有资产情况、项目自身情况、外部资源与政策环境、公司经营情况。决策者的个人经验也对此有影响。全国各地区差异不大。

(6) 目前公司非生产性房产全寿命周期管控决策中存在的问题主要是受到外部环境影响,如政策环境、城市规划,其次是机构不健全、岗位人员不到位,接下来是职责不清、分工不明、无规划或规划针对性不强、流程长、环节多、无统一标准或已有标准难以执行、主观判断多等困难也存在。其中,华北地区的公司不存在"无统一标准或已有标准难以执行"的困难。华东地区的公司不存在"项目计划安排管理粗放,精细度不足""主观判断多,客观依据不足""个人经验不足"的困难。东北地区的公司不存在"项目计划安排管理粗放,精细度不足""个人经验不足"的困难。西南地区的公司不存在"项目计划安排管理粗放,精细度不足""个人经验不足"的困难。直属企业不存在"职责不清,分工不明""项目计划安排管理粗放,精细度不足""主观判断多,客观依据不足""个人经验不足"的困难。

3.2.4 公司非生产性房产项目实施现状

(1) 公司在小型基建项目管控中最常用的模式为由内部常设机构管理,其次是由内部临时机构管理。其中,西南地区的四川省公司采用了委托外部单位代管的方式。其余地区差异不大。

（2）公司在非生产性大修技改项目管控中几乎全部采用由内部常设机构管理的方式。其中，西南地区的西藏公司以及直属企业中的英大证券公司，采用了由内部临时机构管理的方式。几乎所有公司在非生产性房产项目实施过程中都建立了动态管控的机制。其中，只有华北地区的北京公司以及东北地区的东北分部公司没有建立动态管控机制。

（3）管控机制主要涉及专职人员定期或不定期督导检查、建立考核评价办法、建立周报与月报制度、建立管控机构（包括临时性机构与常设性机构）、建立督办机制。全国各地区差异不大。

（4）非生产性房产项目实施面临的主要困难为：专业人员缺乏，导致项目管控效果不佳，规划变更导致土地不能落实，无法取得土地；其次是项目建设规模及标准不满足城市建设要求，不确定性因素较多，导致投资控制不力，组织架构不合理等；少数还存在安全风险源较多、工期拖延等问题。全国各地区差异不大。

3.2.5 公司非生产性房产使用的现状

1）房屋确权

（1）从全国范围来看，绝大多数公司房屋确权存在问题[41]，且房屋确权存在的问题主要集中在无房产证、无土地证，或双证均无。其中，西北地区的公司不存在"仅无土地证"的问题。

（2）从全国范围来看，房屋无法确权主要是因为原始资料缺失、建设手续不全；其次是规划拆迁、资产交叉无法办理，危房无必要确权，面积较小且不具有独立使用功能而无必要确权等。其中，西北地区的公司的原因不包括"资产交叉而无法办理"；直属企业的原因不包括"规划拆迁"和"危房无必要确权"。

2）物业管理

（1）多数公司物业管理模式为：关键物管由自有物业集体企业支撑，部分由外部专业服务公司管理；其次是所有物业管理工作由自有物业集体企业管理，所有物业管理工作分包给一家或多家社会化专业服务公司；少数是所有物管依托系统内子公司或分公司，以及其他方式[42]。全国各地区差异不大。

（2）自有物业集体企业物管范围主要包括水电、食堂、会务、零星维修、车辆、设备维护和消防；外部专业服务公司物管范围主要包括保洁、绿化和保安。其中，华东地区的自有物业集体企业物管范围不包括绿化；华中地区的自有物业集体企业物管范围不包括保洁、绿化；西南地区的自有物业集体企业物管范围不包括保洁、保安、绿化、消防。华北地区的外部专业服务公司物管范围不包括水电、食堂、车辆、会务、设备维护、零星维修；华东地区的外部专业服务公司物管范围不包括水电、食堂、车辆、会务；华中地区的外部专业服务公司物管范围不包括车辆；西北地区的外部专业服务公司物管范围不包括水电、消防；西南地区的外部专业服务公司物管范围不包括水电、食堂。

（3）从全国范围来看，目前各公司物管工作面临的最大困难是从业人员素质不高，教育培训体系未能建立，职业化队伍尚未形成。此外，物业管理服务技术手段落后，现代化水平较低,由自有物业集体企业开展的物业管理工作,其约束性不强、服务意识不好,物业管理的配套政策、标准等缺乏或存在不足,物业管理费用偏低也是常见的困难。其中,东北地区的公司"由外部专业服务公司开展的物业管理工作,其专业能力不足"的困难相较于其他地区比较突出。

(4) 从全国范围来看,绝大多数公司还未建立独立的物业管理系统。其中,东北、西北和西南地区的公司均未建立独立的物业管理系统。

(5) 现有物管系统开发渠道是自主研发和外包研发。全国各地区差异不大。从全国范围来看,绝大多数公司物管系统没有与后勤管理系统关联。其中,东北地区的公司物管系统与后勤管理系统关联的数量较多。

(6) 从全国范围来看,物管系统内容主要包括设备管理、保安消防、合同管理和保洁环卫。此外,少数物管系统内容也涉及房产信息管理、客户服务管理、视频监控、客户信息管理等。其中,华东地区的公司和直属企业的物管系统涉及的内容较多。

(7) 从全国范围来看,几乎全部公司的物管系统还不能达到对物业管理全流程全方位的覆盖。其中,华东分部公司以及直属企业中的直流建设公司的物管系统实现了物管全流程全方位覆盖。

(8) 从全国范围来看,物管工作应主要从培养和引进后勤管理专业人才,加强管理队伍建设和加强后勤部门监管,建立绩效评估体系几个方面来改进。此外,可以适当考虑引入市场竞争机制和开发基于BIM的物管系统。其中,华中地区的公司未提出"基于BIM物管系统"的建议。

3.2.6 公司非生产性房产全寿命周期管控中报废管理的现状

(1) 从全国范围来看,绝大多数公司还未建立非生产性房产报废管理机制。其中,直属企业均未建立非生产性房产报废管理机制。

(2) 非生产性房产及设备设施报废标准主要有资产严重损毁,无法修复,规划拆迁,被迫报废,危房无法继续使用和使用年限已到。全国各地区差异不大。

(3) 目前公司非生产性房产及设备设施报废管理中面临的最大困难是资产使用价值专业技术鉴定不充分。此外,还有报废管理的审核缺乏依据或标准难以执行,报废管理机制不健全,责任不清和资产再利用率低等主要困难。全国各地区差异不大。

3.2.7 公司非生产性房产全寿命周期管控信息管理及信息一体化现状

(1) 从全国范围来看,几乎所有公司非生产性房产全寿命周期的信息化管控中都应用到了国网后勤管理信息系统。此外,还有一些较为常用的信息化管理工具,主要包括财务管理信息系统、资产项目管理信息系统和全口径项目储备管理信息系统。其中,西南地区的公司使用的信息化管理工具最少。

(2) 目前公司非生产性房产全寿命周期管控中信息集成与一体化还存在一些问题,主要包括未建立有效的信息共享机制,缺乏统一的信息集成平台,不同部门之间存在信息障碍。此外，不同阶段的信息丢失和各层级之间信息传递不通畅等问题也有发生。全国各地区差异不大。

（3）在公司非生产性房产全寿命周期管控信息化的过程中，首要关注的问题是提高信息系统集成化程度。同时，也要尝试更多采用三维可视化工具，加强管控中大数据处理与决策，引入移动互联、移动物联和云计算技术。全国各地区差异不大。

3.2.8 其他

1) 非生产性房产管控存在的问题

（1）对非生产性房产的定义不清楚，界面模糊。

（2）在非生产性房产全寿命周期战略层面，报废管理的职能得到的关注相对较少。

（3）非生产性房产全寿命周期管控中面临的最主要的困难是全寿命周期管控中各个部门之间存在不协调现象，缺乏全寿命周期管控思想，不能实现成本最优。

（4）除华东地区的公司和直属企业，其他地区已经建立风险管控体系的公司数量优势不明显。

（5）绝大多数公司非生产性房产全寿命周期管控的制度完全采用了国网通用制度，只有少数公司在国网通用制度基础上进行了深化与完善。

（6）非生产性房产全寿命周期管控决策中存在的最主要问题是受到外部环境影响，如政策环境、城市规划。

（7）非生产性房产项目实施面临的最主要困难为专业人员缺乏，导致项目管控效果不佳，以及规划变更导致土地不能落实，无法取得土地。

（8）绝大多数公司房屋确权存在问题，且房屋确权存在的问题主要集中在无房产证、无土地证，或双证均无。房屋无法确权主要是因为原始资料缺失、建设手续不全。

（9）从全国范围来看，目前各公司物管工作面临的最大困难是从业人员素质不高，教育培训体系未能建立，职业化队伍尚未形成。

（10）绝大多数公司还未建立独立的物业管理系统。

（11）绝大多数公司还未建立非生产性房产报废管理机制。

（12）目前，非生产性房产及设备设施报废管理中面临的最大困难是资产使用价值专业技术鉴定不充分。

（13）在非生产性房产全寿命周期管控信息管理中，西南地区的公司使用的信息化管理工具最少。

（14）目前，非生产性房产全寿命周期管控中信息集成与一体化还存在一些问题，主要包括未建立有效的信息共享机制，缺乏统一的信息集成平台，不同部门之间存在信息障碍。

2) 对非生产性房产管控的建议

（1）由于华东地区公司的非生产性房产的总面积最大，所以要加强对华东地区公司的非生产性房产的重视与管控。同时，由于全国范围内投入使用11～20年的非生产性房产面积最多,需要加强维护,在不影响使用功能的前提下延续使用寿命。

(2)在全国范围内普及强化非生产性房产的定义等相关知识,引起各地区各公司对于非生产性房产的认识和重视。

(3)重视非生产性房产的报废管理,建立统一的报废管理机制,规范资产使用价值的专业技术鉴定。

(4)在全国范围内强化全寿命周期管控思想的认识和学习,监督各公司协调涉及全寿命周期管控的各个部门,按照全寿命周期管控思想进行项目实施,实现成本最优。

(5)督促各地区公司进一步建立与完善风险管控体系。

(6)在非生产性房产全寿命周期管控的制度方面,对在国网通用制度基础上进行深化与完善的公司进行奖励,鼓励更多公司突破既定的国网通用制度,制定出更适合该地区的非生产性房产全寿命周期管控制度。

(7)招聘、培养非生产性房产项目实施的专业人才,增强全寿命周期管控效果。

(8)对于新建非生产性项目,要及时完善原始资料和建设手续,对房屋进行确权,从根本上解决房屋的确权问题。

(9)通过建立教育培训体系,招聘、培养物业管理方面的人才,来提高从业人员素质,形成职业化队伍。

(10)督促地方公司建立独立的物业管理系统,并树立优秀典型在全国范围内进行经验推广。

(11)在非生产性房产全寿命周期管控信息管理中,尤其要加强对西南地区公司的信息化管理工具的普及,鼓励其使用新兴的信息化管理工具,提高工作效率和水平。

(12)在非生产性房产全寿命周期管控信息化的过程中,首要关注的问题是提高信息系统集成化程度。同时,也要尝试更多采用三维可视化工具,加强管控中大数据处理与决策,引入移动互联、移动物联和云计算技术。

第4章
房产管理水平国内外典型案例分析

4.1 案例介绍

4.1.1 非生产性房产管控水平案例介绍

通过对国内外资产管理案例的搜集与整理,从资产管理的流程管控、组织架构和信息技术应用三个方面了解当前国内外资产全寿命周期管理的现状[43],分析国内外资产全寿命管理的特征与水平,为发现国网公司非生产性房产全寿命周期管控现状提供有效方式。

1) 新加坡电力集团资产管理

新加坡电力(SP)集团是一家在亚太地区领先的能源公用事业公司,是新加坡最大的公司,经统计,其在2015年拥有40亿元人民币收入、167亿元人民币资产。该公司在新加坡和澳大利亚从事电力和天然气输配业务,还在新加坡拥有并经营世界上最大的地下区域供冷网络,并在中国地区设立冷却操作系统。数量超过140万的工业、商业和居民用户用电通过该公司进行传输、分配。新加坡的SP网络是全球最可靠和最具有成本效益的网络之一。

(1) 资产与管理分家的管理架构

新加坡电力集团的业务分布在新加坡地区和澳大利亚地区。新加坡地区的核心业务分为四块:新能源资产公司(SP Power Assets)、新能源燃气公司(SP Power Gas)、新能源电网公司(SP Power Grid)和新能源服务公司(SP Services)。2003年后,新能源公司正式实行电网资产与管理分家,资产公司管理许可证、资产、合同,监督资产管理;电网公司1 600名员工负责电网资产运营管理。其中,电网公司和资产管理公司通过管理服务合约明确各方职责、考核方式、管理费支付等内容。新加坡新能源公司资产与管理分家的管理架构如图4-1所示。

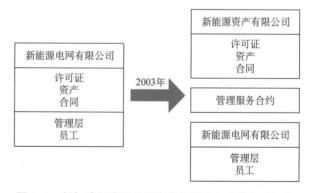

图4-1 新加坡新能源公司资产与管理分家的管理架构

(2) 网络管理组织结构模式

新加坡新能源公司是以电网业绩为中心的知识型管理,分为想的人和做的人。资产公司制定具体的资产管理方案,是想的人;电网公司负责具体的运行维护、技术支持及运行支援,是做的人。其中,资产管理包括维修计划、网络表现、状态监测、故障调查四个方面。运行维护主要是以地区来划分的;技术支持包括继电保护、SCADA(数据采集与监视控制系统)、专家系统、通信服务、数据管理、资讯科技、电能质量、暂态研究;运行支援主要是建立配网调控、服务中心、设施管理、电缆保护、后勤支援等工作。以电网业绩为中心的知识型管理架构如图4-2所示。

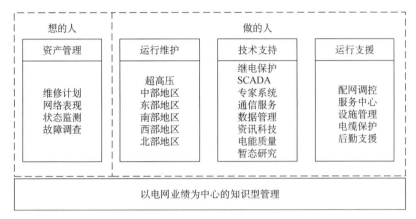

图4-2　新加坡新能源公司以电网业绩为中心的知识型管理架构

(3) 以状态监测和状态维护为核心的循环管理流程

新加坡新能源公司的资产管理流程包括资产监测、数据传输、数据管理、专家诊断、资产质量与可靠性改善等循环过程。其中,状态监测和状态维修是资产管理的两大支柱,状态监测由管理系统和数据管理构成,而状态监测也是维修的最主要的部分,是以状态监测为主导的维修。新加坡新能源公司资产管理流程如图4-3所示。

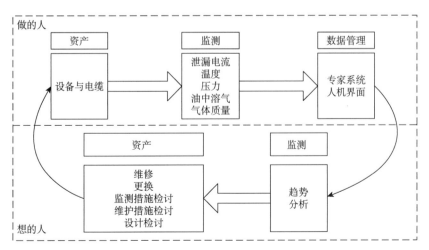

图4-3　新加坡新能源公司资产管理流程

2）新西兰 Ashburton 电力公司资产管理

新西兰 Ashburton 电力公司的资产管理目标是在满足安全、用户服务水平以及环保要求下，实现资产全寿命周期成本最优，实现公司战略目标要求。

（1）考虑商务预测、经营预测等方面的资产管理优化

资产管理计划：综合考虑电网扩展、设备更新、设备改造、设备检修、费用支出等方面，并由一个部门总体负责计划的制订。

资产管理优化：为达到提高电网管理水平、降低成本、提供优质服务的目的，针对设备资产状况、电力负荷水平、服务水平要求、故障模型预测与分析、设备运行与维护、设备更新最优决策、新工作流程安排、商务预测、经营预测、方案改进等十个方面进行合理优化。

（2）考虑组织策略和商务策略的资产管理计划系统

资产管理架构：资产管理计划系统由流程、数据、信息系统三大配套组成。资产管理计划借助上述三大组件的支持，形成一个高效全面的信息系统。另外，还有组织策略和商务策略作为它的补充：组织策略主要针对资产管理的组织结构、权力和职责进行评价；商务策略则关注工程从采购、施工、运营、维护一直到退役的全过程中如何实现单位成本最小。

（3）资产管理计划的流程

新西兰 Ashburton 电力公司资产管理计划制订流程主要包括确定服务水平、未来需求与状态预测、风险评估、制订资产全寿命周期管理计划、风险防范与预防、准备资金计划、监控资产业绩、准备资产管理改进计划八个步骤。新西兰 Ashburton 电力公司资产管理计划制订流程如图 4-4 所示。

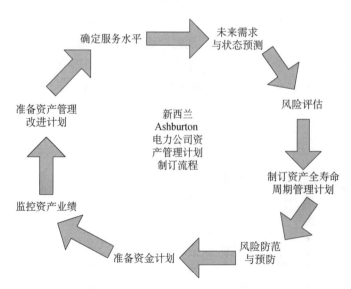

图 4-4　新西兰 Ashburton 电力公司资产管理计划制订流程

3）加拿大 Hydro One 公司资产管理

加拿大 Hydro One 公司拥有并经营重要的能源基础设施，掌控加拿大最大和最多样

化的地方经济。该公司拥有 29 000 千米输电线路和 130 万经销客户,这代表着强大的和不断增长的有稳定来源的现金流。为了克服总部与区域两层分散的管理模式的弊端,从 1998 年开始,加拿大 Hydro One 公司开始引入资产全寿命周期管理模式。

(1) 资产全寿命周期管理模式

加拿大 Hydro One 公司的资产全寿命周期管理模式[44]是建立企业管理体系和资产战略联盟。建立企业管理体系就是采用可靠性为中心思想(RCM)进行流程管理,通过设计服务于资产管理者与服务提供商的资产管理流程,明确职责界限和程序,打破地域的限制,建立移动劳动力概念,并扩大外部人员的使用范围。建立资产战略联盟就是保持电网管理与电网服务的战略一致,有选择地采用外包,签订服务水平协议(SLA),统一项目的工作程序,保证工作质量。在实施过程中,Hydro One 公司变革组织机构,调整信息系统,形成了局部利益服从公司整体利益的企业文化,逐步建立了公司统一的电网资产管理体系,有效降低了成本,公司资金能覆盖所有计划检修项目,提高工作的标准化和综合度,专业人员集中精力进行资产状态数据收集和分析,提高了工作的有效性。

(2) 资产健康状态评估

Hydro One 公司建立了资产健康状态评估方法,量化评估资产健康状况,并按照资产健康状况合理延长设备使用寿命。该方法按照全部资产健康指数(HI)分布情况,确定资产老化程度和维修方式;按照资产健康指数很差(指数为 0~30)或差(指数为 30~50)的状态数量占总资产数量的百分比,监督设备老化趋势,确定维修和检查重点。

(3) 以风险评估确定资产排序

Hydro One 公司依据核心业绩指标重要度与风险容忍度计算得出风险值大小,从而对资产重要性进行排序,并建立了基于风险管理的核心业绩指标评估体系,从财务、可靠性与客户影响、竞争力、声誉、法律和健康与安全等六个方面对资产进行风险评估。

4) 澳大利亚 Powerlink 公司资产管理

澳大利亚 Powerlink 公司成立于 2001 年,是能源与动力设备研发制造和服务商,提供发电机产品、空气压缩机产品、照明灯车产品、发电机组配套设备、燃气发电机组、燃气热电联供设备产品与服务。在中国和英国设有制造工厂,并在美国、澳大利亚等多个国家拥有仓库和销售中心,为世界各国进行产品制造、销售和技术服务。

澳大利亚 Powerlink 公司,特别是在资产管理流程方面,通过有效管理创造了优秀的资产维护绩效。公司的资产寿命周期管理分为计划编制和资产投资,运行、维护和整新,寿命到期后替换和处置三个主要阶段。在资产的整个寿命周期中各个阶段都有不同的资产管理策略。公司的资产管理流程[45]包括策略定位、资产管理策略、资源计划、绩效审查四个主要方面。

(1) 策略定位

通过利益相关方的要求、公司策略和服务水平三个主要因素确定资产管理策略定位。

(2) 资产管理策略

资产管理策略包括资产投资策略、维护策略和整新策略等。资产投资策略是计划并投资新资产，以满足电网用户的长期需求；维护策略是管理现有资产的运行和维护，以确保安全、可靠和经济；整新策略是做出关于资产整新、替换和处置的决策。

(3) 资源计划

资源计划包括人力资源、物资和服务提供商三个方面，采取的主要做法包括标准化设计、实施程序管理、加强供应链管理、合理的地役权和土地征用、增加外包、增加内部员工。

(4) 绩效审查

绩效审查的内容主要是公司新增设备的有效性、现有资产的运行和维护效率等。运用收集和分析绩效数据的工具主要包括综合资产管理系统（SAP 公司）、强迫停运数据库、实时数据库系统（PI）、事务处理系统（ACMS）、能量管理系统（EMS）、运行广域网（Ops WAN）。

5) 英国国家电网（National Grid）公司

英国国家电网公司是英国最大的公用事业公司。公司的天然气和电力传输网覆盖了全英国和美国东北部，为几百万用户提供服务。2007 年利润为 11 亿英镑。其下属的输电公司运营覆盖全英国的高压输电网，并拥有英格兰和威尔士的输电系统。

英国电网公司下属输电公司在 2005 年通过了英国劳氏船级社的资产管理认证。英国劳氏船级社是全球知名的风险管理解决方案提供商，为公用事业行业提供英国资产管理协会制定的公共可用性规范 PAS 55 资产管理认证。

(1) 一体化统一管理流程

英国国家电网公司将资产生命周期划分为四个主要阶段：电网资产绩效表现评估，资产策略制定，网络规划、设计和电网建设。这四个环节并非彼此割裂，而是不断地循环、完善和融合成为一体化流程。该公司已经从流程上将资产管理的整个过程纳入统一管理，辅以信息系统支持，确保收集所有技术与财务基础数据，并进行定量的评价与决策，大大提高了资产管理流程的效率和准确性。该公司对资产策略的管理覆盖超越了资产的整个生命周期，通过掌控资产本身及与之相关的人力资源、投资、采购、运行维护成本和停电安排，提升了资产管理流程的完整性。各项计划中期长期结合，不断做深做细。同时，不断修正前期计划，减小当年计划的变动，对保证项目的顺利实施、应对电网停电的风险、提供人力配置等都提前做好准备。同时，成本也受到严格有效的控制。

(2) 结合 Oracle 和 SAP 技术的信息系统

英国国家电网公司资产管理系统基于其完善的信息系统，十几年前开发应用了 MIMS 自动化管理系统，用于关键性电网设备的跟踪、监测和管理，并实时更新系统数据。近年来采用资产全寿命管理方案和技术，利用 Oracle 和 SAP 等信息技术，整合设备数据资源和管理子系统，对所拥有和管辖的电网资产实行全过程全寿命管理，延长了资产使用寿命，提高了资产使用效率，达到了预期目标。

(3) 科学评价新电源联网配置

英国国家电网公司认为,电网资产全寿命管理就是为了有效控制资产成本而进行的系统和协调的管理实践活动。全球气候变暖带来的天气条件改变,迅速增长的风电等可再生能源联网需求,都对电网升级提出新的需求。因此该公司制订了投资计划,宣布每年投资 20 亿英镑用于电网基础设施建设,目的是促进电网设施优化,应对气候变化和保障能源安全。

实际上,英国国家电网公司管理的部分电网资产有些非常陈旧,但他们认为,新投资不一定是新建设施。通过有效的资产管理,可以延长设备的生命。把当前的设计标准应用到那些"老爷车级"的设备,并借助科学评价新电源联网配置等方法,可以有效提高现有电网资产的使用效率。此外,该公司还着眼于更灵活的电网管理,包括电能储存系统、智能电网和动态用电需求系统。这些中期和远期的战略投资规划都需要精细的电网资产管理,需要从设备采购到退役的全寿命科学管理。

6) 德国电网公司的资产管理经验

德国"四大"电力公司分别是 RWE、E.On、EnBW 和 Vattenfall 公司,这四家公司总计持有该国电力市场约三分之二的份额。2016 年第一季度 E.On 享有总计 31 亿欧元的税息折旧及摊销前利润(EBITDA),较去年第一季度 28 亿欧元有所提高,净收入从 10 亿欧元提高至 13 亿欧元。Vattenfall 公司报告运营利润为 81.36 亿瑞典克朗(9.91 亿美元),较去年同期提高 5%。四大电力公司对其资产都有着较好的管理,主要有以下经验:

(1) 会计寿命

设备买到手后,计算每年折旧数额需要一个会计寿命[46]。这个寿命一般由企业内部靠经验规定,并且一般不会主动增加设备的会计寿命。设备折旧在会计上是作为营业成本的一部分。由于电网的天然垄断属性,电监会一般会参考营业成本去制定过网费。长期来说,电网公司并没有办法获得削减折旧所产生的额外利润,约定俗成地把很多大设备的寿命都定在 30 年或 50 年。

电监会需要有一定的工程能力去考核电网公司的会计寿命设置是否合理。德国的电监会属于世界上少数具有该能力的监管当局之一。这种能力能够为电网公司的成本削减带来更多有的放矢的激励。

(2) 测试寿命

测试寿命指的是设计使用条件下,依照某几个已知的物理或化学过程劣化,预计可以使用的寿命。常见的预计手段就是一定的理论配合加速老化试验获取测试数据,再得出统计结果。测试寿命的优点是在设备出厂时已经获得[47]。电网公司在引进设备之初也多参考测试寿命设置其会计使用寿命。

但测试寿命的应用有两个潜在不足:保守性与不完全性。保守性,指取保守的统计估计(99% 的分位数,90% 的单边置信区间等等),得出一个远小于实际可使用寿命的结论。应对保守性,一方面需要在测试参数设置上具有丰富经验,中国虽设置了自己的国家标准,但仍和以德国为代表的世界一流水平有所差距;另一方面需要使用下面将描述的现场统计寿命和诊断剩余使用寿命来修正。不完全性,指实验室只能模拟一到两种劣化过程。有些复杂的劣化过程难以用实验来设计,需要吸收运行经验去观测学习。如之前所述,对于劣化过程,尤其是实际运营过程中的理解是德国机电制造业的优势。如果有未考虑到的劣化过程的存在,测试寿命作为木桶效应里面比较长的一块板,很容易作废。

(3) 现场统计寿命

德国电网相对较老的设备,其使用年限数据本身便可构成统计。据此估计出的寿命便是现场统计寿命。它的优点是考虑了现场的劣化机理,是对测试寿命不完全性的有力补充。

现场统计寿命的获取方式决定了其与德国电网有着重要的交流空间。其一,现场统计数据在设备运行之初无法获得,德国从相对老化的电网设备中比较容易获得设备运行30年以上的经验。其二,现场统计数据经常来自员工的口头报告,德国企业基层员工素质相对较高,数据质量比较好,尤其是对故障原因的描述比较系统和完整。其三,越重要的设备数量越少,越难构成统计,我国电网相对较庞大的设备数量可以和德国电网较高的数据质量形成互补。

此外,现场寿命取决于各种环境与操作因素,其方差很大,如果一刀切地在一定使用年限后更换设备的话,很多设备剩余的使用寿命会被浪费,德国已开展充分利用剩余使用寿命方面的探索。

(4) 诊断剩余使用寿命

剩余使用寿命是针对单台设备的,对于运行中可列入"资产"的设备无法直接获得。于是采用各种办法,用肉眼观察最先进的测量仪器,为的就是最终读出某个数,和剩余使用寿命构成相关关系,这就是诊断剩余使用寿命。其优点在于比现场数据统计更贴近实际,可以针对单台设备估计。

德国电力界对诊断的使用经验可概括如下:一,越准的越贵。高精度测量设备动辄几十上百万欧元的价格不容忽视。二,诊断读数和测试一样,也是反映某种特定劣化机理的,决定买什么之前,必须有现场数据统计的证据。三,寿命也有期限,诊断读数对故障提前预测的能力,需要有充分的运营经验来验证,并基于此制定运营与维修流程。对这三者的认知构成了德国电力界应用状态检修最宝贵的财富——决策支持模型。

7) 中石化森美公司的审批事项全寿命周期管控案例

中石化森美(福建)石油有限公司(以下简称"中石化森美")2007年9月注册成立,由中国石油化工股份有限公司、埃克森美孚中国石化有限公司、沙特阿美中国有限公司按55%、22.5%、22.5%的股比投资设立,注册资本金18.4亿元,是中国境内第一家整体合资的省级成品油销售企业。中石化森美也是福建省境内最大的成品油供应商,管理和经营大约750个加油站和18座油库,共有员工9 000余人。主要从事成品油、润滑油和其他石油产品的批发、零售、仓储、中转及运输业务,经营加油站附属便利店、洗车、更换润滑油、餐饮及其他配套服务等。

2014年,国际原油价格剧烈震荡下滑,省内成品油资源供过于求,消费需求疲软。严峻而复杂的经营形势，对中石化森美的经营管理提出了更高要求。因此，以提升战略执行力为目标，中石化森美决定启用审批事项全寿命周期管理，改善企业战略执行力，加强集中管控，推进协同经营、过程监控精细化管理。

中石化森美的全寿命周期管控模式构建工作主要包括如下几个方面：第一，构建任务管理。构建任务管理系统，通过任务目标自上而下地逐级分解与自下而上地逐级反馈，明确项目任务的事权划分，对项目的执行进度、执行质量以及投资项目的计划成本进行有效的跟踪与控制。第二，实现任务展示与查询。第三，实现以任务管理为主线，内部审批事项、合同履行流程、BPM 流程、OA 审批事项的有机融合，完成审批事项全过程的办理和跟踪。中石化森美的全寿命周期管控流程模式如图 4-5 所示。

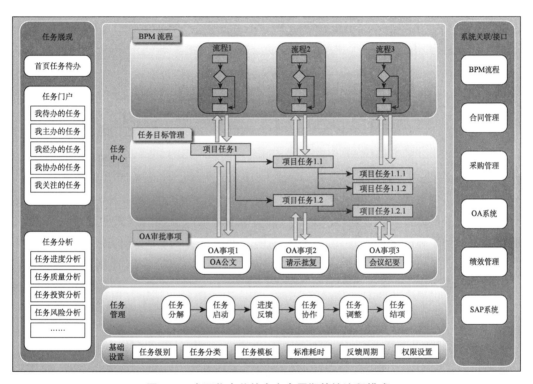

图 4-5　中石化森美的全寿命周期管控流程模式

中石化森美的全寿命周期管控[48]任务分解自上而下，根据任务层级的不同，分为公司级任务、中心部门级任务和管理部级任务，三个级别的任务分别代表决策层、管理层和执行层的任务管理。任务分配遵循同级向下的原则决定事项发起。在任务执行方面，从事项发起开始，通过任务分解流程来执行，并将企业的合同履行流程通过流程方式完美融合其中，企业领导、员工、客户在执行过程中就有了合同履行流程的指引，加快执行者的工作效率。

中石化森美任务管理的目的是保证各个事项下达按计划完成，全寿命周期管理为企业各级领导提供强大的监控工具，可以通过事项看板反映进展情况，对延误自动发出警告并通知执行人及监督人，因此项目异常将得到及时处理。

中石化森美开发了审批事项,全寿命周期还提供全面的报表分析工具,可以按各种条件对事项或者执行人的情况进行统计和分析。通过 BPM 平台提供了一整套信息化集成功能,包括数据集成、流程集成、应用集成、门户集成。它是对中石化森美现有的商业过程和解决方案进行集成,打破信息/应用/资源孤岛。图 4-6 为事项全寿命周期管理集成框架图。

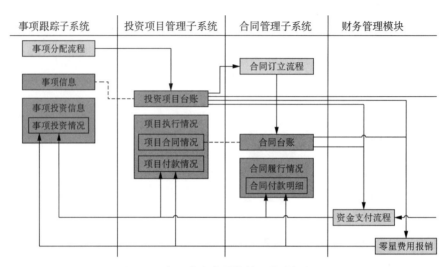

图 4-6　事项全寿命周期管理集成框架图

通过任务目标自上而下地逐级分解与自下而上地逐级反馈的模式明确任务事权,中石化森美做到了确保事事有跟踪、件件有落实。通过任务与合同履行流程、BPM 流程、OA 审批事项、SAP 系统的融合,消除信息孤岛,提高业务流转效率,提高业务数据准确性。通过对任务事权、进度、质量、成本的综合管理与分析,及时掌握任务执行情况,发现任务风险,有效提高任务管理效率,控制任务成本,提高任务质量,降低任务执行风险。

8) COBIT 运用案例:中国工商银行

中国工商银行成立于 1984 年 1 月 1 日;2005 年 10 月 28 日,整体改制为股份有限公司;2006 年 10 月 27 日,成功在上交所和香港联交所同日挂牌上市。经过持续努力和稳健发展,该银行已经迈入世界领先大银行行列,拥有优质的客户基础、多元的业务结构、强劲的创新能力和市场竞争力,向全球 532 万公司客户和 4.96 亿个人客户提供广泛的金融产品和服务。国际化、综合化经营格局不断完善,境外网络扩展至 42 个国家和地区,海外业务和基金、保险、租赁等综合化子公司的盈利贡献不断提升。2015 年获评《欧洲货币》"全球新兴市场最佳银行",连续三年位列《银行家》全球 1 000 家大银行和美国《福布斯》全球企业 2 000 强榜首。

COBIT(Control Objectives for Information and Related Technology,简称COBIT),即信息及相关技术的控制目标,是信息系统审计和控制联合会制定的面向过程的信息系统审计和评价标准。COBIT 模型(第 4 版)由六部分组成:执行摘要、执行工具集、框架、管理指南、审计指南和控制目标。

(1) 执行摘要:执行摘要为企业管理层阐明了 COBIT 模型中关键的概念和原则,给出了执行的总体概况。

(2) 执行工具集:执行工具集主要包括管理理念、IT 控制工具、执行指南、常见问题和管理案例等用于处理的可供选择的辅助工具和软件,可以根据实际的处理流程进行选择。

(3) 框架:框架是 COBIT 模型的主体部分,解释了 IT 流程是如何传递业务需要的信息和如何控制信息技术,同时确定了信息的 7 个准则和 5 种 IT 资源。该框架由管理指南、审计指南和控制目标三部分组成。

(4) 管理指南:主要提供了管理工具,对 IT 业务活动进行有效控制,以使 IT 与业务活动保持一致,并通过传输组织所需要的信息而使业务活动得以进行。

(5) 审计指南:审计指南为中介评估机构或 IT 审计人员对系统的安全性、可靠性与有效性进行分析、评估和实施审计等提供了建议与指导。

(6) 控制目标:控制目标是 COBIT 模型[49]的关键组成部分。它是一个多层的架构,通过域、过程、任务活动三层体系实现总体目标的分解,通过特定的活动来实施控制以达到预定的系统目标。COBIT 模型将控制目标定义为:组织在特定 IT 的活动中建立控制程序,从而达到预期结果或目的。在该模型中,控制目标体系包括三个要素:业务需求、信息技术资源和信息技术流程。这三个要素相辅相成,密不可分。

中国工商银行主要是在信息化建设和内部审计中引入了 IT 控制的架构与理念。中国工商银行意识到,在商业银行数据大集中的形势下,银行信息系统面临着两种威胁:一是利用计算机舞弊,二是灾难性破坏。计算机舞弊现象不仅存在于系统开发阶段,更容易发生在维护阶段。总行数据中心一旦发生灾难性破坏,受到影响的将是全行范围的所有分支机构和所有业务,经济信誉和法律的损失将无法估量。为此,中国工商银行早在 2002 年即在内审部门成立了专职的 IT 审计处,重点对 IT 风险进行检查和控制,在 IT 审计方面做出了探索。

中国工商银行在运用 COBIT 实施 IT 审计时的主要方式是:首先,从 COBIT 有关过程中的控制目标入手,进行风险分析,得出与该过程相关的风险控制目标,再从风险控制目标中导出与该目标相关的风险控制点。随后,针对每个风险控制点,结合工商银行自身的技术特点,找出其所包含的风险检查点,风险检查点又可以组成对相关部分的检查表。最后针对检查的结果,与 COBIT 相关部分中的要求相比照,找出相关的薄弱点,并就此提出相应的改进意见。中国工商银行在项目实施中认为,风险控制目标和风险检查点之间的推导方式主要有两种:一种是自下而上,即从具体的管理过程或技术实施措施入手,从中提炼相应的风险控制点,最后得到风险控制目标;另一种是自上而下,即从风险控制目标出发,将其进行分解,得到相应的风险控制点并对其进行细分,直到能够直接得出检查点为止,最后将得到的风险控制目标与 COBIT 相关过程的控制目标相比较,以确保整个信息系统审计目标的完整性。

中国工商银行的 COBIT 应用和 IT 治理，主要贯彻了以下几个原则，做到了几个值得注意的地方：

第一，从审计目的看，IT 审计不仅包含对信息系统安全运行的状况提出评价，规避操作风险，更应该使组织中的 IT 战略符合企业的战略目标，规避由于信息技术发展给企业带来的战略风险。在这一方面，COBIT 的审计范围几乎涵盖了所有与 IT 相关的活动。因此，中国工商银行真正贯彻了全员受控、全流程受控的原则。中国工商银行也将 IT 控制和公司治理相结合，保障了 IT 审计的独立性。成立专门部门即信息系统风险控制委员会，定期对信息系统风险管理情况进行研究，推进 IT 审计中的故障发现、评估和风险控制措施的落实，督促指导 IT 审计组的工作。

第二，重视总体规划，对于商业银行来说，就是建立商业银行 IT 审计规划。中国工商银行发现，恰当的 IT 审计方案与规划是 IT 审计工作的核心基础，是保证审计目标实现以及达到相关审计效果的关键。因此，商业银行在引入 IT 审计后，应对全系统信息系统建设设计整体的专业审计规划，制定年度工作目标及三年、五年风险控制目标，并与信息化建设发展相适应，形成 IT 审计标准方案和计划。商业银行 IT 审计方案与计划应包括商业银行的信息系统现状分析、商业银行的内部控制现状初步评价、IT 审计的性质与范围、审计工作的组织安排、审计风险评估、审计费用与成本、实施时间计划、IT 审计方法、审计协调与沟通机制等。IT 审计实施的过程要求对审计计划确定的范围、要点、步骤、方法等内容进行取证、测试与评价，最终形成 IT 审计报告。

第三，在应用 COBIT 标准时，应以 COBIT 为主，还要参照其他国际标准。COBIT 作为一个 IT 治理的通用标准和信息系统审计的框架体系，与其他的国际 IT 标准并不冲突。审计师在以 COBIT 作为主要参照标准的同时，针对信息系统审计的不同方面，可以借鉴不同的国际标准。如在对商业银行数据中心安全方面进行审计时，可以参照 BS7799 中的相应内容，也可以参照 SSE-CMM 的标准来进行；在涉及信息系统的交付和支持时，则可以采用 ITIL 中的内容来对数据中心的相关活动进行评价和审计；在对数据中心内控机制的建设情况进行评价时，就可参照 COSO（Committee of Sponsoring Organizations of the Treadway Commision）中的相应条款来比照评估。中国工商银行在贯彻 IT 治理和 IT 控制过程中，结合了多种规范和标准的内容，做到了根据实际需要灵活运用标准和规范。一方面，切实落实《金融机构计算机安全保护工作暂行规定》要求，合理安排基础设施和安全防范措施。另一方面，遵循国际标准或规范，按照国际通行的做法，结合实际情况，确立自己的 IT 审计标准和规范。把目前国际上公认的最先进、最权威的 IT 审计标准——COBIT 作为核心标准，同时借鉴《巴塞尔协议》、BS7799、COSO、《萨班斯—奥克斯利法案》等其他国际标准和原则，进而确立适合各行的 IT 审计目标、对象、范围、方法、流程等，具体指导 IT 审计工作。

中国工商银行的 COBIT 应用，对国家电网的 IT 内控、IT 治理和非生产性房产全寿命周期管控有一些有益的启示。首先，贯彻运用 COBIT 规范的同时，应充分根据企业的监管规则和其他需要，参考运用其他标准。其次，要设立明确的基于全寿命周期管控的控制目标,逐层进行目标分解,对照控制目标体系,结合管理和控制工具进行内部控制。第三,要充分建立总体规划。对于运用于非生产性房产全寿命周期管控的 IT 内控,要明确全寿命周期管控贯彻到流程各个阶段的需求,进一步明确借助 IT 内控,共同打造服务于大数据管控和数据可视化控制的控制体系。确定控制目标,明确关键的范围、要点、步骤、方法等内容。

9) 中国长江三峡集团公司

中国长江三峡集团公司战略定位为以大型水电开发与运营为主的清洁能源集团,主营业务包括水电工程建设与管理、电力生产、国际投资与工程承包、风电和太阳能等新能源开发、水资源综合开发与利用、相关专业技术咨询服务等方面。经过 20 多年的持续快速发展,三峡集团已经成为世界最大的水电开发企业和我国最大的清洁能源集团之一。

(1) 基于 BIM 的资产全生命周期管理

通过 BIM 上定义的空间结构属性、材料属性、设备构件信息,可为工程建设管理系统(CPMS)/企业资产维护系统(EAM)[50]提供更精准、精细化、可视化的交付控制基准和工作分解结构,能够可视化模拟仿真施工交付全过程,CPMS/EAM 可以通过记录工程施工过程、生产运营过程在物理资产实际构建、运营的同时,结合 BIM 生成一个数字化的虚拟资产,这个数字虚拟化资产通过实际物理资产监测的物联网数据的反馈,建立模型计算分析,可以对资产进行智慧化的运营,从而使资产价值最大化。三峡集团资产全生命周期管理架构如图 4-7 所示。

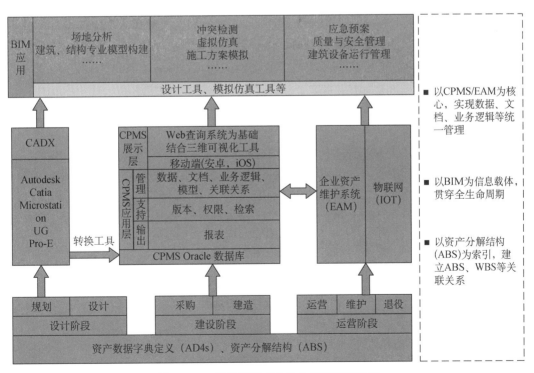

图 4-7 三峡集团资产全生命周期管理架构

在资产从设计、施工、运维到退役的全生命周期中，以资产数据字典定义、资产划分结构等标准规范为基础，以 BIM 为载体，以 CPMS/EAM 为核心，将 3D 设计成果应用在施工、运维等阶段，在项目竣工时，基于 BIM 技术实现建设期的完整数据信息全部移交；在运维阶段持续进行管理，直至资产退役消亡。

(2) 三峡工程管理系统 TGPMS 机电设备三维可视化

① 项目总体目标

以 TGPMS 在机电设备管理的多年应用为基础，结合电力生产管理系统，构建以三维可视化图形设计与展示的机电设备全生命周期的信息管理系统，为集团公司机电设备的管理和控制提供远程的、直观的信息服务平台，为机电设备的订货、设计、制造、出厂、入库、调拨、安装、调试验收、移交、运行、检修、维护提供完整的信息基础数据，以实现机电设备三维可视化的全生命周期的信息管理。

② 设计原理

建立对照表，记录三维模型中设备的逻辑层次关系、设备的历史版本记录和设备 ID 与各个业务系统中设备代码的映射关系。这样，就能建立两个异构系统中同一个设备部件的一一对照关系。三维展示系统通过读取对照表生成的 XML 文件来显示设备的相关信息和动态改变设备部件的展示外观。

③ 详细分析

在本项目案例中，选取 TGPMS 设备生命周期流程中的订货、催赶、运输、到货、入库、调拨作为几个典型处理单元。目前 TGPMS 系统主要关注设备在项目建设期的物流管理，设计、制造等之前的环节和调拨以后的安装、运行等环节尚未在一个公共平台上进行信息集成管理。系统架构图如图 4-8 所示。

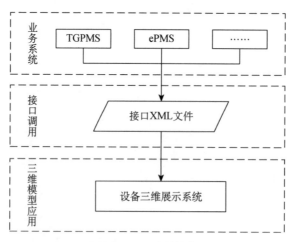

图 4-8　系统架构图

10) 南方电网公司资产全寿命周期管理

(1) 总体思路

南方电网公司以中长期发展战略为指引，借鉴国内外先进资产管理经验，充分考虑自身发展阶段和特点,建立以资产策略为引导,以资产绩效分析为手段,以技术标准为主线,以信息系统为支撑,覆盖规划设计、物资采购、工程建设、维护检修和退役报废五大环节的具有南方电网公司特色的资产全生命周期管理体系,在确保安全的基础上,实现风险、效能和成本的综合最优,支撑公司战略目标的实现。

(2) 管理体系框架

南方电网公司资产全生命周期管理体系框架分为管理规划、管理实施、管理回顾和管理支撑四个部分。

① 管理规划:企业决策层明确资产管理政策、目标、策略和计划,形成管理规划;管理规划强调统一性。通过制定统一的政策、目标、策略和计划,承接企业战略。

② 管理实施:管理层在资产的规划设计、物资采购、工程建设、维护检修、退役报废各环节实施中,要融入公司的政策、目标、策略,用制度、流程、标准等规范实施,从而实现风险、效能、成本的综合平衡,达到最优。

③ 管理回顾:作为监督的主要手段,绩效管理强调全面性、科学性,追求资产全生命周期的全过程、多目标综合最优而不是局部最优。全面、系统的绩效体系的搭建和有效应用是持续改进的重要依据。同时,把管理成果进行评估推广,形成闭环。

④ 管理支撑:全方位的管理支撑是资产管理有效运作的保障。技术标准体系强调资产全生命周期各环节技术标准的统一性和适用性,是充分发挥资产效能的前提。信息系统解决业务支撑的问题,是确保流程规范、高效运作的手段,也是分析决策的数据来源。基础保障包括设备台账、技术数据、管理制度、管理流程等保障要素,是确保资产管理业务正常运转的基础。

(3) 资产管理保障

① 组织保障

组建资产全生命周期管理委员会,由总经理任组长,公司分管领导为副组长,设备、计划、基建、财务、物资等各部门负责人为成员,协调推进整体工作的实施。资产全生命周期管理委员会办公室设于公司生产设备管理部。

② 信息保障

引用资产管理信息系统(CSGII-EAM),用信息化的手段打破部门界限和信息壁垒,将资产的规划计划、物资采购、工程建设、生产运营、退役报废全生命周期过程进行综合管理,实现资产全生命周期管理业务的横向协同,网、省、市、县、班组的纵向贯通;按照"机关易监控、数据易查询、基层易操作"的设计原则,实现资产全生命周期成本看得见、风险可监控、效能可量化,实现资产效能、风险、成本的综合最优,支撑资产全生命周期管理理念的信息化落地。

国内外公司资产管理特征与水平汇总表如表4-1所示。

表 4-1 国内外公司资产管理特征与水平汇总表

序号	公司名称	资产管理特征与水平			备注
		流程管控	组织架构	信息技术应用	
1	新加坡新能源公司	以状态监测和状态维护为核心的循环管理流程	资产与管理分家的管理架构；网络管理组织结构模式，以电网业绩为中心的知识型管理	技术支持包括继电保护、SCADA（数据采集与监视控制系统）、专家系统、通信服务、数据管理、资讯科技、电能质量、暂态研究	新加坡电力公司资产管理特征是形成了资产与管理分家的管理架构，分为新能源公司和新能源电网公司
2	新西兰Ashburton电力公司	资产管理计划制订流程主要包括风险评估、制订资产全寿命周期管理计划、风险防范与预防、准备资金计划、监督资产业绩、准备资产管理改进计划等八个步骤	组织策略主要针对资产管理的组织结构、权力和职责进行评价	资产管理计划系统由流程、数据、信息系统三大配套组成，并考虑组织策略和商务策略	新西兰Ashburton电力公司的资产管理目标是在满足安全、用户服务水平以及环保要求下，实现资产全寿命周期成本最优，实现公司战略目标要求
3	加拿大Hydro One公司	建立企业管理体系就是采用可靠性为中心思想（RCM）进行流程管理，建立资产战略联盟就是保持电网管理与电网服务利益服从公司整体利益的企业文化，逐步建立了公司统一的电网资产管理体系	Hydro One公司变革组织机构，调整信息系统，形成了局部利益服从公司整体利益的企业文化，逐步建立了公司统一的电网资产管理体系	建立了资产健康状态评估方法，量化评估资产健康状况，并按照资产健康状况合理安排设备使用寿命；建立了基于风险管理的核心业绩指标评估体系	加拿大Hydro One公司的资产全寿命周期管理模式是建立战略联盟体系和资产战略
4	澳大利亚Powerlink公司	在资产管理流程方面，Powerlink公司的资产管理流程包括策略定位、资产管理策略、资源计划、绩效审查四个主要方面	因Powerlink公司为能源与动力设备研发制造和服务商，分为电力设备产品、照明灯车产品、压缩机产品、燃气能源产品四个部门，强调节能与绿色	运用收集和分析绩效数据的工具主要包括：综合资产管理系统（SAP公司）、强迫停运数据库、实时数据库系统（PI）、事务处理数据库（ACMS）、能量管理系统（EMS）、运行广域网（Ops WAN）	Powerlink公司的资产全寿命周期管理分为计划编制和资产投资、运行、维护和整新、寿命到期后替换和处置三个主要阶段。在资产的整个全寿命周期中，各个阶段都有不同的资产管理策略

续表 4-1

序号	公司名称	资产管理特征与水平			备注
		流程管控	组织架构	信息技术应用	
5	英国国家电网（National Grid）公司	该公司已经从流程上将资产管理的整个过程纳入统一管理，辅以信息系统支持，确保收集所有基础财务基础数据，并进行定量的评价与决策	公司的董事会设定了公司的风险偏好，在维护公司声誉以及维持内部风险控制和风险管理制度健全方面具有领先优势	开发应用了 MIMS 自动化管理系统，用于关键性电网设备的跟踪、监测数据，并实时更新数据；利用 Oracle 和 SAP 等信息技术，整合电网数据资源和管理电子系统，对拥有的管辖的电网资产实行全过程全寿命管理，强调智能化发展方向	该公司还着眼于更灵活的电网管理，包括电能储存系统、智能电网和动态用电需求系统，并借助科学评价新电源联网配置等方法
6	德国电网公司	德国的电监会考核设置寿命合理，集团高级管理人员是否合范围高级管理人员的人力资源开发等	以莱恩电力公司为例，RWE 集团包括承担集团管理任务的集团总部、RWE AG 和 7 家子公司，RWE AG 作为集团公司的总部和管理调控中心，负责集团发展战略和规划的制定，并收购、金融财务、审计、通信等	以莱恩电力公司为例，其中有为集团公司提供集中采购、信息技术服务和房地产管理等内部服务的 RWE 系统服务公司（RWE System）	通过对会计寿命、测试寿命、使用寿命、诊断剩余使用寿命，计算对设备使用寿命有良好的估算，有利于延长寿命，提高资产利用效率
7	中石化森美公司	实现以任务管理为主线，内部审批事项、合同履行流程、BPM 流程、OA 审批事项的有机融合，完成审批事项全过程的办理和跟踪	构建任务管理体系，通过任务目标自上而下地逐级反馈，任务事权划分，明确项目下面上地事权划分，对项目的执行进度、执行质量以及投资项目计划成本进行有效的跟踪与控制	通过 BPM 平台提供了一整套信息化集成的功能，包括数据集成、流程集成、应用集成、门户集成。它是对中石化森美现有的商业运营过程和解决方案进行集成，打破信息/应用/资源孤岛	中石化森美的主要全寿命周期管控模式构建工作包括构建任务管理、实现任务展示与咨询、实现以任务管理为主线的内部审批事项、合同履行流程、BPM 流程、OA 审批事项的有机融合

续表 4-1

序号	公司名称	资产管理特征与水平			备注
		流程管控	组织架构	信息技术应用	
8	中国工商银行	在信息化建设和内部审计中引入了 IT 控制的架构与理念，引用 COBIT 模型	成立专门部门即信息系统风险控制委员会，定期对信息系统风险管理情况进行研究，推进 IT 审计中的故障发现、评估和风险控制措施的落实，督促指导审计组的工作	IT 审计不仅包含对信息系统安全运作的状况提出评价、规避操作风险，更应该使组织中的 IT 战略符合企业的战略目标，规避由于信息技术发展带给企业未来的战略风险	中国工商银行的资产管理的主要特征是采用 COBIT 模型的应用，明确了控制目标，并进行了分解和控制
9	中国长江三峡集团公司	通过 BIM 上定义的空间结构属性、材料属性、设备构件信息，可为工程建设管理系统（CPMS）/企业资产维护系统（EAM）提供更精准、精细化、可视化的交付控制基准和工作分解结构，可以可视化模拟仿真施工交付全过程	未收集到中国长江三峡集团公司资产管理组织层面资产管理策略	构建以三维可视化图形设计与展示的机电设备全寿命周期的信息管理系统，为机电设备的订货、设计、制造、出厂、入库、调拨、安装、调试验收、移交、运行、检修、维护提供完整的信息基础数据，以实现机电设备三维可视化的全寿命周期管理，强调智能化	三峡集团的资产管理特点是运用 BIM 技术，结合 BIM 生成一个数字化的虚拟资产，这个数字虚拟资产通过实际物理资产监测的物联网数据的反馈，建立模型进行计算分析，可以对资产进行智慧化的运营，从而使资产价值化最大
10	南方电网公司	引用 PAS55 资产管理规范，南方电网公司资产管理流程分为管理规划、管理实施、管理回顾和管理支撑四部分	在公司生产设备管理部组建资产全寿命周期管理委员会，由总经理任组长，公司分管领导为副组长，设备、计划、基建、财务、物资等各部门负责人为成员，协调推进整体工作的实施	引用资产管理信息系统（CS-GI-EAM），用信息化手段打破部门界限和信息壁垒，将资产全寿命周期通过综合管理、实现全寿命周期管理业务横向协同、纵向网、省、市、县级的纵向贯通	南方电网公司借鉴国内外先进资产管理经验，建立了以资产策略为导向、绩效分析为手段、技术标准为主线、信息系统为支撑的全寿命周期的管理体系

4.1.2 Web-BIM 技术的非生产性房产协同管理案例分析

通过对全省范围内的协同管理现状分析与协同度评价发现,省公司对非生产性房产的管理目前尚处于初级协同阶段,协同度有待进一步加强。通过借鉴国内外利用 Web-BIM 技术实现协同管理[51]的先进经验,为省公司基于 Web-BIM 技术的非生产性房产协同管理指明方向。

1) 澳大利亚昆士兰州布里斯班市费斯路德学校

(1) 项目概况

费斯路德学校位于澳大利亚昆士兰州布里斯班市以西 1 小时车程的普莱兰德市郊。在学校新图书馆大楼建设期间,Fulton Trotter 建筑公司(以下简称"FTA")作为建设管理方,负责设计、文案提供和合同管理。这个规模不大的项目总价为 150 万澳元,是一个单层钢结构建筑。它被 FTA 选为试点项目,展示由土地测量师、土木工程师、结构工程师、液压顾问、机械工程师和电气工程师组成的全方位顾问团的 BIM 协同成果。该试点项目的目标是追踪 FTA 和顾问团队实施全协同 BIM 的能力。

文件使用 3D 格式是为了方便细节问题的处理以及在结构和服务(如电气、机械、液压等)间进行协调,从而减少现场的分歧,以及解决在设计阶段就能防范的问题,降低耗费在重新构思解决方案上的时间和资金成本。公司的目标是让设计团队工作进展更顺利,为更好地竞标和施工制作更好的文档,最终为客户打造一个成本效率更高的建筑。

(2) Web-BIM 技术在协同管理中的应用

① 起步:FTA 开启并主导了最开始和顾问团成员的讨论,以了解每个团队成员将使用什么 BIM 工具,以及就每位顾问的预期效果达成共识。费斯路德学校内部视图如图 4-9 所示。

图 4-9 费斯路德学校内部视图

② 制作文件:FTA 在 ARCHICAD 里创建了一个草图设计模型。ARCHICAD 的 BIMx 工具被广泛并成功地应用于向顾问团队、客户和有关部门展示早期的方案,以获得关于建筑设计进展的早期反馈。顾问们提供的 SD 流程大部分仍然是 2D 的,目的是在制作模型之前,将服务和配置清晰化。FTA 认为,起始阶段使用这种方法将有效减少对各种模型的更改。一旦顾问 SD 系统和定位确定,每个顾问就会开始他们的 3D 建模和文件制作流程。

除了只能制作 3D DWG 文件的土地测量师之外,顾问团队成员之间都使用 IFC 格式交流。为了支持协调和模型检测,FTA 使用 ARCHICAD 将文件转换成了 Library Parts 格式。

因为 ARCHICAD 具备通过 IFC 格式交流的能力,所以 FTA 能将每一个顾问的模型作为一个模块整体建筑模型。想要最终做出一个符合建筑形态以及和建筑中各服务相契合的结构,工程师的 IFC 模型在整个流程中非常关键,对钢结构也需要进行各种反复测试。ARCHICAD 中的结构和 MEP 模型如图 4-10 所示。

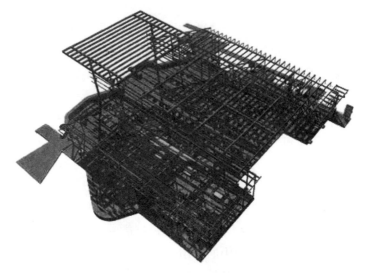

图 4-10　ARCHICAD 中的结构和 MEP 模型

液压服务也具体到细节,这对于在设计阶段检测以及处理结构和其他模块的潜在问题尤为有效。

接下来是电气和机械服务的模化,它们在冲突检测和建筑成品的细节化处理以达到相关要求方面也非常有用。打开/关闭每个顾问的模块,以及检测每个模型是否达到建筑要求,这样的能力在培训年轻员工和帮助他们理解建筑语言和流程上也是非常重要的。

③ 施工:FTA 使用拥有完整模型的 BIMx(包含所有结构和服务)完成现场检查——施工方是否按照模型和文件进行建设。在合同管理相关的后续问题中,BIMx 也将起到很好的作用。它的主要功能有:

◆ 检查施工图;
◆ 协助解答施工方的现场质询;
◆ 可通过模型和 BIMx 文件快照向施工方展示设计意图。

(3) 小结

如果没有 ARCHICAD 对 Open BIM 的不懈追求,以及它提供的合并和输出 IFC 格式文件的能力、最终形成的 BIM 技术协同管理机制,FTA 和它的顾问团队就不能在设计和文件制作过程中让费斯路德学校图书馆项目的设计达到如此细节化的水平。

2) 日本邮政大厦

(1) 项目概况

日本东京的新摩天大楼——日本邮政大厦地下共3层,地上38层,建筑面积21.2万平方米。该项目位于历史悠久的东京站旁边。新大楼将容纳东京中央邮政局、学术和文化的博物馆、商业设施KITTE、零售广场的近百家商店和餐馆、国家最先进的商务办事处。

(2) Web-BIM技术在协同管理中的应用

在该项目的协同管理中,BIM技术最突出的功能是通过BIM模型直接出图来优化原始平面设计,并利用BIM模型的工程量统计指导施工。

模型根据设计院提供的初步设计图纸及业主要求进行三维图纸的深化设计,建立智能化系统单专业模型,模型精度符合LOD300(精确几何形态要求)模型。在建模过程中,通过三维校审及时发现图纸问题。相对于二维图纸审图,三维模型更容易直观地发现问题。本项目设计内容涉及各个专业的各种管线,通过分组的方式将原始图纸进行BIM深化后,将各系统的管线碰撞检测,以检查出可能出现的碰撞问题,并据此优化管线相应的标高和布置。

以机电系统为例,本项目应用BIM协同管理技术有以下几大好处:

① 减少隐藏于图纸内的管线冲突。

② 运用BIM模型可视化辅助机电作业协同。

③ 通过BIM施工模拟定义机电、结构和建筑作业之间的关系。

④ 有利于建立机电模型构件的施工标准。

⑤ 提高施工图面与数量表的一致性。

⑥ 有效管控现场工作组每日工作进度。

同时,以调整完成的最终版施工图为基础,通过相应功能自动生成工程量清单,准确反映出实际的工程情况,给施工环节提供了合理化的参考。项目的空调系统如图4-11所示,给排水系统如图4-12所示。

(3) 小结

本项目运用BIM技术进行协同管理,主要实现了以下功能:

① BIM为各专业提供了信息共享、顺畅沟通的平台,协调管理效果好,实现了工程的和谐共建。

② 通过BIM技术,优化了劳动力配置和材料设备进场,减少了变更返工,提高了管理效率,为社会节约了大量资源。

③ BIM平台在保证信息通畅的同时,对数据安全的保证也是传统方式所无法比拟的,采用数据权限管理的模式,各参与方提取数据、图纸、资料等变得快捷安全,为项目的安全建设提供了良好的管理平台。

④ 在前期对设计图纸进行优化,对系统性能进行分析,使得整个布局构造更加合理,采用优化后的施工方案,减少浪费,为绿色环保低碳施工提供了可靠的数据信息支持。

图 4-11 空调系统

图 4-12 给排水系统

⑤ BIM 在该项目的应用进一步拓展了 BIM 的应用范围,提升了 BIM 的应用价值,这为 BIM 在项目中的普及应用提供了范例,为推动 BIM 技术对建筑行业的变革发挥一定的作用。

3) 美国萨维尔大学霍夫学院

(1) 项目概况

美国萨维尔大学(Xavier University)霍夫学院项目在运维阶段突出运用了 BIM 技术进行协同管理。该项目也是近年来 BIM 技术在校园建筑运维阶段应用较为成功的案例,项目很好地体现了"设计—施工—运维"一体化管理思想。该项目总投资 11.7 亿美元,是该校历史上最大规模的投资建设。项目改变了校园 25% 的建筑形式,新建了 1 858 平方米的实用新型设备中心,服务于新建和已有建筑物;建造了将近 8 000 平方米的商学院;建设了 8 175 平方米的克纳顿学习中心,装修改造了 5 800 平方米的麦当劳图书馆,并建设了 2 276 平方米的居住中心。该项目采用 BIM 技术进行项目设计与施工的协同,取得了良好效果,提高了工作效率。

(2) 项目难点

① 设施信息搜集难、管理时间多、成本支出高;

② 校园快速发展使得信息量大幅增加;

③ 设施管理软件实时运行时间多、成本支出高,包括聚衬空间影响建筑信息管理、录入建筑产品数据和文档工作多而繁杂,建筑设备库存管理烦琐,AEC 建筑团队共享数据重复劳动。

(3) 项目目标

项目建设目标是将已有的建筑设计信息和施工信息应用于建筑运维阶段,从而形成建筑全寿命周期 BIM 协同管理。

同时通过运用数字信息(数据和文件)协助建筑信息管理,消除冗余和繁杂的数据输入,拥有质量更优的数据,通过有效计划,实现空间信息管理与维护。

其中,项目制定建筑空间管理文件标准,包括空间管理、面积测量、房间编号、空间分类、完成分类、部门数据、建筑数据和员工数据。

(4) 项目成果

该项目实践促进了萨维尔大学数据管理的改进和变革,主要包括编辑、同步和管理数据,空间类型信息存储与完善,项目竣工数据归档与储存,员工数据、部门数据及建筑数据的更新与储存,计划和跟踪设施使用数据,综合设施数据管理,实现互联网数据共享和图形实时高效管理。

通过 BIM 协同管理技术,萨维尔大学获得较高收益,项目成功避免了超过 12 个月的人工数据采集,空间信息管理能力提升 40%,省去原先需人力手工录入和保存的超过 3 万条数据信息,业主方对项目管理效果表示高度认可与满意。

(5) 小结

萨维尔大学霍夫学院项目的成功,尤其在尝试将已有建筑设计和施工模型应用于运维阶段方面,实现了 BIM 技术在房产的协同管理上的初步尝试。但由于萨维尔大学尚未完成 BIM 技术标准,设计、施工与运维阶段的信息管理无法做到完全协调统一,存在一定技术瓶颈,且许多已有建筑的数据信息仍以二维图纸形式存在,难以将新建项目的模型信息与已有建筑信息相整合。即使对于新建建筑的三维建筑信息模型,由于运维阶段的信息要求与设计和施工阶段不同,工作顺序很难与已有数据直接关联,增加了后续工作难度。

据此,该项目的后续工作更注重 BIM 标准制定,进一步推动 BIM 技术在校园建筑数字化中的应用;应尽快将现有校园二维图纸转换为可用的 BIM 模型,服务于大规模信息管理;制定和设计"开始与维修"工作顺序结合系统(CAFM),使设计模型、施工模型与运维模型更好地结合;应开发移动中心接口,使维修工人能实时访问终端设施信息,提升项目管理效能。

4)天津117大厦

(1)项目特点

位于天津滨海高新技术产业开发区的天津117大厦结构高度达596.5米,创造了11项中国之最,并运用BIM技术实现了成本节约、管理提升、标准建设。

① 596.5米:中国结构第一高楼

目前,在中国已建成或已经封顶的超高层建筑有3 103座,数量居世界第一。由中建三局承建的天津117大厦是目前中国超高层建筑中结构高度最高的建筑物,其结构高度为596.5米。所谓结构高度,不包括建筑附属物如天线、钢架、塔冠等,是指钢筋混凝土楼板的高度,即屋面高度。117大厦结构高度仅次于哈利法塔(钢筋混凝土剪力墙体系最高处为601米),为世界结构第二高楼、中国结构第一高楼。

② 120米:房建领域桩基长度中国之最

近600米的超高层建筑,常规设计规范和经验数据已经没有直接参考价值。为确保整个设计的科学性和安全性,设计院特别设计了桩基直径为1米的4根超长桩试桩(2根100米、2根120米)和10根100米长锚桩。施工过程中,天津117项目团队根据过程数据和成桩检测数据是否满足设计要求来调整工程桩的设计参数,以满足117大厦结构受力的安全要求。120米长桩是国内房建领域最长桩基。通过一系列技术攻关,试桩取得圆满成功,直接节省建造成本5.64万元,取得工期效益5 400万元,共计节约工程成本5 405.64万元。

③ 210吨:单根最重防屈曲钢支撑重量中国之最

超高层摩天大楼的防屈曲变形支撑作为抗侧力构件,辅助4根世界最大的巨型钢柱,可为大厦整体结构提供强大的抗侧刚度和承载力。当大风和地震出现,大厦受到巨大冲击时,防屈曲支撑不会弯曲变形,只会出现短距离位移,使大厦抗震性能成倍增加。天津117大厦防屈曲支撑是由芯材和套筒两部分组成的双层箱体结构,安装在第一道环带桁架下方,共设8根,单根长度约48米、重量210吨,为国内超高层领域防屈曲钢支撑之最。在国内其他超高层建筑均未使用过防屈曲支撑的情况下,117大厦的超大防屈曲支撑可谓首屈一指。

④ 84.7万平方米:摩天大楼建筑面积世界之最

天津117大厦建筑面积84.7万平方米,是世界超高层建筑中面积最大的。在全球知名摩天大楼中,广州周大福金融中心(东塔)建筑面积50.8万平方米,深圳平安国际金融中心建筑面积约46万平方米,上海中心大厦建筑面积约41万平方米,上海环球金融中心建筑面积约38.1万平方米,台北101大厦建筑面积约35.7万平方米,武汉中心总建筑面积约32万平方米,哈利法塔建筑面积约31万平方米。

⑤ 6.5万立方米:民用超高层建筑底板混凝土方量世界之最

2011年12月29日晚,经过连续82小时作业,117大厦项目一次性浇筑完成6.5万立方米大底板混凝土,创造民用超高层建筑大体积底板混凝土世界之最。

6.5万立方米C50P8高强混凝土一次性顺利浇筑成功,中建三局在行业史上树立了全新的里程碑。施工中,中建三局项目团队编制的《6.5万方高标号超厚超大体积混凝土综合施工技术研究与应用》荣获2013年度中国施工企业管理协会科学技术奖科技创新二等奖,为项目减少直接建造成本351.25万元,取得工期效益600万元,共计节约工程成本951.25万元。

⑥ 500.61米:通道塔高度世界之最

通道塔即单独建设于117大厦东侧的"钢塔",其标准层平台尺寸为5米×9米,一侧与主楼附着,其余三面共附着5部双笼施工电梯,共计10部梯笼,实现了快速垂直运输。117大厦通道塔自2014年1月1日开始搭建,边使用边与主体结构同步"成长",2015年7月8日完成所有安装工作,最终定格在101层,500.61米的总高度成为全球最高通道塔。

⑦ 597.45米:单井道运行高度世界之最

117大厦设计安装的85部垂直电梯刷新了哈利法塔保持的单体建筑56部垂直电梯数世界纪录。其中,编号为TF-3和TF-4的两部电梯设置在单井道中,从负一层(-9.9米)可直达位于587.55米的大厦顶层。597.45米的单井道运行高度一举超越哈利法塔504米的运行高度,创造了单井道运行高度世界之最。117大厦单井道垂直电梯最快运行速度达7米/秒,仅需85秒即可由地面直抵大厦顶层观景台。

⑧ 3兆帕:超高层建筑水管压力世界之最

117大厦空调水系统采用分区供回水设计方案,办公高区及酒店区域经过两次换热将空调水供至系统末端,其中部分立管垂直高度达239米,系统压力达到中承压3兆帕。2015年5月13日,117大厦地下室制冷机房管道3兆帕压力试验一次性通过,创超高层建筑水管压力世界之最。

⑨ 564米:室内游泳池高度世界之最

大厦内设有甲级国际水平的办公楼及六星级酒店。94层至104层的六星级酒店将引进迪拜帆船酒店的建造标准;大厦在115层即564米处将设有豪华游泳池,将成为世界最高的室内泳池。资料显示,上海环球金融中心曾拥有世界最高游泳池,位于大厦的85层,高度为366米。

⑩ 579米:观景平台高度世界之最

117大厦将在116层的夹层处设置世界最高的观光厅,观光厅在钻石造型内部,高度为579米,它将打破由上海环球金融中心于2009年创造的474米"世界最高观光厅"的吉尼斯世界纪录,成为世界最高观光厅。相关资料显示,广州电视塔观景台高488.8米;上海世贸中心大厦观景平台在100层,高474米;世界第一高楼哈利法塔观光台位于124层,高452.1米;世界第一高塔东京天空树的最高观景平台高451.2米。中建三局刷新了人类眺望世界的新高度。

⑪ 584米:旋转餐厅高度世界之最

大厦将在117层设置世界最高的旋转餐厅,同样位于117大厦钻石造型内部,高

584米,它将打破由广州塔于2014年创造的422.8米的"建筑物中最高的旋转餐厅"的吉尼斯世界纪录,成为世界最高的旋转餐厅。

(2) Web-BIM技术在协同管理中的应用

超高层建筑都离不开BIM技术,117大厦当然也不例外,运用BIM技术实现了成本节约、管理提升、标准建设。

① BIM应用平台:通过GBIMS施工管理系统应用(GBIMS为广联达目前针对特殊的大型项目定制开发的BIM项目管理系统),打造天津117大厦项目BIM数据中心与协同应用平台,实现全专业模型信息及业务信息集成,多部门多岗位协同应用,为项目精细化管理提供支撑。

② 协同平台:广联云作为项目BIM团队数据管理、任务发布和信息共享的数据平台,一方面满足常见的文档协同、各种BIM模型及工程资料的直接上传和下载,另一方面通过软件接口实现跨平台、跨软件的数据协同,将现场数据等集成到广联达的BIM5D软件和广联达BIM项目管理平台GBIMS软件。

③ 进度管理:开发插件,将ProjectServer与BIM平台数据打通,通过ProjectServer进行计划编制预审核流程的控制,同时通过BIM平台进行实际进度的管理。

④ 标准规范:制定了一系列完善的建模标准及工作规范——统一数据交互标准,统一各专业建模规范,统一BIM工作规范、流程和制度,统一BIM成果交付标准。

⑤ 基于BIM三维算量:项目开展了超高层项目深化设计模型三维算量研究,通过开发Revit导出GFC插件,将土建模型导入广联达图形算量软件GCL中,避免二次建模。

⑥ 图纸管理:通过项目自定义编码,将图纸信息和模型进行关联,通过点击模型,可查看相对应的施工图纸,包括图纸各版本的查询和下载,以及相应的图纸修改单、设计变更洽商单等相应附件信息。

(3) 小结

建造后的大楼的灵活调节与适应性非常强大。前期细致的规划设计和先进的BIM模型使建筑师、业主和用户、施工公司和所有的承包商团队都能够按期完成复杂的设计,充分展示出运用BIM技术进行房产协同管理的优越性。

5) 苏州中南中心

(1) 项目概况

苏州中南中心建筑高度为729米,作为国内在建第一高楼,应用BIM技术应对项目要求高、设计施工技术难度大、协作方众多、工期长、管理复杂等诸多挑战。

该项目的业主谈道:"这个项目建成后将成为苏州城市的新名片,为保证项目的顺利进行,我们不得不从设计、施工到竣工全方面应用BIM技术!"为保障跨组织、跨专业的超高层BIM协同作业顺利进行,业主方选择了与广联云合作,共同搭建"在专业顾问指导下的多参与方的BIM组织管理"协同平台。

早在BIM实施启动之前,中南中心的业主对BIM协调平台的工作就非常关注,同时也慎之又慎。选取平台不但注重软件应用功能,同时必须综合考虑将来管理的因素。基于这个背景,在平台选择时明确提出平台除了具备文档管理、组织权限管理、模型浏览、任务流程管理及数据本地备份等核心功能外,还要综合考虑平台技术发展趋势、易用性、功能扩展性、可持续的服务能力等选型要素。

(2) Web-BIM 技术在协同管理中的应用

面对这些困难,经过长达 6 个多月的调研、技术考察和组织试用,根据实际效果,最终选定广联云作为中南中心项目的 Web-BIM 协同平台,实现了以下的应用价值:

① 解决跨地域、跨团队协同问题:业主、咨询方、设计院之间大量的模型文档上传交互、共享、版本管理、BIM 任务管理。BIM 咨询顾问发出,然后交由设计团队进行应用,业主团队则利用平台进行浏览和任务处理。通过平台让跨地域协调变得简单。

② 解决数据安全问题:广联云作为项目唯一的数据输入输出平台,确保数据的统一性、准确性、安全性。利用广联云支持 office、dwg、rvt、ifc 等专业工程文件在线浏览的特性,有效满足业主管理团队在出差时和施工现场进行模型浏览、检查及可视化交流的需求。这些功能给数据利用带来了极大的便利性,同时利用云端三重备份及本地数据同步功能有效保障数据安全。

③ 提高图纸管理效率:中南中心项目从扩初到目前施工图一共约有 100 GB 的图纸文件,在扩初阶段图纸的变更就达到五十多次,涉及工程所有专业和信息内容。我们在这个过程中运用平台来进行图纸文件的管理,有效划分和集中整理相关目录,通过平台将相关变更和版本信息传递给本工程项目的各参与方,减少了工程项目上常见的图纸版本混乱或更新混乱的问题,降低了因图纸版本信息错误导致的施工错误。同时,平台还针对过往的文件进行保存,有效记录了整个过程的文件,方便各参与方进行查询、复核及追溯。

④ 满足基于平台模型 BIM 设计协调需求:中南中心项目整体系统和专业相对于其他项目来说都较为复杂,设计在进行施工图出图与修改时往往希望通过模型来了解某区域的相关信息,但是每次的 BIM 设计协调会都需要各方当面交流,沟通和协作效率低下。通过平台针对有问题的部位进行相关的三维呈现,利用平台的相关功能进行相关的批注和简报,相关参与方在平台上完成问题的交流和决策,形成有效系统的文件和讨论依据,解决因跨区域、多地点办公造成的效率低下和难以决策等问题,以达到提高设计质量、降低工程项目成本的目的。

(3) 小结

BIM 协同平台的应用效益并不是通过创造新效益产生的,而是通过减少风险和浪费体现出来的。这些基础建设工作使得管理方法产生变化,文档数据安全性增加,组织管理更加有序,为中南中心未来的 BIM 实施打下坚实的基础。BIM 协同平台总体还处于市场化应用的初期。事实上,平台选择更多的是反映业主或者 BIM 决策者的管理理念和思路。希望通过中南中心项目的平台选型和应用,为其他项目的 BIM 决策团队提供一个有价值的视角和参考。

4.2 案例分析

4.2.1 非生产性房产管控水平案例分析

案例对比是发现国网公司非生产性房产全寿命周期管控现状的有效方式之一。根据全寿命周期管理的理念,从四个方面(5分制)来判断公司资产管理水平:

(1) 管控思想:是否采用全寿命周期管理/管控的理念或思想,水平如何;
(2) 管控流程:是否具备完整的管控流程,程度如何;
(3) 管控组织:组织是否有效支撑资产管理;
(4) 管控技术:是否采用了信息化的手段,技术先进性如何。

根据对国网公司非生产性房产管控的现状分析,结合国内外公司资产管理案例分析,针对上述管控思想、管控流程、管控组织和管控技术等四个方面,进行对比分析,绘出资产管理水平雷达图,如图4-13~图4-15所示。

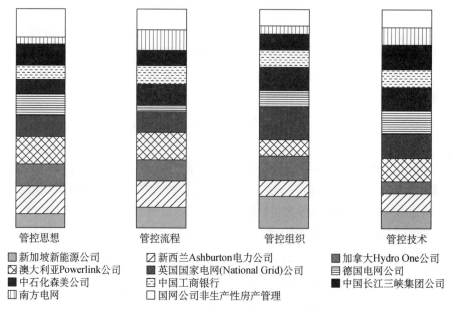

图 4-13 国内外各公司资产管理水平分析雷达图

1) 国外各公司资产管理水平
◆ 澳大利亚 Powerlink 公司最为注重全寿命周期管控思想,且较领先;
◆ 管控流程方面,新加坡新能源公司和澳大利亚 Powerlink 公司做得较好;
◆ 管控组织方面,新加坡新能源公司和英国国家电网(National Grid)公司较领先;
◆ 管控技术方面,澳大利亚 Powerlink 公司、德国电网公司和中石化森美公司做得较好。

2) 国内各公司资产管理水平
◆ 管控思想方面,国网非生产性房产全寿命周期管控思想比较领先;

◆ 管理流程方面,工商银行引用 COBIT 目标流程分解比较领先;
◆ 管控组织方面,中石化森美公司构建的任务信息系统比较领先;
◆ 管控技术方面,中石化森美公司和中国长江三峡集团做得比较好。

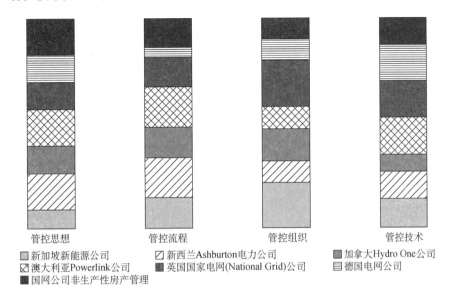

图 4-14　国际各公司资产管理水平分析雷达图

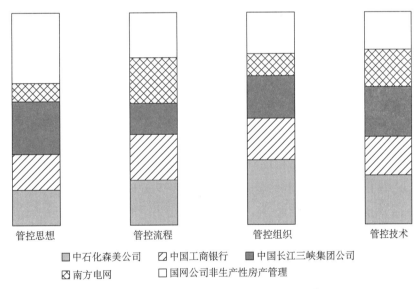

图 4-15　国内各公司资产管理水平分析雷达图

3) 国网公司非生产性房产管控水平对比分析结论

◆ 国网公司非生产性房产管控水平在国内处于中等偏上的水平;
◆ 国网公司非生产性房产管控水平在国际上处于中等水平,其思想比较领先,但是管控流程、管控组织和管控技术还需进一步完善、加强和提升,需要进一步探索"节能、绿色、智能"的新方向。

4) 非生产性房产管控 SWOT 分析

结合问卷调查、访谈、文献查阅、网上搜索、案例对比分析等结果,进行国网公司非生产性房产全寿命周期管控优势(Strengths)、劣势(Weaknesses)、机会(Opportunities)和威胁(Threats)分析,即 SWOT 分析,如图 4-16 所示。

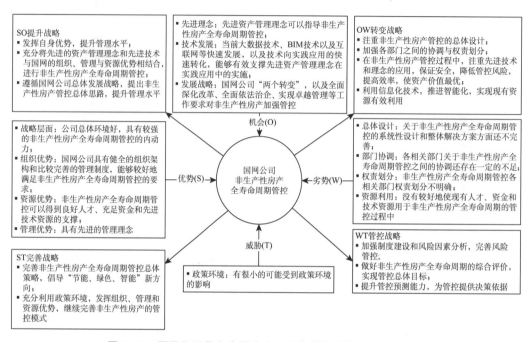

图 4-16 国网公司非生产性房产全寿命周期管控 SWOT 分析图

4.2.2 Web-BIM 技术的非生产性房产协同管理案例分析

1) 信息集成是大势所趋

国内外先进案例均基于 Web-BIM 协同管理技术[52]对工程全寿命周期的信息进行了高度集成与一体化。在建筑工程的全寿命周期利用 Web-BIM 技术数据库的集成优化研究,对规划、设计、施工、运营、维保等工作都具有利益最大化、减少资源浪费、节约投资成本等优势,应用 Web-BIM 技术进行协同管理已经越来越受到各参与主体的重视。因此,对于国网非生产性房产协同管理而言,信息的集成和一体化是实现其协同管理目标的重要支撑手段,Web-BIM 技术的充分应用和深度挖掘将对省公司有重要帮助。

2) 大数据管理面临挑战

在信息高度集成与一体化的情形下,必然会从全寿命周期中积累出大数据。国内外先进案例显示大数据在协同管理中日益受到重视,构建数据基础和管理模式,提供数据管理工具,形成大数据管理流程是省公司非生产性房产协同管理在未来迎接挑战时所要做的准备工作。在非生产性房产协同管理的全过程中,通过 Web-BIM 技术的应用,可以使得大数据管理支持场地分析、建筑策划、方案论证、可视化设计、协同设计、性能化分析、工程量统计、管线综合、施工进度模拟、施工组织模拟、数字化建造、物料跟踪、竣工模型交付、维护计划、资产管理、空间管理、建筑系统分析、灾难应急模拟等工作,保证国网非生产性房产的协同管理的有效性。

3) 应用渐向全流程延伸

Web-BIM技术所发挥的作用和优越性在国内外先进案例的协同管理的全寿命周期各阶段都得到了充分的证明:借助Web-BIM技术进行三维设计,通过建立BIM模型,可以完成设计优化、碰撞检测、空间分析、能耗分析,减少设计变更,提高设计效率;基于Web-BIM的施工管理中,能够快速有效监控施工过程,对施工过程中的安全、质量、成本和进度等进行分析和动态调整,提高施工的管理效率;在运营阶段,基于Web-BIM的智能化管理,在设备设施使用、空间使用、能源消耗、备品备件使用、人员流动、环境条件变化等数据不断积累和分析的基础上,通过采取不同条件的调节,寻求最优的运行方案,降低运行成本和设备的损耗,对长期健康运行提供决策支持;基于Web-BIM的工程运行逐渐向绿色、智慧、低碳方向发展。

因此,国网非生产性房产的协同管理可以利用Web-BIM技术强大的数据基础、良好的扩展性和优越的可视化功能,进一步完善提升国家电网公司非生产性房产、设备全寿命周期管理体系,将更加充分掌握此类资产全方位情况(日常使用、产权产籍、使用情况、维修改造情况等),为相关决策(大小维修、更新改造和拆除等)和考核提供科学依据,同时针对相关新建改造项目建立全流程集成化管理(程序、造价、进度、质量等),以获得"充分发挥已形成资产的使用价值;有效降低资产的全寿命周期费用;积极防范相关资产不当处置与流失"等直接效益。本项目成果应用后,还可以实现提升国家电网公司非生产性资产建造管理水平,实现协同工作机制,促进信息工作水平持续提升,进一步完善国有资产管理制度等间接效益。

4.3 重要启示

4.3.1 非生产性房产管控的重要启示

通过前期研究工作可以发现,非生产性房产的管控应当融入资产全寿命周期管理理念,并采用相应的信息技术手段推进面向可持续发展的安全管理,提升全流程实施效率的效能管理,优化全寿命周期价值的成本管理。

1) 推进面向可持续发展的安全管理

国网的不断发展,对非生产性房产与环境的协调、使用寿命的延长、可持续发展等提出了越来越高的要求,使得安全管理的范围和内涵也不断扩大。

基于BIM的资产全寿命周期管控将非生产性房产的全过程纳入统一管理,通过全寿命周期管理理念和可视化手段充分考虑全寿命周期中的可靠性、安全性、环境友好、人性化等,保证资源消耗最少,确保非生产性房产具有可持续发展能力,全面提升安全管理水平[53]。

2) 提升全流程实施效率的效能管理

非生产性房产全寿命周期的效能贯穿了资产的孕育期、运行期和报废期,各阶段环环相扣,效能的变化与运营效率密切相关,对非生产性房产的寿命和价值有重要影响。

在非生产性房产的孕育期中应充分考虑运行阶段的要求,通过 BIM 等信息化手段加强信息管理和分析能力,充分考虑非生产性房产的寿命匹配性、可维护性、可施工性,将大大降低规划、设计、采购和施工等阶段造成资产健康隐患的可能性。

在非生产性房产的运行期中,采用基于全寿命周期管理理论的 BIM 信息化手段进行管理,能够集成不同阶段的信息,加强信息沟通与信息共享,有效支撑正常维护和技改大修,有助于全面提高运行管理水平和效率,延长资产寿命,提高资产价值。

在非生产性房产的报废期中,借助前期积累的大数据,科学决策房屋及设备设施的退役、再利用或报废,充分考虑资源的集约化利用等问题,有效发挥资产余值的作用,为非生产性房产全寿命周期最终实现管控目标提供保障。

在非生产性房产全寿命周期管控中要注意提高对未来管控规模的预测能力,特别在运维期间需要有效预测技改和运维工作量,从而合理规划未来的投入和安排运维工作。

在非生产性房产全寿命周期管控中确立"节能、绿色、智能"的发展新方向,可持续性提升非生产性房产管控的效能。

3) 优化全寿命周期价值的成本管理

非生产性房产全寿命周期管控以实现资产全寿命周期成本最低为目标,寻找一次投入与运行维护费用二者之间的最佳结合点,从而加强二者之间的联系,全面追求全过程投资最低,可有效实现资产全寿命周期各个阶段的衔接。

将非生产性房产的管控纳入资产全寿命周期管理中,并采用相应的 BIM 信息技术手段进行支撑,对非生产性房产全寿命周期内的数据信息进行搜集、存储、分析、建模,并三维可视化,能够真正实现资产质量的提高和运行维护费用的优化,进而显著地降低资产全寿命周期的总体成本,优化资产成本效益。

4.3.2　Web-BIM 技术的非生产性房产协同管理重要启示

根据此次调研的结果可知,省公司目前存在未建立统一的信息集成平台,未建立相应的信息共享机制等现状;同时,也存在现有信息系统使用烦琐,不能进行统计分析等问题,而针对 BIM 的使用大多数也只停留在科研层面,与业务和项目流程的匹配程度较低。针对以上情况和问题,结合国内外的先进案例和管理经验,本书认为,改善此类困境的主要方向在于组织协同、流程优化和信息共享三个方面。梳理这三个方面的发展方向,并整理不同方向下的关键影响因素,是推进 Web-BIM 环境下非生产性房产协同管理的突破口。而结合协同度评价指标体系和权重分配情况可知,这三个方面中应重点关注流程优化,其次是组织协同,最后是信息共享。

1) 基于 Web-BIM 的非生产性房产协同管理 SWOT 分析

结合国内外案例研究、案例对比分析、非生产性房产协同管理发展阶段分析等结果，进行基于 Web-BIM 的非生产性房产协同管理优势（Strengths）、劣势（Weaknesses）、机会（Opportunities）和威胁（Threats）分析，即 SWOT 分析，如图 4-17 所示。

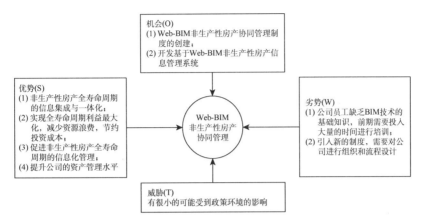

图 4-17 基于 Web-BIM 的非生产性房产协同管理 SWOT 分析

2) 全面促进非生产性房产协同管理组织协同

（1）组织协同方向分析

根据调研结果，国网江苏省电力有限公司目前在组织协同管理方面的主要问题集中在管理效率低，少数部门没有明确的职责划分，少数规章制度存在冲突这三个方面。其中，造成管理效率低的主要原因有工作等待时间长、计划的准确度不够、管理人才缺乏等；通过分析整理国内外的先进经验发现，解决此类问题的主要方向在于监管非生产性房产各部门职能履行情况。造成少数部门没有明确的职责划分的主要原因有职责不清、分工不明、岗位人员不到位等；通过案例分析发现，解决此类问题的主要方向在于进一步优化非生产性房产协同管理的组织架构。在规章制度存在冲突方面，无规划或针对性不强，无统一的标准或标准难以执行等则是造成此类问题的主要因素；而解决此类问题的突破口在于构建非生产性房产协同管理制度体系。

（2）组织协同影响因素分析

根据协同度评价指标体系及其权重分配情况可知，在组织方面，一级指标中职能履行情况是着手的重点，而在二级指标中，着手的方向应为部门协作水平、职能履行情况、组织规范化程度以及管理跨度四个方面；同时，结合上文中非生产性房产组织协同方向的分析结果，可将该方向的内容做进一步细化，使之成为非生产性房产协同管理的子目标，具体包括确定非生产性房产系统管理组织架构合理性评价方法，制定非生产性房产协同管理办法，定期检查非生产性房产各部门职能履行情况等。

3) 全面提升非生产性房产协同管理流程优化

（1）流程优化方向分析

由调研结果可知，国网江苏省电力有限公司目前在流程方面的主要问题集中在针对运营维护管理的覆盖面较少、没有设置针对非生产性房产协同管理的管理流程、任务和目标存在差异、参与人员缺乏沟通导致流程中断、业务流程交叉等。通过上述问题可知，目前国网江苏省电力有限公司在非生产性房产协同管理流程方面的主要问题在于提升全寿命周期流程运行能力和增强各部门间协作能力两个方面。

（2）流程优化影响因素分析

流程优化作为非生产性房产协同管理过程中的关键控制路径，是推动非生产性房产协同管理的重要着力点。以上述梳理的两个方面为方向，结合非生产性房产协同度评价指标体系和权重的分配情况，在参考国内外先进案例的基础上，将工作实施效率作为主要突破口，从流程适配度、流程协同情况、流程完善度三个方面着手，针对非生产性房产战略规划、非生产性房产运营维护流程、流程运行情况、流程运行问题等因素，寻找相应的优化策略，以明确流程优化的子目标。

4）全面推进非生产性房产协同管理信息共享

（1）信息共享方向分析

由调研结果可知，国网江苏省电力有限公司目前在信息方面的主要问题集中在信息传递过程中权责模糊、关于信息管理的规范比较笼统、全寿命周期各阶段信息丢失、缺乏对 BIM 技术的了解和使用等。而要解决上述问题，提高信息的共享度，则需要完善信息集成共享系统，提升员工信息系统使用能力，提高信息规范化程度，以及提高信息传递的准确度。

（2）信息共享影响因素分析

由非生产性房产协同度评价指标体系和权重的分配情况，以及国内外先进案例中的经验可知，提升信息共享度最主要的一个目标是要保证信息传递的准确性。而信息传递的准确性不仅由传递责任体系、信息传递奖惩制度、系统可视化程度的提高等方面决定，还包括信息系统评价、信息共享环境构建、针对员工的信息管理培训、信息标准等各个因素的共同作用，因此在子目标的设置过程中要充分考虑这些因素，以保证从根本上提升信息共享度。

第5章
房产全寿命周期管理的整体解决方案

本书在非生产性房产资源概况分析、全寿命周期管理理论研究、国内外相关案例对比和国网公司非生产性房产管控现状及水平研判的基础上,提出非生产性房产全寿命周期管控的整体解决方案:根据非生产性房产全寿命周期管控的"三个方向"和"三个定位",设计包含"三大目标""三个时期"和"三面融合"的非生产性房产全寿命周期管控总体思路。

5.1 房产全寿命周期管理的"三个方向"

从技术层面和非生产性房产实物层面,国网公司应当面向可持续发展,推进"节能、绿色、智能"三个重要方向。

1) 能效提升:节能

在国网公司能源消耗结构中,非生产性房产的能耗大约占30%。在全寿命周期倡导节能是指在工程的规划、设计、施工、使用、技改和大修的过程中,深入执行节能标准,运用节能的技术、设备、工艺和材料产品,提高节能性能,加强对非生产性房产用能的管理,利用可再生资源,在保证热环境的质量下减少能源的耗费。

2) 方式转变:绿色

在非生产性房产传统管控模式中,资源的浪费和管控方式的低效造成全寿命周期成本未能达到最优化。在全寿命周期倡导绿色化管控方式是指最大限度地节约资源(节能、节地、节水、节材)、保护环境、减少污染,推行绿色建筑设计方法、绿色施工、绿色运维等,为国网公司提供健康、适用和高效的使用空间。

3) 手段突破:智能

非生产性房产全寿命周期管控面临漫长流程和海量数据,传统管控模式中数据利用率不高、决策方式自动化程度较低。在全寿命周期倡导智能化管控方式是进一步提升非生产性房产管控效率的重要手段,在设计施工、运行维护、退役报废等环节集成各类信息系统,将建筑结构、物业服务、项目管理等优化组合为一体,向国网公司提供安全、高效、便捷的建筑环境、决策过程和管理体系。

5.2 房产全寿命周期管理的"三个定位"

从管理层面,国网公司应当准确把握非生产性房产管控的特点,以"全球一流、高效保障、效益提升"作为国网公司非生产性房产管控的三个定位。

1)水平定位:全球一流

2016年,国网公司位列 Fortune 世界500强第2位。根据前述案例研究,从资产管理思想、流程、信息和组织等四个特征分析,目前国网公司资产管理处于中等水平。因此,国网公司应尽快建立与世界500强相匹配的非生产性房产管控体系,使得管控水平达到全球一流水平。

2)产出定位:高效保障

非生产性房产作为国网公司非生产性资产的主要组成部分,为国网公司核心业务提供服务、支撑和保障功能,在国网公司的安全长效运行、企业文化塑造、社会责任承担等中具有不可替代的作用。在国网公司资产管理战略指引下,非生产性房产应实现总量有效控制、功能充分发挥、价值大幅提升的目标,为电网安全运行提供高效的服务与保障。

3)成效定位:效益提升

非生产性房产全寿命周期管控应按照国网公司对资产全寿命周期管理的要求,进一步明确非生产性房产全寿命周期管控的目标、组织分工、管控点和关键技术,有效支撑国网公司的资产保值增值、寿命提升和价值最大化,提升非生产性房产在全寿命周期中的效益,不断强化非生产性房产的全寿命周期管控思想,并成为管理的核心理念,贯穿于全组织和全流程中。

5.3 房产全寿命周期管理的总体思路

根据非生产性房产全寿命周期管控在技术层面的"三个方向"和管理层面的"三个定位",为确保国网公司非生产性房产的安全稳定、高效运行,提高非生产性房产使用寿命,实现全寿命周期成本最优,提出以安全、效能和成本"三大目标"为指引,以孕育期、运行期和报废期"三个时期"为主轴,以流程面、信息面和组织面"三面融合"为手段的非生产性房产全寿命周期管控总体思路,如图5-1和图5-2所示。

5.3.1 管控目标:"三大目标"

根据国网公司资产全寿命周期管理的要求,总结国内外案例经验,结合国网公司非生产性房产的特点,本书提出非生产性房产全寿命周期管控的总体目标为:统筹协调安全、效能和周期成本三者的关系,以非生产性房产的全寿命周期安全可靠为基础,以提高非生产性房产的功能、质量和使用效率等效能为导向,以实现非生产性房产全寿命周期成本最优为最高目标,全面推进安全、效能和成本"三大目标"的实现。

非生产性房产全寿命周期内各阶段子目标的管控是总体目标实现的前提。因此,非生产性房产目标管控,需要先在全寿命周期内各阶段进行总体目标分解,如图5-3所示。

第 5 章
房产全寿命周期管理的整体解决方案

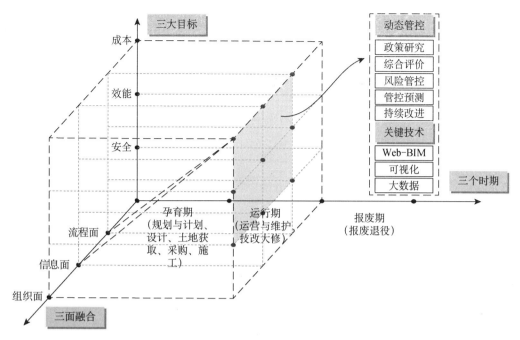

图 5-1 非生产性房产全寿命周期管控体系立体示意图

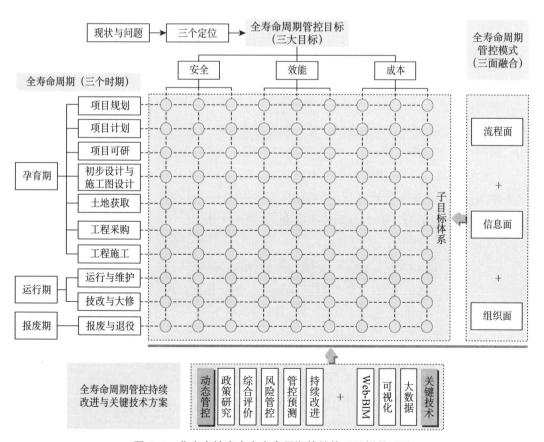

图 5-2 非生产性房产全寿命周期管控体系逻辑关系图

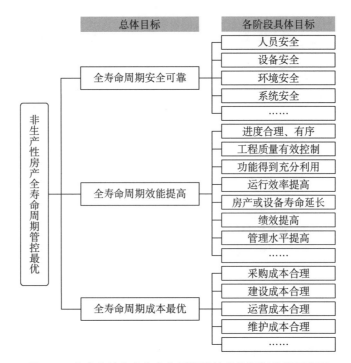

图 5-3　非生产性房产全寿命周期管控总体目标分解示意图

5.3.2　管控主轴:"三个时期"

1)"三个时期"的提出

国网公司非生产性房产全寿命周期管控是为了更好地提高管理水平与管理效率,实现管控总体目标而必然采取的措施,是一种先进的管理理念。

国网公司非生产性房产的时间限制决定了其寿命是有限的,在这个期限中,非生产性房产将经历孕育、运行到报废的全过程,即非生产性房产的全寿命周期。因此,结合资产全寿命周期的理论和非生产性房产的特点,提出国网公司非生产性房产全寿命周期管控的"三个时期"包括孕育期、运行期和报废期,如图 5-4 所示。

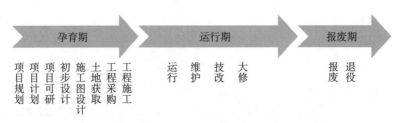

图 5-4　非生产性房产全寿命周期管控的"三个时期"

2)"三个时期"的含义

(1)孕育期

孕育期指从项目规划、计划、可行性研究、设计(初步设计、施工图设计)、土地获取、采购、施工直到竣工验收的非生产性房产从无到有逐渐形成的整个时期。其中：

① 项目规划：考虑未来一定年限内的生产用房需求、拟建项目的建设规模、投资规模和资金筹措等，将小型基建项目规划纳入本公司的规划发展。

② 项目计划：对建设项目专项计划建议进行编制与审核，对年度储备项目进行审核，规范专项计划的编制与评审。

③ 项目可研：在充分调研、分析、论证的基础上编制项目建议书和可行性研究报告（或项目方案），并完成可研方案（或项目方案）的评估选择、审核批复和上报备案工作，最后完成项目的立项批复工作，为后续项目工作阶段提供前提和依据。

④ 初步设计：对建设项目设计、设计监理合同的起草、审核及履行进行说明。

⑤ 施工图设计：对施工图设计进行审查，在此基础上对工程预算进行审核。

⑥ 土地获取：对建设项目开工所需的土地以及审批、核准、备案等流程进行管理。

⑦ 工程采购：根据项目进度计划和招标计划批次，围绕物资采购和非物资采购（设计、监理和施工）进行招标申请书的编制与审批，相关合同的起草、审核及签订。

⑧ 工程施工阶段：从建设施工过程安全质量管控、建设施工过程进度管控、中间验收管理、设计变更管理、工程资料收集归档管理、工程合同履约管理六个方面来具体明确公司开展工程施工管理的方法、步骤以及对各相关责任人的要求，以实现工程施工管理工作的规范化、标准化。

（2）运行期

运行期指非生产性房产投入使用后，为确保房产安全、高效和成本最优而进行运行、维护、技改与大修的时期。其中：

① 运行维护：主要包括对非生产性房产进行日常管理、整改管理、维修管理、运行管理四个方面的内容。具体为：明确房屋的使用功能及使用面积，更新用房数据库信息；办公用房调换，房屋维修改造；提交维保申请，审批维保申请，纳入综合计划管理及年度物业项目预算，开展设备维保；编制运行维护计划，审核运行维护计划，日常设备监测，审批变更设备运行状态等。

② 技改大修：主要包括四个阶段，即专项计划和预算阶段、综合计划和预算阶段、项目设计阶段和项目实施阶段。主要完成对非生产性房屋结构、围护（室外）、给水排水、供热采暖、空调通风、电气、电梯、建筑智能化等分系统技改或大修工作。

（3）报废期

报废期指非生产性房产使用寿命达到一定年限或程度后，具有较低或不再具有安全、经济和有效的运行功能和性能，而进行报废或退役的时期。

报废退役：主要包括资产退役、资产处置、废旧物资管理三个方面的内容。具体为：出具技术鉴定报告，提出资产处置建议，审批资产处置建议，资产退役管理工作监控总结；审批可再利用的退役设备，提出经审批的报废申请，审核报废申请，更改设备状态，设备台账信息变更，资产退役信息变更；核对报废审批记录，办理交接入库，编制废旧物资处置计划，审批废旧物资处置计划，集中竞价处置。

5.3.3 管控手段:"三面融合"

本书立足集团管控、全流程管控、信息一体化等理念,提出流程面、组织面和信息面等"三面融合"的非生产性房产全寿命周期管控新模式。

1) "三面融合"管控方法

"三面融合"的管控方法,实现由常规的行政管理向现代企业的信息化管理转变,完善信息化系统和相应辅助决策系统,打破基于职能的分段式管理造成的不同部门、不同业务流程之间的信息壁垒,实现规划、立项、初步设计、招投标、建设、运行等阶段的一体化管理,将原来独立的管理信息系统进行充分的融合,实现资产管理信息的全方位共享,提高部门之间的沟通和协调效率,实现信息共享和综合决策。

2) "三面融合"实施体系

体现扁平化管理的特点,贯穿系统管理的思想,明确各管理层次的实施内容。非生产性房产全寿命周期管控中,通过建立贯穿全过程和联系上下级的管控组织,压缩了组织结构,提升国网公司内部指令的传递效率。同时借助信息化手段实现信息共享和无损传递,使得流程管控中的各项任务指标自始至终都处于监管状态,在"三面融合"中形成了动态扁平化的局面,全面促进管控效率与效果的提升。非生产性房产全寿命周期管控"三面融合"的实施体系如图 5-5 所示。

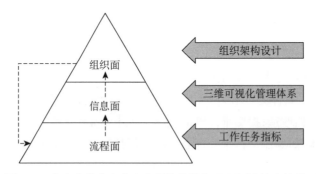

图 5-5 非生产性房产全寿命周期管控"三面融合"的实施体系

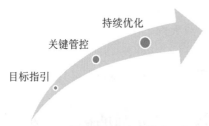

图 5-6 非生产性房产全寿命周期流程面管控实施思路

(1) 流程面:目标指引、关键管控、持续优化

图 5-6 显示了非生产性房产全寿命周期流程面管控实施思路。

首先,针对非生产性房产孕育期(规划、计划、可研、初步设计、施工图设计、土地获取、采购和施工)、运行期(运行、维护、技改和大修)和报废期(报废退役)等整个寿命周期的管控问题,进行管控子目标分解。

其次,以各阶段管控目标为指引,发现关键管控点,针对各关键管控点进行分析。

最后,围绕非生产性房产全寿命周期管控"三大目标",提出持续优化方案。持续优化是实现非生产性房产全寿命周期管控目标,不断增加非生产性房产使用价值和增强活力的有效手段,是改善、优化、整合资源配置的先进方法,是在全员目标管理基础上的管理创新。

(2) 信息面:数据搜集、功能提升、高效共享

图 5-7 显示了非生产性房产全寿命周期信息面管控实施思路。

首先,对当前非生产性房产管控数据进行搜集和梳理。

其次,以非生产性房产全寿命周期管控的"三个时期"为主轴,以各阶段管控的安全、效能和成本目标为中心,优化或重构非生产性房产全寿命周期管控数据结构,实现对现有的非生产性房产管控功能的提升。

最后,借助信息化手段,完成非生产性房产全寿命周期管控信息的高效共享。

(3) 组织面:静态组织、动态职责、连续贯通

图 5-8 显示了非生产性房产全寿命周期组织面管控实施思路。

首先,根据非生产性房产全寿命周期管控思想,优化国网公司相关组织架构,建立符合非生产性房产全寿命周期管控体系的组织部门。

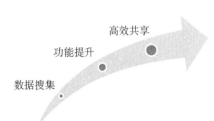

图 5-7 非生产性房产全寿命周期信息面管控实施思路

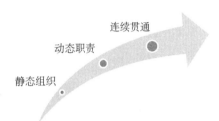

图 5-8 非生产性房产全寿命周期组织面管控实施思路

其次,根据全寿命周期各阶段管控目标和工作要求,设置动态的部门职责。

最后,实现管控体系下的各阶段非生产性房产管控的连续贯通。

第6章
面向大数据管理的房产全寿命周期管控模式设计

6.1 房产孕育期管控模式设计

6.1.1 基于流程面的管控模式

该方案针对各时期内的各阶段进行管控子目标分解,以管控子目标为指引,发现全寿命周期各阶段的关键管控点,针对关键管控点进行分析,提出持续优化方案。

6.1.1.1 管控目标

在孕育期内,国网总部、各省、地市及县公司确定拟建项目的规模和资金筹措,完成可研方案的评估选择,进行土地获取、初步设计及施工图设计、工程采购等开工前期工作,建设单位进行相关工程施工工作直到竣工验收。

针对非生产性房产的特点、孕育期的具体工作,结合非生产性房产全寿命周期管控的总体目标,统筹兼顾安全可靠、效能和成本三者的关系,进行各阶段管控子目标分解,如图6-1所示。

(1) 孕育期是非生产性房产从无到有的过程,各阶段的管控子目标首先要确保非生产性房产形成过程中的安全可靠性,尤其设计阶段要保证初步设计和施工图设计符合规范安全要求,施工阶段要保障安全施工、文明施工,杜绝安全事故的发生。

(2) 达到安全可靠目标的同时,注意提高非生产性房产的质量和效能,比如设计阶段完成初步设计的深度,施工图设计有质量,设计的内容符合相关规范标准的要求,施工现场管理高效有序等。

(3) 在确保非生产性房产安全可靠和效能最优的情况下,努力降低全寿命周期成本,比如可研阶段编制的投资估算要有预见性,满足非生产性房产发展要求,采购阶段和施工阶段的成本支出要尽量满足投资预算。

6.1.1.2 关键管控点

根据孕育期各阶段的管控目标分解,结合国网公司现有的管理模式,梳理出孕育期各阶段非生产性房产的管控流程。以孕育期各阶段管控目标为指引,在非生产性房产管控

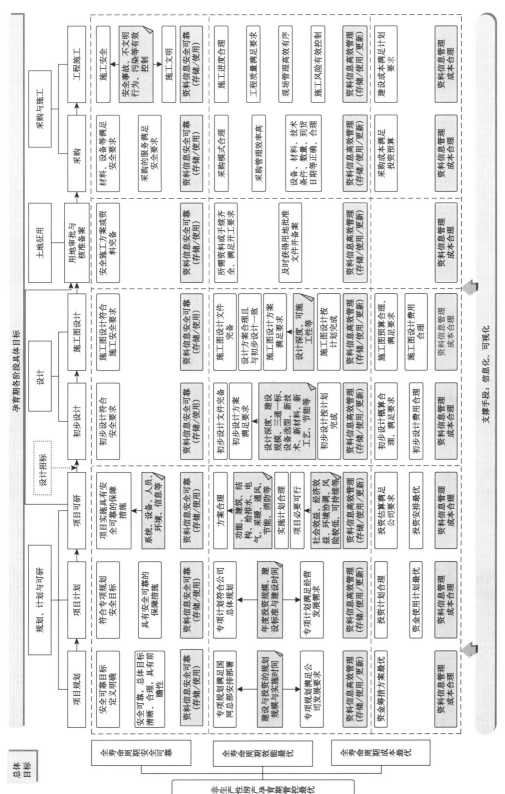

图 6-1 非生产性房产孕育期管控目标分解

流程的基础上,结合全寿命周期管控理论,针对各关键管控点进行分析,如表6-1所示。

表6-1 孕育期各阶段关键管控点

阶段	关键控制点	关键管控点说明
项目规划阶段	规划评审	■ 规划必须满足国网总部部署; ■ 规划必须满足省级和市级公司发展要求; ■ 规划必须满足项目所在地的区域发展要求
项目计划阶段	专项计划建议审核 专项计划审核	■ 专项计划及建议必须反映本单位项目总体规划; ■ 专项计划及建议满足经营发展需要
	年度储备项目审核	■ 项目储备规模满足投资能力及需求; ■ 项目储备深度满足专业管理需要
项目可研阶段	可研报告编制	■ 可研报告选定方案合理; ■ 可研报告编制费用合理
	可研报告评审	■ 项目可研深度满足要求; ■ 项目立项必要性符合要求; ■ 项目实施可行性得到科学论证
	立项请示审核	■ 立项请示准确反映项目建设的必要性、规模及投资限额
项目初步设计阶段	设计、监理招标申请书审核	■ 招标需求与工程实际契合; ■ 工程项目相关的技术规范、所需资质等要素描述清晰
	初步设计评审	■ 初步设计深度达到要求; ■ 初步设计符合规范要求; ■ 初步设计概算费用计列准确并在可研估算之内
项目施工图设计阶段	施工图审查	■ 施工图设计深度达到要求; ■ 与初步设计方案能很好地契合; ■ 可施工性、工程建设环境考虑周全
	工程预算表审批	■ 施工图预算在合理范围内
土地征用阶段	用章申请审核	■ 工程开工外部条件落实; ■ 建设项目规划许可证、质量监督、施工许可证等手续以及土地证全部办理
	工程开工报告审核	■ 工程开工外部条件落实:建设项目规划许可证、质量监督、施工许可证等手续以及土地证全部办理; ■ 工程开工内部条件落实:初步设计通过审查、资金落实、监理单位及土建主体施工单位已选定、土建施工图已会检
(非)物资采购阶段	招标申请审核	■ 工程物资采购申请合理; ■ 项目管理人员对标准物料技术条件的调整、工程项目方案发生的调整及时了解、适应
	采购质量控制	■ 采购质量能得到保障; ■ 采购能满足"采购模式合理""采购管理效率高"等全寿命周期管控目标
	采购合同签订	■ 合同完整、签订规范; ■ 合同内容与条款完整、明确、合理

续表 6-1

阶段	关键控制点	关键管控点说明
工程施工阶段	安全质量专项检查	■ 专项检查及时发现问题并有效整改
	安全质量事故管理	■ 事故按规定及时上报、有效处理
	工程施工进度管控	■ 施工进度计划编制符合项目总体进度安排； ■ 施工进度得到有效管控
	设计变更管理	■ 设计变更方案合理、程序规范、内容完整（方案、费用计算书）； ■ 在限定时间内对设计变更进行审核、确认
	进度款支付管理	■ 已完成工程量核定准确； ■ 按合同约定及时审核、支付进度款
	合同变更与纠纷管理	■ 工程合同变更或纠纷处理及时； ■ 工程合同纠纷举证材料完整； ■ 与合同相对方沟通充分； ■ 合同变更程序规范、理由充分、内容完整

孕育期非生产性房产的形成过程中，重点关注上述各个阶段的关键管控点，并采取相应的管控方法和优化方案，才能确保各阶段的管控子目标的实现。

6.1.1.3 持续优化

持续优化是实现非生产性房产全寿命周期管控目标、不断增加非生产性使用价值和增强活力的有效手段，是改善、优化、整合资源配置的先进方法，是在全员目标管理基础上的管理创新。围绕孕育期非生产性房产的管控目标，针对各阶段关键管控点，结合全寿命周期理论和方法，提出相应持续优化方案，如图 6-2 所示。孕育期持续优化内容如下：

（1）从全寿命周期成本最优、价值最大等角度，运用层次分析方法[54]、模糊综合评价方法[55]对资产规划方案进行对比分析，选取可靠性、经济性、全寿命周期成本等综合评价最优的资产规划方案。

（2）在项目规划许可审查时，应用资产全寿命周期环境影响评估模型[56]对项目选址进行分析。

（3）利用资产全寿命周期管理评估方法（如价值分析法[57]）进行评估分析，作为年度专项计划编制审核的依据。

（4）应用模糊综合评价法，支持计划执行后评估、可研方案评估选择等。

（5）土地获取阶段，应用资产全寿命周期环境和能耗等影响评估模型[58]对项目选址进行分析。

（6）初步设计方案编制引入资产全寿命周期管理理念[59]，考虑全寿命周期的可扩展性、防灾抗灾能力、与环境的协调性、可持续性、成本最优等。

（7）施工图审查时，基于全寿命周期管理理念，考虑设计方案可施工性、结构安全可靠性等。

（8）在获取行政许可书及施工图审查合格备案书阶段，从资产全寿命周期成本、环境影响、社会影响最优化等角度对施工图进行审核。

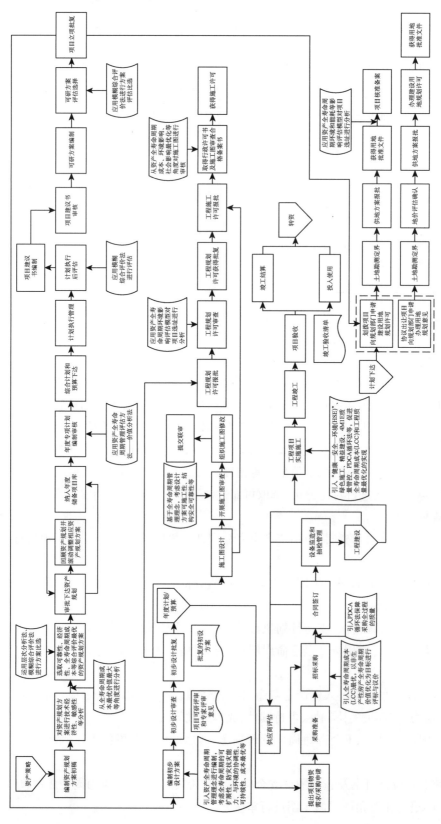

图 6-2 非生产性房产孕育期各阶段优化方案

(9) 招标采购时,应用 LCC 方法[60],以非生产性房产全寿命周期价值最优化为目标进行评标与议价,引入 PDCA 循环法[61]保障采购全过程的质量。

(10) 工程施工过程中,引入"健康—安全—环境(HSE)"[62]、绿色施工[63]、精益建设[64]、4M1E 质量管控[65]、PDCA 循环法等,实现全寿命周期成本(LCC)和工程质量最优。

6.1.2 基于信息面的管控模式

基于信息面的非生产性房产孕育期管理是根据业务流程的要求、信息提供的时间及信息服务的等级,创立、存储和管理信息,保障信息及时供应。

6.1.2.1 孕育期信息面数据搜集

从管控对象、系统用户、使用人员、系统功能和房产信息等五个方面对国网公司现有的孕育期非生产性房产信息面数据进行搜集,具体如下:

(1) 管控对象:孕育期非生产性房产信息面管控对象主要是小型基建项目。

(2) 系统用户:信息管理用户为总(分)部、各级单位用户。

(3) 使用人员:具体使用人员包括总部小型基建管理操作人员、省市公司小型基建管理操作人员、县公司小型基建管理操作人员等。

(4) 系统功能:孕育期非生产性房产的信息面数据体系主要包含专项计划建议管理、项目储备管理、专项计划管理、综合计划草案管理、预安排项目管理、专项计划下达管理、计划调整建议管理、综合计划调整草案管理、计划调整下达管理、前期审批管理、建设过程管理、投资计划管理等功能。

(5) 房产信息:孕育期非生产性房产信息主要是指小型基建项目的信息,根据非生产性房产管控的系统功能,可依托当前孕育期非生产性房产相关信息系统进行搜集。

通过对非生产性房产现有信息系统的分析,发现孕育期存在信息数据搜集不全、系统功能设计不合理、系统兼容性差等特点。为满足全寿命周期管控要求,结合孕育期特点,提出孕育期信息库结构和相关信息内容(如图 6-3),应涵盖相关的技术、经济、管理、法律等方面的各种信息,要能全面反映工程的历史、现状、形象等。

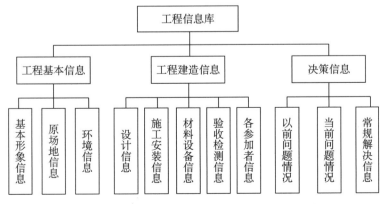

图 6-3 非生产性房产孕育期综合信息库体系结构

1) 基本信息(同时为三个时期提供支持)

(1) 基本形象信息,如位置、工程名称、工程用途、结构类型、楼层、地下室、总楼面面积、建设时间等。(现有信息系统已有)

(2) 原场地信息,如水文地质资料、地形图、生态信息。(现有信息系统缺失)

(3) 环境信息,主要包括影响工程建设与运行的环境方面的信息,如当地气候、地形、地质地貌、周围基础设施、动植物生长情况以及台风、暴雨、泥石流、山体滑坡、地震、海啸等自然灾害发生频率等。(现有信息系统缺失)

2) 建造信息

(1) 设计信息,主要包括设计技术标准、规范、方案特征、图纸、设计年限、设计参数、环境参数、抗灾能力、预埋构件、隐蔽结构等以及在施工过程中的设计变更等信息。(现有信息系统不全)

(2) 施工信息,主要包括施工组织设计、施工方案、施工技术、施工措施、材料与设备更换、技术问题的处理、施工中所遇特殊气候等干扰情况等,以及在施工过程中遇到的特殊情况或其他原因造成的施工方案与技术变更等信息。(现有信息系统不全)

(3) 材料和设备信息,主要包括工程所用材料规格、型号、力学与物理性能、试验参数、材料规范,设备的型号、规格、技术参数、寿命期、使用要求、试运行参数、维护保障要求和方法、维修配件、维修服务及服务期等,以及材料和设备的更换、设备ID等信息。(现有信息系统不全)

(4) 验收检测信息,主要包括工程移交时各分部分项工程验收、进场材料设备验收、竣工验收中的施工状况、验收检测内容、验收检测部位、验收检测方案、验收检测结果评估等。(现有信息系统不全)

(5) 参加者信息,主要包括项目管理组织、施工单位、设计单位、分包单位、监理单位、材料设备制造单位、供应单位、政府质量监督机构等信息。(现有信息系统不全)

3) 决策信息(同时为三个时期提供支持)

(1) 以前问题情况,主要包括问题名称、诊断信息、解决问题的方案、问题发生后的照片或图像资料、问题解决后的项目情况、问题监测报告等。(现有信息系统不全)

(2) 当前问题信息,主要包括项目目前情况、出现问题的名称、问题基本状况等。(现有信息系统不全)

(3) 常规解决信息,主要包括人员信息、质量安全信息、经济方面的信息、解决问题的常规方法等。(现有信息系统不全)

在上述信息基础上,提出功能提升建议以及支撑功能提升的高效共享信息工具。

6.1.2.2 孕育期信息面功能提升

通过分析国网后勤信息系统,识别出孕育期需要提升的功能主要集中在信息的集成化功能、信息的可视化功能、决策的智能化功能三个方面。

1) 信息的集成化功能

(1) 集成化功能为非生产性房产孕育期管理系统的标准化提供了必要的前提条件,

需要在现有的后勤管理信息系统基础上构建公司信息集成平台和数据资源中心。

(2) 实现重要信息的快速传递和共享,使得系统能够进行指标管理,并支持同业对标系统的集成和数据连通共享。

(3) 实现流程自动化,支持全寿命周期管控业务工作流程的规范化、标准化。

(4) 实现对各种工作规范和作业标准进行管理与更新,并在各种工作中发挥模板、指导甚至强制性要求的作用,保证工作技术标准得以有效执行。

(5) 实现对组织机构的记录,并能依据其总体责任对操作权限进行足够精细和深入的控制,以帮助落实和加强工作责任制度。

(6) 实现与运行期和报废期的管控进行对接,保证数据信息的有效传递和不衰减。

2) 信息的可视化功能

可视化功能为非生产性房产孕育期管控的便捷高效提供了必要的前提条件,并能为运行期和报废期的管控提供基础,能够在现有的后勤管理信息系统基础上对接相关插件实现相关功能,如图 6-4 所示。

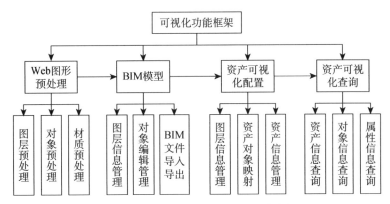

图 6-4 非生产性房产孕育期可视化功能框架图

3) 决策的智能化功能

(1) 决策智能化功能为非生产性房产孕育期管控的动态跟踪、反馈和决策提供了必要的前提条件,并能发掘数据背后所蕴藏的有用信息,需要在现有的后勤管理信息系统基础上结合前述集成化功能和可视化功能,采用大数据分析方法实现相关功能。

(2) 实现规划、设计和施工等方案的审核、评选与对比,使得系统能够根据相关指标进行分析,发现与全寿命周期管控目标不符的情形,支持人机对话,形成良好决策环境。

(3) 实现流程动态化跟踪,支持孕育期管控业务分析,并与计划值进行对比。

(4) 实现流程数据记录、分类和分析,导出报告和决策建议,保证管控有效执行。

6.1.2.3 孕育期信息面高效共享

为实现信息的集成化功能、信息的可视化功能和决策的智能化功能,通过构建基于 Web-BIM 技术的综合信息库来实现高效共享功能。

在孕育期,基于 Web-BIM 的全寿命管理信息系统考虑如何最有效地充分发挥 BIM

的应用价值,以数字化的设计信息为基础,将工程的技术、经济、管理、合同等信息进行集成,构建工程组织协同工作平台,提高孕育期管控的效能。同时针对国网公司非生产性房产分布广、图形要求高的特点,采用 Web 技术解决分布式与快速游览问题。

基于 Web-BIM 技术的综合信息库涵盖了非生产性房产系统和全寿命周期的 n 维信息(如图 6-5),用以支持各方面协同工作,解决现场的物流和布置问题,提高现场空间利用效率,分析工程的目标实现情况。

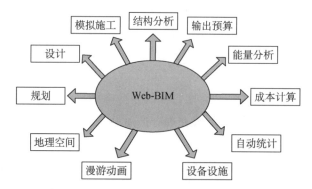

图 6-5　非生产性房产孕育期建筑信息模型(BIM)基本功能图

(1) 规划阶段。首先利用 Web-BIM 基本定位空间位置、方位和走向,同时可以结合 Web 和 GIS 等技术,分析非生产性房产与整个环境系统的协调性,进行运行预测、整体效益分析等。这样就可以使规划更具合理性,使其对整个城市发挥最大的效用。

(2) 设计阶段。在方案设计和各专业工程系统设计中,利用基于 Web-BIM 的软件可以动态显示设计功能和效果,多方面地分析和评估设计方案,及时进行设计优化。如非生产性房产建筑设计方案完成后,输入其所在的地点或经纬度坐标,软件就可以根据当地的自然条件任意显示一年四季及一天之中任何一个选定时间的工程的效果图,设计人员可以按照特定的要求或设计意图对方案进行审视、分析和调整。

(3) 施工阶段。Web-BIM 应用系统创建的虚拟建筑模型是一个包含了建筑所有信息的数据库,并能在 Web 网页上进行展示和操作,将 3D 建筑模型和时间、费用结合起来,就可以直观地显示施工过程和管理过程,可以在设计或施工之前确定施工方案,并分析方案的可行性,实现虚拟建设和可视化施工过程。

① 通过虚拟施工模型可以大大减少设计文件中的错误,达到可施工性设计,还可以分析施工工序的合理性,从而大大节约施工费用和时间。

② 通过 5D(3D 加时间、费用)模型[66]自动将施工模型和工程进度、工程估价系统连接起来,不仅可以准确获得工程量,还可以将工程量和估价信息分解到施工过程和工程进度计划中,生成预定的采购计划;将费用和时间结合起来,生成"费用—时间"表。

③ 在 5D 施工管理系统中,设计、成本、进度三个部分是相互关联的,任何一个部分的变化都会自动反映在另外两个方面。这将大大提高对施工过程的跟踪、诊断、决策和变更效率,提高准确性;可以大大增强施工的可预见性,在工程设计和施工的初期及早发现问

题;在施工中,可以通过5D模型获得最新的准确的施工过程、进度和造价等方面的综合信息。

6.1.3 基于组织面的管控模式

国网公司现有的非生产性房产管控组织架构中,后勤部以及省市级公司的后勤部、综合服务中心等处于管控核心地位。这一模式有利于实现非生产性房产全寿命周期管控的集约化和专业化,因此在组织建构中,仍然应围绕着以后勤部为中心的方式来架构管控平台。组织静态架构一旦确定,就应当具有稳定性和一贯性功能,在整个项目的全寿命周期中,都由同样的组织架构来完成其管控任务。但是,管控组织在全寿命周期各阶段的运作,既要坚持中心节点关键作用,又要根据阶段需求纳入不同的组织节点,从而兼顾集约化管控与专业化分工。本节首先描述非生产性房产全寿命周期管控的总体组织架构,继而规划其在孕育期所涉及的组织部门分布及其主要关系。

6.1.3.1 总体组织架构

在规划的组织架构中,后勤部作为未来非生产性房产管控网络平台的中心节点,是任务分发、管控资源汇聚和信息汇集处理的中枢。后勤部首先从专业的角度,做好小型基建项目、非生产性房产技改大修项目和日常物业维护管理的所有全寿命周期管控规划工作,并作为任务关键承担者和驱动者,在横向上主动发起和其他职能部门的协作,构造职能协同网络;同时在纵向上成为非生产性房产管控上下级沟通的核心节点和对下级授权、激励、约束的关键力量,打造纵向协同网络。在以后勤部为核心的运作下,同一层级各职能部门应该紧密参与到非生产性房产的全寿命周期管控流程中,而非在涉及部门主管相关业务时才进行后期的项目规划或财务状况审批。

实现这一目标的组织架构模式规划如图6-6所示。

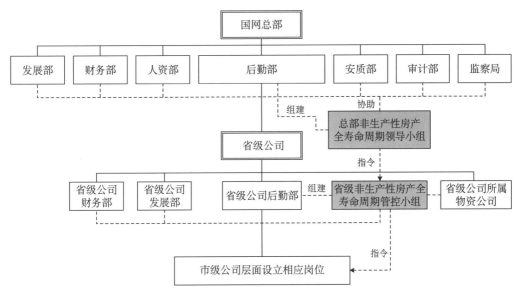

图6-6 非生产性房产全寿命周期管控组织建构设想图

为了建立适应非生产性房产全寿命周期管控的组织体系,需要对现有组织架构进行整合,应当打造一个一体化管控平台贯穿非生产性房产全寿命周期,这一平台在组织上强调对非生产性房产全寿命周期从孕育期到报废期全部职责与完整信息的集成,作为管控非生产性房产的基础平台,为全寿命周期的流程更顺畅、信息更准确、安全更可控、发展更科学提供支持。本书提出在总部和省级公司两个层级分别设立领导小组和管控小组作为核心组织,也需要在实施中明确专门处室负责相关工作,具体如下:

(1)在公司总部层面,成立非生产性房产全寿命周期领导小组,办公室设在后勤部,负责全公司非生产性房产的战略规划与标准制定,承担顶层设计功能,进行非生产性房产全寿命周期管控方面的决策,指导省级及以下公司开展全寿命周期管控工作。

(2)在省级公司层面,设立非生产性房产全寿命周期管控小组,小组受省级公司后勤部领导,接受总部领导小组业务指导,承上启下,落实总部规划和标准。管控小组审批省级公司的非生产性房产全寿命周期规划,组织实施辖下项目的全寿命周期管控,包括数据采集、数据存储和分析;采购建设、验收、运维管理等各个流程中集中承担相应流程的全寿命周期管控监督、抽查、分析与评价工作等。但应与后勤部在项目中的日常维护管理工作做出明确区分。该部门是一个交叉业务部门,内部形成分工与协作。同时,横向上要与其他部门协同合作,如与财务部的全面预算管理深度结合,同时还要在纵向上对总部后勤部、全寿命周期总部领导小组负责,对下一层级的非生产性房产管控工作进行指挥、督导。

(3)在市级公司层面,设立相应岗位,负责全寿命周期管控工作,负责全寿命周期管控事宜的落实执行,落实国网总部标准,并执行省级管控小组的部署。

具体到项目的孕育期,即从项目规划到施工竣工的过程,总部领导小组对于达到一定投资规模以上的项目,省级管控小组对于一定投资规模以下的项目,从全寿命周期角度审批设计规范并制定全寿命周期关键目标。省级管控小组主要负责组织落实全寿命周期管控目标,在其中融入检查、督导等功能。市级管控层面主要负责建设阶段的全寿命周期管控,配合落实、部署、执行等工作。

6.1.3.2 嵌入流程的职能配置

结合上述组织架构规划,针对不同规模和阶段的项目,与对应的组织部门保持协同,合理分配各部门在全寿命周期管控中的对应职责,进一步分析孕育期各阶段的嵌入流程的职能配置。

1)项目规划、设计与立项阶段

在这一阶段,涉及的部门主要包括总部领导小组或省级公司直属后勤部的全寿命周期管控小组、发展部、财务部和外聘具备资质的项目设计单位等。总部领导小组或省级管控小组的权责是审批上报项目,督促规划调整和协同设计修改,确立全寿命周期管控的关键目标和结果体系,并报公司领导审批通过,纳入年度计划与预算中。

2)土地获取阶段

土地获取是土地确权发生的关键阶段,保障了土地未来的合法合规性。在这一过程中,建议省级管控小组仅提供支持或抽样检查监督的功能。

3) 工程采购阶段

省级管控小组的职权是确保采购活动贯彻全寿命周期成本(LCC)最优,从全寿命周期的建设成本、运行维护成本与项目安全质量平衡的角度衡量采购中标对象,市级公司提供相关的信息协同管理。在这一过程中,财务部视情况参与协同审查。

4) 工程施工阶段

省级管控小组的职能是组织实施全寿命周期管控,确保项目建设施工过程、建设成本和建设质量符合全寿命周期规划,对项目施工中的成本发生、安全质量等进行适时的抽检,并要求建设单位按全寿命周期管控预定的指标体系及时反馈数据信息。最终由抽检方对目标、关键结果体系进行控制评估,作为对外聘施工单位评估的依据之一。施工后的付款也是一个主要的管控节点。未来需要进一步在这个节点强调全寿命周期管控思路,职能部门则由后勤部相关处室、省级管控小组以及审计部门共同介入。省级管控小组负有从全寿命周期管控角度审查项目建设成果的主要权责,重点核查项目建设的质量、是否达到交付状态以及成本是否符合全寿命周期规划评估要求;后勤部相关处室以及审计部门、建设单位则分别从合同管理、项目工程审计以及付款流程等方面进行管理。在这一阶段进行项目经验数据的积累,完成管理闭环[67]。

该闭环过程本质上是一条从总部、省级到地市级的管控链条,而项目本身的流程实际上可以视作另一链条。管控链条是随着流程链条而延展的,管控环节嵌入在流程链条中,但流程链条根本上还需要业务驱动,需要业务部门对项目流程进行统筹的管理与控制。在业务链中,业主项目部不仅是业务的统筹承担机构,也是全寿命周期规划设计的执行机构。管控链和业务链的有机联合,体现了业务流和实物流驱动信息流,最终体现价值流的三流合一思路。

6.1.3.3 基于大数据运用的控制机制

组织运行机制可以理解为组织的一系列规则,这些组织规则的基本内容可以包括在全员参与的目标制定与分解基础上的保障大数据运用的内部控制机制。

在全寿命周期管控的组织建构中,借鉴了OKR(Object and Key Result)[68]的目标管理思路,即在制定和分解目标以及关键结果时,引入全员参与的机制。故在孕育期的规划论证与设计阶段,省级管控小组在规划审批与目标制定中,邀请上报项目的单位、建设单位共同参与制定目标;在总部或省级公司各部门的协同下,共同制定全寿命周期规划,分解建设、交付以及运营维护中的可量化、具有挑战性和可行性的主要目标和关键结果,最终实现全员共同认可与执行。

基于OKR系统,围绕全寿命周期规划和评价进行控制。在省级公司层级,对管控小组本身,在关键的孕育期,宜作为团队整体,分每一次评审的项目来考核其绩效,并制定绩效激励或惩罚措施。对固定的全寿命周期省级管控小组,则可分年度进行绩效考核,以每年预定完成的规划设计、监控项目与实际完成的项目之比作为一个指标,综合省级公司当年总体的非生产性房产运营绩效或资产运营绩效折合权重进行考核,以体现战略任务导向的特征。而对于执行全寿命周期规划的建设单位和外包外聘单位等,则比照全寿命周期规划的 LCC 要求、安全质量要求、技术状态要求等,结合关键结果实现程度,予以相应的奖励和约束。

国网非生产性房产全寿命周期管控中的内部控制,应该实施以一个机构为主导驱动、多个机构协同的集约化控制,实现以大数据运用为核心、服务于信息化并高度借助信息化的全员参与的管控。以内部环境、风险、信息、监督约束与激励为主要控制要素,以全寿命周期总部领导小组和省级管控小组为核心,财务部从预算、拨款、付款角度跟进参与,发展部、安质部、监察部分环节参与,市级管控层面作为主要业务执行单位、信息产生单位参与管控规划的制定。

管控措施主要是:

(1) 基于关键目标和关键结果制定,在规划设计阶段依赖共同参与的规划、设计与审批。

(2) 在项目采购实施阶段依赖由省级管控小组主导的抽检与信息收集、后勤部日常业务部门的备案与流程维护、财务部的拨款控制以及安质部等部门的检查。

(3) 在验收阶段依赖由省级管控小组主导的验收交付审核与总结、后勤部业务部门的备案管理、建设单位会同外部机构的审核验收以及后勤部业务部门、财务部门的付款控制、审计部门的审计。

上述基于全流程的管控措施不仅打破了仅在关键节点由部分职能部门参与的条块分割局限,而且实现了真正依据全寿命周期管控要求。在这个管控体系中,最为关键的管控措施是以大数据为基础的信息管控:在孕育期的各个阶段都需要融入对大数据和信息技术运用的考虑。例如在工程施工过程中,要求建设单位必须提供相关真实信息,实时地操作为采集信息而设计的数据表单以及传感器,并按照规程及时上报信息,省级管控小组对信息进行初步收集和比对,确保信息质量。

6.2 房产运行期管控模式设计

6.2.1 基于流程面的管控模式

根据非生产性房产三个时期的主轴线,针对从孕育期、运行期到报废期整个寿命周期遇到的管理协调问题,提出基于流程面的非生产性房产全寿命周期管控方案。

该方案针对各时期阶段进行管控子目标分解,以管控子目标为指引,发现全寿命周期各阶段的关键管控点;接着针对关键管控点进行分析,提出持续优化方案。

6.2.1.1 管控目标

非生产性房产投入使用后,一般会经历投运初期一段不稳定的状态,为了确保房产安全、高效和成本最优而进行相关维护与技改大修工作。随着相应的管理维护工作的进行,非生产性房产逐渐进入了稳定运行的时期。这一时期主要囊括了运行维护和技改大修两个阶段。

针对非生产性房产的特点和运行期的具体工作,结合非生产性房产全寿命周期管控的总体目标,统筹兼顾安全可靠、效能和成本三者的关系,进行各阶段管控子目标分解,如图6-7和图6-8所示。

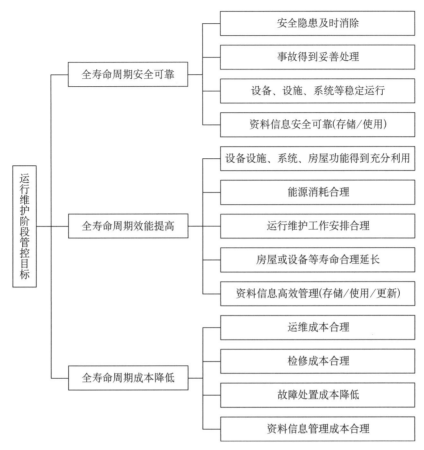

图6-7 非生产性房产运行期运行维护阶段管控目标分解

运行期是非生产性房产投入使用后通过维护管理、技改大修等工作使其达到安全、高效和成本最优,从而运行趋于稳定的时期。各阶段的管控子目标首先要确保非生产性房产运行期中的安全可靠性,尤其运行维护阶段要保证安全隐患及时消除、事故得到妥善的处理、相关设备设施稳定运行,技改大修阶段确保对房产安全状况的测试准确、相关工程施工安全;达到安全可靠目标的同时,注意提高非生产性房产的质量和效能,比如运行维护阶段保证房屋、设备、设施的功能得到充分利用以及房屋设备的寿命得到合理延长,技改大修阶段资产评估准确,技改大修项目必要性可行性得到充分论证;在确保非生产性房产安全可靠和效能最优的情况下,努力降低全寿命周期成本,比如技改大修阶段编制的投资估算要有预见性,满足技改大修工作开始后的要求。

6.2.1.2 关键管控点

根据运行期各阶段的管控目标分解,结合国网公司现有的管理模式,梳理出运行期各

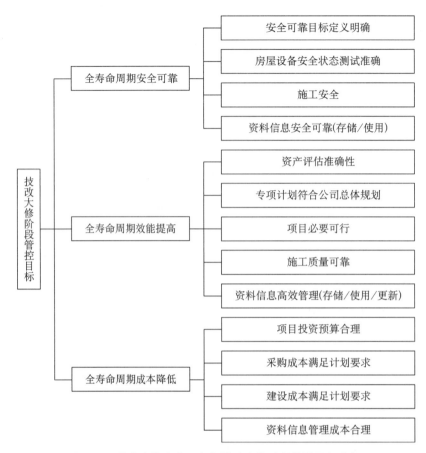

图 6-8 非生产性房产运行期技改大修阶段管控目标分解

阶段非生产性房产的管控流程。以运行期各阶段管控目标为指引,在非生产性房产管控流程的基础上,结合全寿命周期管理理论,识别出关键管控点,并且针对各关键管控点进行了分析,如表 6-2 所示。

表 6-2 非生产性房产运行期各阶段关键管控点

阶段	关键控制点	关键管控点说明
运行维护阶段	编制运行维护计划	■ 与房屋、设备特征相一致; ■ 能提高房屋设备使用功能及延长设备寿命; ■ 能有效消除设备安全隐患; ■ 从全寿命周期角度编制运行维护计划
	日常设备监测	■ 设备使用人员能够全面掌握设备状态; ■ 设备使用人员能够及时判断运行中是否出现故障以及是否造成事故; ■ 相关运行检测、维护检修数据全面、准确,并留有记录
	事故应急处理	■ 设备运行产生事故后能及时妥善处置,减少经济损失
	审批维保申请	■ 从全寿命周期角度制定维保申请; ■ 按照审批程序和目标要求完成审批工作

续表 6-2

阶段	关键控制点	关键管控点说明
运行维护阶段	签订设备维保合同	■ 设备维保合同中未出现约定不全、重复约定或约定内容不符合相关法规制度的情况
	开展设备维保	■ 房屋设备进行维保后，质量安全符合标准要求； ■ 设备不存在质量安全隐患
技改大修阶段	进行非生产性房产使用情况技术鉴定，资产状态评估	■ 非生产性房产相关运行检测、维护检修等数据信息准确，得到及时保存； ■ 非生产性房产使用情况技术鉴定方法合理，结果准确； ■ 资产状态评估结果与实际相符合
	制定技改大修策略，提出技改大修需求	■ 技改大修策略与非生产性房产使用状况相符合； ■ 技改大修需求合理，与国网公司总体规划一致
	项目可研报告审批	■ 项目可研深度达到要求； ■ 项目立项必要性与实际情况相结合； ■ 项目实施可行性得到科学论证
	项目设计评审	■ 初步设计深度达到要求，符合"三通一标"应用要求； ■ 施工图设计深度达到要求，与初步设计方案能很好地契合； ■ 设计可施工性、工程建设环境考虑周全
	项目设计概算管控	■ 初步设计概算费用计算准确，并在可研估算之内； ■ 施工图预算准确
	施工过程安全质量事故管理	■ 事故发生后，按规定及时上报； ■ 事故得到及时处理； ■ 事故现场及时得到应急处理
	建设施工过程进度管控	■ 施工进度计划符合项目总体进度安排； ■ 判断标准明确
	设计变更管理	■ 设计变更方案合理、变更程序规范、变更内容完整（方案、费用计算书）； ■ 在限定时间内对设计变更进行审核、确认
	进度款支付管理	■ 已完工程量核定准确； ■ 按合同约定及时审核、支付进度款

在运行期非生产性房产的形成过程中，要注意各个阶段的关键管控点，针对关键管控点采取相应的管控方法和优化方案，才能确保各阶段管控子目标的实现。

6.2.1.3 持续优化

围绕运行期非生产性房产的管控目标，针对各阶段关键管控点，结合全寿命周期理论和方法，提出相应的持续优化方案。持续优化是实现非生产性房产全寿命周期管控目标、不断增加非生产性使用价值和增强活力的有效手段，是改善、优化、整合资源配置的先进方法，是在全员目标管理基础上的管理创新。

运行期各阶段具体优化方案如图 6-9 所示，具体优化内容如下：

（1）在资产策略制定时，引入健康管理理念[69]，提出巡视周期、运行方式、在线监测采集频率等。

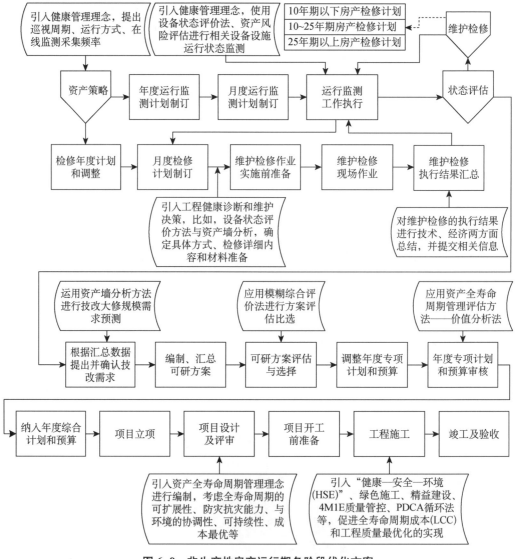

图 6-9 非生产性房产运行期各阶段优化方案

(2) 运行检测过程中,引入健康管理理念,使用设备状态评价法[70]、资产风险评估[71]进行相关设备设施运行状态监测。

(3) 维护检修作业实施之前,引入工程健康诊断和维护决策[72],比如,设备状态评价方法与资产墙分析[73],确定具体方式、检修详细内容和材料准备。

(4) 对维护检修的执行结果进行技术、经济两方面总结,并提交相关信息。

(5) 运用资产墙分析方法进行技改大修规模需求预测,根据汇总数据提出并确认技改需求。

(6) 应用模糊综合评价法进行技改项目可研方案评估比选。

(7) 应用资产全寿命周期管理评估方法(价值分析法)进行技改项目年度计划和预算审核。

（8）引入资产全寿命周期管理理念进行编制，考虑全寿命周期的可扩展性、防灾抗灾能力、与环境的协调性、可持续性、成本最优等，对技改项目的设计进行分析评审。

（9）在技改项目施工过程中，引入"健康—安全—环境（HSE）"、绿色施工、精益建设、4M1E质量管控、PDCA循环法等，促进全寿命周期成本和工程质量最优化的实现。

6.2.2　基于信息面的管控模式

非生产性房产在运行期的信息面管控的主要目标是确保信息可以支持业务决策和为组织提供长期的价值。因此，信息必须便于访问，实现在一个组织的多个业务环节和业务应用之间共享，以提供最大限度的业务价值。此外，信息必须可以支持多种业务流程，因此这个阶段将成为信息全寿命周期管理与业务流程管理的交叉点。

6.2.2.1　运行期信息面数据搜集

运行期非生产性房产的信息面数据体系主要涉及房产资源管理、大修项目管理、技改项目管理等三个方面功能。

1）*房产资源管理*

房产项目信息管理对象为自有、承租非生产性房产。用户为总（分）部、各级单位用户，具体使用人员包括县公司自有、承租非生产性房产操作人员，省市公司自有、承租非生产性房产操作人员，总部自有、承租非生产性房产操作人员。

运行期自有非生产性房产资源管理信息面数据体系结构包括基本信息、权证信息、建筑信息、资产信息、来源信息、使用信息。运行期承租非生产性房产信息面数据体系结构包括基本信息和租赁信息。

2）*大修项目管理*

大修项目信息管理对象为非生产性房产大修项目。用户为总（分）部、各级单位，具体使用人员包括：总部非生产性房产大修项目管理操作人员、省市公司非生产性房产大修项目管理操作人员、县公司非生大修项目管理操作人员。

运行期自有非生产性房产大修项目管理信息面数据体系结构包括专项计划建议管理、项目储备管理、专项计划管理、综合计划草案管理、预安排项目管理、专项计划下达管理、计划调整建议管理、综合计划调整草案管理、计划调整下达管理、初设评审管理、建设过程管理、投资计划管理等功能。

3）*技改项目管理*

大修项目信息管理对象为非生产性房产技改项目。用户为总（分）部、各级单位，具体使用人员包括总部非生产性房产大修项目管理操作人员、省市公司非生产性房产大修项目管理操作人员、县公司非生产性房产大修项目管理操作人员。

运行期自有非生产性房产技改信息面数据体系结构包括专项计划建议管理、项目储备管理、专项计划管理、综合计划草案管理、预安排项目管理、专项计划下达管理、计划调整建议管理、综合计划调整草案管理、计划调整下达管理、初设评审管理、建设过程管理、投资计划管理等功能。

通过对非生产性房产相关信息系统的分析，发现运行期存在信息数据搜集不全、系统功能设计与孕育期不对接、资源与要素有待更深入整合、信息化技术应用深度亟须加强等问题。为满足全寿命周期管控要求，结合运行期特点，突破一些管理业务、管理流程、信息化技术整合上的障碍提出运行期信息库结构和相关信息内容。

非生产性房产报废期信息涵盖了相关的技术、经济、管理、法律等方面的各种信息，要能全面反映工程的历史、运行现状、形象等。

非生产性房产运行期综合信息库体系结构如图 6-10 所示。

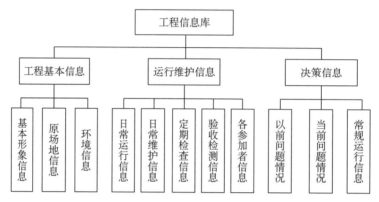

图 6-10　非生产性房产运行期综合信息库体系结构

（1）工程基本信息（同时为三个时期提供支持），主要包括：

① 基本形象信息，如位置、工程名称、工程用途、结构类型、楼层、地下室、总楼面面积、建设时间等。（现有信息系统已有）

② 原场地信息，如水文地质资料、地形图、生态信息。（现有信息系统缺失）

③ 环境信息，主要包括影响工程建设与运行的环境方面的信息，如当地气候、地形、地质地貌、周围基础设施、动植物生长情况，以及台风、暴雨、泥石流、山体滑坡、地震、海啸等自然灾害发生频率等。（现有信息系统缺失）

（2）运行维护信息，包括以下两个方面的内容：

① 日常运行维护信息，包括采用的维修方案、诊断工程师、维修施工承包商、维修后工程的运行情况、监测报告等。（现有信息系统缺失）

② 所有的相关报告，包括过去工程结构、材料和设施的实验报告、检查报告、测试报告、监测报告、诊断检查报告以及工程疾病症状的照片或图像文件等，可以作为附件，也保存在相对应的信息库里。（现有信息系统缺失）

③ 参加者信息，主要包括物业管理组织、检修单位、技改大修单位、分包单位、监理单位、材料设备制造单位、供应单位等信息。（现有信息系统不全）

（3）决策信息（同时为三个时期提供支持），主要包括：

① 以前问题情况，主要包括问题名称、诊断信息、解决问题的方案、费用、问题发生后的资料、问题解决后的项目情况、问题监测报告等。（现有信息系统不全）

② 当前问题情况,主要包括项目目前情况、出现问题的名称、问题基本状况等。(现有信息系统不全)

③ 常规解决信息,主要包括人员信息、质量安全信息、经济方面的信息、解决问题的常规方法等。(现有信息系统不全)

6.2.2.2 运行期信息面功能提升

国家电网公司非生产性房产管控的信息面的功能提升主要包括共享环境支撑、可视化技术、参数化设计、统一平台构建、健康诊断等五个方面。五个功能提升体系之间存在着密切的关系,各体系在房产管控信息化建设中扮演不同的角色,共同支撑着全寿命周期信息化建设顺利开展。

1) 共享环境支撑

针对非生产性房产管控过程中相关大数据支持不足及管控业务信息化主体定位不明确等问题,可以制定共享环境来明确国网总公司与省市公司、管理人员与实际操作人员的角色定位和职责分工,规避相关责任人与主管部门的不作为或重复作为的问题。环境、数据、信息的共享工作贯穿于非生产性房产管控的全过程。

2) 可视化技术

通过可视化技术体系可以有效解决信息化环境不足、管理技术支持不足、公司信息化建设的基础能力不足、现有相关信息化管控任务过重、信息化建设自身的问题及安全产权问题。

传统的资产管理信息化手段主要依靠的是企业级或项目级管理方案,而国网公司的非生产性房产目前处在大型集团公司多业务部门、多业务需求、多上下游业务衔接的环境下,需要更先进、更直观、更易操作的新技术支撑来规范全寿命周期的管理流程,才能最大限度地发挥信息化的作用。因此,信息化技术是非生产性房产管控信息化建设最有效的技术保障,主要包含综合数据库设计与建设、可视化系统功能模块设计与建设、可视化模型构建与基于 Web 的前端显示技术等,形成从底层到前段层面全面指导非生产性房产管控信息化建设的方向与思路。

3) 参数化设计

参数化设计体系主要解决因缺乏非生产性房产产权(产籍)信息搜集、处理、加工标准体系,而导致非生产性房产相关属性信息的地域割裂、多利益相关方共享及集约化应用难的问题。

非生产性房产项目管控信息与数据的参数化设计保证了全寿命周期管控流程中信息的有效交流与多方共享。因此,参数化设计体系是数据管理层面最基础的保障体系,是从信息资源出发制定的保障,是其他保障体系顺利实施的前提,也是实现房产信息资源高度共享的基础,并为非生产性房产管控信息化平台的建设和运维提供技术支撑。

4) 统一平台构建

统一平台(或系统)体系是为了解决房产管控平台的重复建设及平台之间互联互通性弱的问题,从而保障房产信息使用者获取及时有效的信息资源,保障信息资源的集成与共享,提高其周转和利用水平。

统一的平台(或系统)体系是非生产性房产管控信息化建设的外在表现,信息化平台按照服务对象的不同可划分为不同的功能业务模块、用户权限层级和数据访问与导出结果。国网非生产性房产信息化平台根据平台的主要职能又可分为三维可视化资产管理系统和产权(产籍)业务服务可视化信息系统。信息化平台的建设需要各主体的明确分工和协同工作,并依靠制度体系和技术标准为支撑。充分发挥信息化平台对资产管理工作的重要支撑作用,为公司内房产信息资源的交流与共享提供媒介,促进公司、项目的信息资源交流与共享,是实现公司内房产信息资源的集约化管控的前提。

5) 健康诊断

参考医学科学领域所用的健康管理模式,运行期是决定非生产性房产寿命与价值的重要阶段,信息面的功能提升应在共享环境支撑、可视化技术、参数化设计、统一平台构建共同支持下实现非生产性房产健康管理,为维修部门对非生产性房产进行健康诊断的工程师们提供重要的历史数据,避免重复检查或延误维修,使非生产性房产发生的问题可以得到及时准确的解决,并指导非生产性房产健康诊断;减少每次健康诊断及维修的检测费用,减少非生产性房产全寿命周期的运行费用。

(1) 对新建非生产性房产的指导作用,通过同类非生产性房产健康诊断信息库的记录、汇总和总结,可以为该类项目积累大数据,帮助未来设计者、承包商、制造商以及工程管理人员提高能力,使同类非生产性房产项目能得到可持续的、健康的发展。

(2) 有效预防相似问题的出现。将运行期的各个问题产生的征兆、状况状态、原因及解决措施等记录下来,在出现类似情况时,可以及时地查找相关的数据资料来制定相应的预防措施,避免问题的恶化,为问题的专业化解决发展提供依据。通过分析出现的各种问题,编写或修改维修规程,审查维修品质质量,汇编工程维修工程师、工程人员培训材料和提供司法审判证据。

(3) 为类似的项目避免发生类似的问题提供借鉴。大部分非生产性房产的运行情况以及出现的问题都有相互类似的地方,在一个地区结构相似的非生产性房产,尤其是一个设计单位设计的工程,或者一个承包商承包的工程,往往易发生相同或类似的问题,这就使国网公司可以从一个项目发现的问题来预防另一个项目的问题。

6.2.2.3 运行期信息面高效共享

1) 主数据共享方法

数据作为非生产性房产管控信息面的数字化展现,需要按一定的标准来记录和表达,这样才能为不同管理层次的业务人员所理解,从而达到信息沟通的目的。通过主数据规划方法将业务信息具体抽象为数据,并且需要取得结构和定义一致,这也是将来决策系统建设取得良好效果的基础。主数据共享是通过数据资源统一规划、梳理和分析,基于运行期项目所提供的各种综合统计报表及业务管理所需数据,进行指标分解、数据挖掘、业务追溯等数据分析工作,提取出国网公司非生产性房产管理所需的公共数据并进行统一定义,为建立集团各种类型的数据库、元数据库提供依据。重点梳理的范围包括大修技改项目计划、运维合约、财务管理等核心业务涉及的数据,如图 6-11 所示。主数据法主要包括数据资源需求分析、数据资源指标提取、数据资源基础标准等三方面的内容。

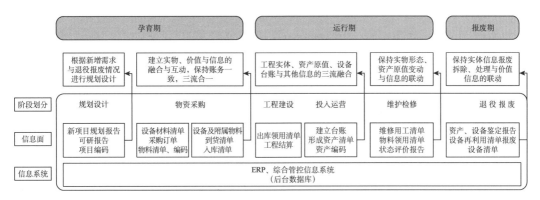

图 6-11 非生产性房产全寿命周期主数据结构

2) 主数据管理系统设计

(1) 数据进入主数据管理系统后,非生产性房产信息管理系统为数据提供基于工作流管理模式的全寿命周期管理,即从申请、合并、创建、修改、审批到停用的全过程。

(2) 组织结构主数据。集团公司、省市分公司、后勤部门、小型基建部门等通过组织结构关系表进行关联,通过此表建立父子节点关系,从而构建出内部管理需要的组织结构。根据投资关系,在组织结构关系表中,为各级投资/被投资单位建立父子节点关系,并设置独立的 ID 号,从而构建出投资关系需要的组织结构。

(3) 组织结构主数据系统的核心功能特点是:建立组织结构关系表,形成组织结构树,以满足不同管理结构汇总分析的需求;通过组织结构关系表、公司类型等信息进行可选的权限检查;通过组织结构关系表,满足按组织结构分层管理的筛选、审批的需求。

(4) 土地主数据。土地主数据的共享主要用于产权(产籍)信息系统的设计。数据获取方式为:土地档案的基本信息创立于项目计划管理模块。维护的时点为:非生产性房产全寿命周期中的土地获取阶段。核心功能特点为:土地档案与土地信息指标的维护,为各业务系统提供项目档案信息获取接口。

(5) 房产/设备主数据。非生产性房产实体主数据和设备设施主数据主要用于可视化平台系统的操作对象构建和维护。获取方式为:房产/设备主数据及其结构的创建维护均在项目计划管理系统中进行,通过底层数据库及 ERP 系统传递到大修技改、维护操作、财务核算等子业务系统。核心功能特点为:在大修技改的方案定稿后,在项目计划系统中创建项目实体与属性信息等,主要实现非生产性房产业态统一管理,根据项目设施的具体情况进行属性的选择,并形成组合业态,为统计数据汇总、共享提供基础。

6.2.3 基于组织面的管控模式

运行期初,项目的技术性能具有不确定性,需要使用单位对项目设施进行磨合和必要的补充。之后,项目设施进入稳定状态,持续地按照既定全寿命周期运营目标运作,逐渐发挥其性能并实现投资回收与超额回报。当项目持续运行一段时间后，可能由于设施老化或技术升级，而打破原有的全寿命周期规划，进入大修技改环节。

因此，运行期的主要任务包括日常维护、物业管理以及必要的大修技改。该阶段内的组织架构以及组织规则与前一阶段保持一致，但具体涉及的部门以及部门职责、管控措施则根据运行期的特征予以调整。

6.2.3.1 组织架构设计

在这一时期，依旧延续孕育期建立的相关组织架构，强调一体化管控平台在这一时期的全流程有效管理职责，确保指令和信息传递的有效性。

1）日常维护和物业管理

（1）日常维护和物业管理全寿命周期作业标准和维护规则宜由总部全寿命周期领导小组负责制定，领导小组负责指导制定和审批运行期的省级、地市公司非生产性房产全寿命周期管控规程。

（2）具体组织实施则由省级全寿命周期管控小组负责，并与后勤部其他工作人员协同做好非生产性房产大数据搜集与可视化建模工作，共同拟定房产的全寿命周期后续运营维护和管控计划，具体实施工作由房产所属单位执行。

（3）省级管控小组采用抽检方式对管控计划执行情况进行检查，后勤部其他职能部门、物业部门等进行自查。

2）大修技改

（1）根据国网公司相关规定，大修技改项目根据投资规模大小分为限上和限下项目。限下项目规模较小，可仅由省级公司进行审批。

（2）对于大修技改的限上项目，由总部全寿命周期领导小组对各单位上报的项目规划进行审批并制定管控的目标和关键结果体系。项目实施的全过程与孕育期保持一致：领导小组审批规划，会同财务部进行预算审批，由发展部纳入计划并经由后勤部、省级或总公司领导审批。

（3）对于大修技改的限下项目，由省级的全寿命周期管控小组对项目规划进行审批并要求修改，制定该项目全寿命周期管控的目标和关键结果体系，并分解到各个环节、部门承担。工程采购和施工等阶段，由省级管控小组会同总部各部门、地方发展部、财务部、安质部等，对区域内本年度的项目实施检查。对项目的采购建设进行持续跟进，收集数据进行分析，对偏离及时提出调整控制要求，与建设单位、外包单位和各级地方公司的相关部门会同协商解决方案。对项目结果和付款环节进行检查审核、评价评估、案例数据入库，完成大修技改项目管理闭环。

6.2.3.2 嵌入流程的职能配置

在运行期，省级管控小组负责非生产性房产管控的组织实施和督导，市级管控层面负责具体的维护阶段的数据收集、积累、分析等，在大修技改实施过程中履行孕育期的职能。

相关非生产性房产的业主单位负责日常维护管理，省级管控小组从项目全寿命周期管控角度对项目适时提出重新规划，并持续督导非生产性房产数据的收集、积累与分析。

后勤部业务部门承担物业管理相关职责，省级管控小组依据总部领导小组制定的标准，在检查中设计融入全寿命周期规划目标及相应的评价指标，最终由后勤部和领导小组协同对物业服务质量以及其他物业管理事项进行审批、检查、评估与结算。

总部领导小组和省级管控小组从全寿命周期动态管控的角度出发，通过大数据的积累与分析，与非生产性房产的使用单位进行沟通，实时地对非生产性房产的全寿命周期阶段和服役状态进行评估，灵活调整其全寿命周期管控目标，满足大修技改必要条件后，进入大修技改阶段。大修技改实施阶段，总部领导小组和省级管控小组的职责与孕育期各阶段保持一致。

6.2.3.3　基于大数据运用的控制机制

当前国网公司非生产性房产管控的信息化多依赖办公系统中输入和输出的行政文档，而对实时的项目工程状态数据的收集利用不足。因此，运行期的非生产性房产管控，需要以大数据运用为核心，借助信息化手段，实现全员参与。

1）管控模式方面

（1）日常运行维护与物业管理依赖后勤部业务部门的合同管理，省级管控小组负责对房产进行全寿命周期规划和信息收集、调整管理措施并跟踪监管。

（2）在报废阶段，省级管控小组履行总结评估职能，由责任单位和后勤部、物资公司合作完成回收、转让和处置。

（3）在风险识别中，重点关注不利于信息化的行为和与全寿命周期规划要求相悖的行为，确保全寿命周期管控信息化的规划、实施、监控与评价顺利实施。

（4）关键风险识别内容包括两个方面：一是信息系统、信息设备的维护与信息的录入、信息的及时上传与存储；二是依据信息挖掘和抽检总结，发现与全寿命周期管控目标、关键结果的偏差。

（5）通过运行期内上述两方面风险内容的控制，各级主管单位根据权责和流程采取合理的控制点控制措施，控制权能和偏差责任落实到岗到人，从而确保信息化基础上的全寿命周期管控的实现。

2）管控措施方面

（1）运行期的管控措施为以大数据为主的信息持续获取和维护。

（2）为了保障大数据和信息化技术的有效运用，要求在孕育期中即全员参与，并延伸至运行期，全面考虑未来项目数据化支持服务需求。

（3）稳定运营过程中，市级管控层面负责对底层数据采集、保存等的管控。

（4）在日常维护、物业管理等过程中，省、市级全寿命周期管控小组负责对数据进行采集和相关数据基础设施有效合规利用的管控，确保日常运行大数据的有效生成，保障数据质量。在保障信息质量基础上，进行信息的逐级上报和存储。

（5）在总部、省级和地市公司分别根据需求进行数据可视化建模、大数据挖掘与分析，建立信息数据授权开放机制，不同权限单位接触不同层级的数据库，根据需求自主运用或申请调用数据，进行大数据和数据可视化辅助决策。

（6）大修技改项目参照运行期内控标准，对设计、实施过程中的决策、信息搜集等风险进行控制。

6.3 房产报废期管控模式设计

6.3.1 基于流程面的管控模式

根据非生产性房产三个时期的主轴线，针对从孕育期、运行期到报废期整个寿命周期遇到的管理协调问题，提出基于流程面的非生产性房产全寿命周期管控方案。该方案针对各时期阶段进行管控子目标分解，以管控子目标为指引，发现全寿命周期各阶段的关键管控点；接着针对关键管控点进行分析，提出持续优化方案。

6.3.1.1 管控目标

非生产性房产经历了稳定运行时期后，使用寿命达到了一定的年限或程度，具有较低或不再具有安全、经济和有效的运行功能和性能，这时就进入了报废时期。这一时期内主要对非生产性房产进行技术鉴定，通过相关技术经济评估，确定非生产性房产的处置方案，对退役资产的再利用、报废处置回收及处置评估等工作进行规范化。报废期主要指报废退役阶段。

针对非生产性房产的特点、报废期的具体工作，结合非生产性房产全寿命周期管控的总体目标，统筹兼顾安全可靠、效能和成本三者的关系，进行各阶段管控子目标分解，如图6-12所示。

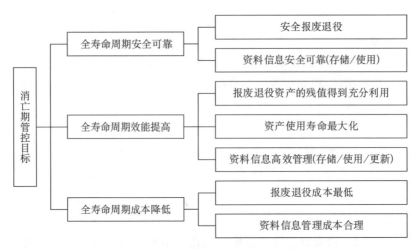

图6-12 非生产性房产报废期管控目标分解

报废期是非生产性房产经过稳定运行后不再具有安全、经济和有效的运行功能和性能而进行退役报废工作的时期。各阶段的管控子目标首先要确保非生产性房产报废期中的安全可靠性，要确保非生产性房产相关技术鉴定、经济评估的准确性，保证其安全退役报废；达到安全可靠目标的同时，注意提高非生产性房产的质量和效能，比如非生产性房产处置方案(再利用、转为备品、评估转让或报废处理等)的选择,非生产性房产的残值得到充分利用,非生产性房产使用寿命最大化;在确保非生产性房产安全可靠和效能最优的情况下,努力降低全寿命周期成本,比如退役报废成本最低。

6.3.1.2 关键管控点

根据报废期各阶段的管控目标分解,结合国网公司现有的管理模式,梳理出报废期各阶段非生产性房产的管控流程。以报废期各阶段管控目标为指引,在非生产性房产管控流程的基础上,结合全寿命周期管理理论,识别出关键管控点,并且针对各关键管控点进行分析,如表 6-3 所示。

表 6-3 非生产性房产报废期各阶段关键管控点

阶段	关键控制点	关键管控点说明
退役报废阶段	进行非生产性房产使用情况技术鉴定、经济评估	■ 非生产性房产相关运行检测、维护检修等数据信息准确,得到及时保存; ■ 非生产性房产使用情况技术鉴定方法合理,结果准确; ■ 经济评估结果与实际相符合
	提出资产处置建议	■ 按相关法律法规,及时处理老旧资产; ■ 处置建议与非生产性房产使用状况、经济评估结果相符合
	制定非生产性房产处置方案	■ 处置方案的选择与非生产性房产使用状况、经济评估结果相符合; ■ 非生产性房产残值得到充分利用,使用寿命达到最大化; ■ 有效降低处置成本
	审批可再利用的退役资产	■ 资产残值得到充分利用; ■ 资产使用寿命得到最大化; ■ 资产再利用符合国网公司相关规定

在报废期非生产性房产的形成过程中,要注意各个阶段的关键管控点,针对关键管控点采取相应的管控方法和优化方案,才能确保各阶段的管控子目标的实现。

6.3.1.3 持续优化

围绕报废期非生产性房产的管控目标,针对各阶段关键管控点,结合全寿命周期理论和方法,提出相应的持续优化方案。持续优化是实现非生产性房产全寿命周期管控目标、不断增加非生产性房产使用价值和增强活力的有效手段,是改善、优化、整合资源配置的先进方法,是在全员目标管理基础上的管理创新。具体优化方案如图 6-13 所示。

具体优化方案内容如下:

(1) 从全寿命周期成本(LCC)最优价值最大等角度进行分析,确定是否进入资产实物报废退役。

(2) 引入循环再利用理念[74],对资产报废退役进行评估鉴定,以确定报废退役流向。

6.3.2 基于信息面的管控模式

在非生产性房产的报废阶段,所有的数据信息将进行归档,因为这些数据信息对将来是非常有用的,所以必须对这些数据进行再分析,总结出一套数据信息库,供以后的项目使用。

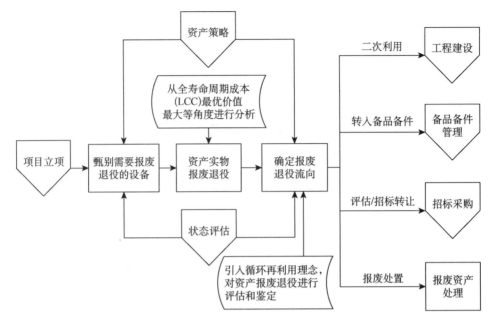

图 6-13 非生产性房产报废期优化方案

6.3.2.1 报废期信息面数据搜集

非生产性房产建设与维护功能的消亡对应着非生产性房产的报废,是全寿命周期的结束。在此阶段,主要包括资产退役、资产处置、废旧物资管理三个方面的功能数据,主要完成以下工作:出具技术鉴定报告,提出资产处置建议,审批资产处置建议,监控总结资产退役管理工作;审批可再利用的退役设备,提出经审批的报废申请,审核报废申请,更改设备状态,变更设备台账信息,变更资产信息资产退役;核对报废审批记录,办理交接入库,编制废旧物资处置计划,审批废旧物资处置计划,集中竞价处置。

在国网公司后勤管理系统中对于这一时期的信息机器处理存在较大程度的缺失,结合报废期特点,实现"科学报废、合理退役、循环利用"的报废期管控要求,提出报废期信息库结构和相关信息内容。

非生产性房产报废期信息涵盖了相关的技术、经济、管理、法律等方面的各种信息,要能全面反映工程的历史、运行现状、形象等。非生产性房产报废期综合信息库体系结构如图 6-14 所示。

1）工程基本信息（同时为三个时期提供支持）

（1）基本形象信息,如位置、工程名称、工程用途、结构类型、楼层、地下室、总楼面面积、建设时间等。（现有信息系统已有）

（2）原场地信息,如水文地质资料、地形图、生态信息。（现有信息系统缺失）

（3）环境信息,主要包括影响工程建设与运行的环境方面的信息,如当地气候、地形、地质地貌、周围基础设施、动植物生长情况,以及台风、暴雨、泥石流、山体滑坡、地震、海啸等自然灾害发生频率等。（现有信息系统缺失）

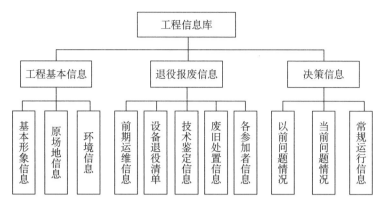

图 6-14 非生产性房产报废期综合信息库体系结构

2) 退役报废信息

(1) 退役报废的常规信息,包括前期运维信息、设备退役清单、费用、技术鉴定信息、废旧处置信息、拆除承包商等。(现有信息系统不全)

(2) 所有的相关报告,包括设备退役清单、技术鉴定报告、废旧物资处置计划、成本分析报告及优化方案、效益分析报告、风险评估报告。(现有信息系统不全)

(3) 参加者信息,主要包括拆除单位、资产转让单位、原设备制造单位、政府质量监督机构等信息。(现有信息系统不全)

3) 决策信息(同时为三个时期提供支持)

(1) 以前问题情况,主要包括问题名称、诊断信息、解决问题的方案、问题发生后的照片或图像资料、问题解决后的项目情况、问题监测报告等。(现有信息系统不全)

(2) 当前问题信息,主要包括项目目前情况、出现问题的名称、问题基本状况等。(现有信息系统不全)

(3) 常规解决信息,主要包括人员信息、质量安全信息、经济方面的信息、解决问题的常规方法等。(现有信息系统不全)

6.3.2.2 报废期信息面功能提升

报废期的非生产性房产管控,目标在于科学决策退役报废的流程,尽可能最大化利用资产残值,将非生产性房产报废的各类影响降低。因而,识别出报废期需要提升的功能主要集中在信息高效传递功能、智能化决策功能、拆除报废的可视化功能和信息价值提升功能等四个方面。

(1) 信息高效传递功能:对于非生产性房产孕育期和运行期的信息管理,应与退役报废阶段的信息管理相衔接,使得综合管控信息系统全寿命周期信息高效传递,并保持实体的报废拆除、处理等信息与价值信息联动,通过信息化房产管控平台得到资产处置建议,支持退役报废决策。

(2) 智能化决策功能:通过前期数据积累,能够支持实际数据与历史数据的对比分析和退役报废趋势预测,为是否报废或退役和如何退役报废等两大问题的解决提供科学决策依据。

(3) 拆除报废的可视化功能：通过可视化技术，支持分析拆除过程中的安全、环境、经济性等问题，考虑到建筑材料的再利用，设计出科学合理的拆除方案，使非生产性房产在寿命期结束后方便拆除。

(4) 信息价值提升功能：信息价值提升是非生产性房产报废阶段的重要环节。信息化建设应支持实现：①汇总待报废资产信息，根据财务账面报废的信息需求，对技术上已经报废的资产相关关键信息（净值、仓储成本、预期回收残值等）进行汇总，供财务账面报废时参考；②报废方案敏感度分析：根据企业账面报废时的相关约束条件，针对不同报废计划对企业报废总盘、相关利润指标的影响进行展现，为年度投资计划的制定和资产报废先后顺序的确定提供参考。

6.3.2.3 报废期信息面高效共享

在报废期，为实现上述功能，在前述基于 Web-BIM 技术的综合信息库基础上，继续拓展相应的模块功能，实现高效共享。基于 Web-BIM 的全寿命管理信息系统拓展考虑如何最有效地充分发挥 BIM 的应用价值、如何充分利用项目前期积累的大数据和如何为其他项目提供借鉴，构建退役设备信息共享平台，明确资产转移处置流程和规范，实现包括退役设备主数据维护、设备状态变更、退役设备预订、再利用申请、退役设备再利用的绩效指标展现等功能。同时针对国网公司非生产性房产分布范围广、图形要求高的特点，采用 Web 技术解决分布式与快速浏览的问题。

基于 Web-BIM 技术的综合信息库涵盖了非生产性房产系统在报废期的 n 维信息（图 6-15），用以支持各方面协同工作，解决设备状态评估、报废退役决策、拆除设计模拟和现场布置、确定报废退役流向等问题。

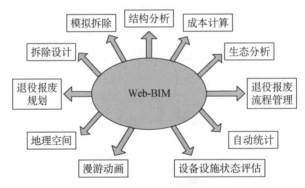

图 6-15　非生产性房产报废期建筑信息模型（BIM）基本功能图

(1) 退役设备状态评估：系统借助前期积累的常态有效的数据采集，建立设备健康指数和风险发生概率分析模型[75-76]，结合 LCC 评估、综合评价和各类数据库软件，对处于报废期的非生产性房产的技术水平、成本等信息进行动态分析，并将状态评估结果应用于资产策略制定和业务工作的开展中。

(2) 报废退役决策：对于非生产性退役报废以及再利用，通过建立规范化的退役流程，在系统中形成完整的退役数据库，从而为退役资产再利用提供可靠的数据基础；基于设备状态评估,采用大数据分析选择退役、报废或再利用;规范非生产性房产报废审批流程,优化报废非生产性房产的实物管理及处置过程,为实现资产全寿命周期成本中报废阶段成本的计算提供数据基础;建立完善的再利用流程,提高资产再利用率,从而达到控制成本的目的。

基于 Web-BIM 包含的各类信息和上述资产管理要求,可以对非生产性房产在报废期选择二次利用、转入备品备件、转让和报废,通过不同的处置成本分析进行智能化决策。

(3) 拆除设计模拟和现场布置:在拆除方案设计中,利用基于 Web-BIM 的软件可以动态显示设计功能和效果,多方面地分析和评估设计方案,及时进行设计优化。同时,利用 Web-BIM 首先基本定位待拆除房产的空间位置、方位和走向,结合 Web 和 GIS 等技术,分析非生产性房产退役报废过程中与整个环境系统的协调性,进行运行预测、整体效益分析等。

Web-BIM 应用系统创建的虚拟建筑模型是一个包含了建筑所有信息的数据库,并能在 Web 网页进行展示和操作,实现虚拟拆除,通过虚拟拆除模型可以实现虚拟建设和可视化拆除,分析拆除方案的合理性,从而大大节约费用和时间。通过 nD(3D 加时间、费用、环境、节能等)模型可以自动将拆除模型和进度、估价、环境分析、节能分析系统连接起来,不仅可以准确分析进度和成本,还可以进一步分析现场环境影响等。

6.3.3 基于组织面的管控模式

报废期组织架构仍保持与孕育期、运行期相同。从非生产性房产全寿命周期绩效评估、项目报废回收审计等方面设置组织部门、配置组织动态职责和激励控制机制。在报废期,构建以后勤部、总部领导小组和省级管控小组集约管控为主,其他部门协同的组织架构。非生产性房产报废退役决策由实际负责运营的单位上报,总部领导小组、省级管控小组与后勤部业务部门共同依据持续监控所得数据对非生产性房产退役计划进行审批,提出初步意见与修正的退役方案,并报后勤部与公司批示。

在退役过程中,总部领导小组和省级管控小组对管辖下的非生产性房产全寿命周期管控规划进行数据收集、汇总、评估与总结。相关单位进行报废回收具体业务,后勤部业务部门进行流程维护与合同管理,审计部门对报废回收过程进行经济责任审计。

在报废期,后勤部或全寿命周期省级管控小组对最终报废的非生产性房产或设施进行评估,根据其全寿命周期的耗费与收益,评价其与最终规划的偏离程度及其合理性,融入更新循环、生态复原等理念[77],提出非生产性房产技改报废优化管理方案,为类似项目的建设提供历史依据和关键数据。后勤部会同其他部门物资公司完成报废房产的备品回收、转让、报废处置等工作。具体而言:

(1) 总部领导小组和省级管控小组确定报废期管控的关键风险点和关键目标。

(2) 房产合同管理部门、后勤部和审计部等共同制定 OKR,形成逐级分解和有机配合的目标体系。

(3) 省级管控小组督促数据的采集与上报,做好分析备案,完成闭环;为激励各层级有效完成上述目标,对照关键目标和结果,进行恰当的激励。

（4）房产实际使用单位负责房产的报废回收具体业务，后勤部业务部门负责合同管理、备案管理、流程维护等，并会同审计部门进行审计。

6.3.4 基于大数据运用的控制机制

在报废期，制定必要措施，保障非生产性房产退役报废时满足全寿命周期管控要求。

（1）首先，启动报废程序，防止国有资产流失损失，同时保障非生产性房产的全寿命周期成本最小化，进而保障投资效益得到最大的实现。

（2）其次，非生产性房产报废过程始终保证信息收集的及时性和完整性，确保数据的完整可靠，并保证数据的有效存储、分发与利用。

（3）最后，保障废旧物资的有效回收和妥善处理，确保物资处理符合公司规章制度、环保和国资管理等要求。

为实现这些目标，有效控制风险，设计合理的激励措施：

（1）在房产报废启动之后，省级管控小组根据管控关键风险点和关键目标，与房产管理部门、后勤部和审计部等共同制定OKR，逐级将报废期报废和回收过程中形成的实际结果和关键目标对照，进行恰当的激励。

（2）对完成或满足关键目标、关键结果和全寿命周期管控要求的单位、集体或个体，进行正激励。针对不同层级岗位人员的需求，分别予以绩效奖金激励、荣誉认证激励、职位晋升激励和额外物质福利激励等。

（3）对未能完成全寿命周期管控关键目标与结果的单位，或产生了工作实施偏差的单位或个人，首先进行调查分析，协助他们找出偏差原因，分析偏差或问题的根源，对照管控权责分配体系进行有效归责。在明确责任的基础上，进行有效的纠偏和惩戒。

（4）在结合大数据的报废期控制方面，对报废回收过程中的拆旧项目进度、安全质量情况、拆旧开支与物资回收资金运用情况等进行监督：项目关键节点跟进监察、常规大数据实时分析反馈、日常维护关键节点实时监察。

所有的检查标准以全寿命周期报废回收关键目标为依据，对拆旧回收中偏离全寿命周期管控的质量、安全问题和财务指标要求的情况，进行反馈、特别调查、协同纠偏整改、警告、处分等不同等级的监控与约束举措，尽可能降低报废回收成本，确保全寿命周期成本最低、效益最高。尤其要重视报废期内相应权限的信息收集、传递与利用，避免因报废期内的疏忽而产生全寿命周期管控信息丢失、信息维护不当等行为。

6.4 "三面融合"的实现机制

为了确保流程面、信息面和组织面高度融合，帮助安全、效能和成本等三大目标在全寿命周期内顺利实现，本书提出"六步走"方案。

1）第一步：组织指导流程再造

本书提出在国网构建非生产性房产全寿命周期管控领导小组和在省级公司构建非生

产性房产全寿命周期管控小组。这一组织架构是推动非生产性房产全寿命周期管控的重要举措，也是实现"三面融合"的第一步。新组织的提出和引入，必然带来职责和任务的增加或调整，从而使得在孕育期、运行期和报废期的流程出现变化。这种变化是为了强化全寿命周期的管控而出现的，比如管控小组要对可研、初设、施工图设计、技改大修方案等进行面向寿命提升和可持续性提升的评审，管控小组还要进行综合评价和风险管控，这些都是在新组织介入后出现的新职能。因此，"三面融合"必须依赖管控组织体系的构建，从而对现有非生产性房产管控流程进行再造，这种再造并非大规模重新设计，而是在原有流程基础上的提升与优化。

2）第二步：流程帮助组织达标

非生产性房产全寿命周期管控三大目标——安全、效能、成本，是非生产性房产管控组织倡导实现的目标，是整个流程的导向。流程的合理设计，必然会帮助组织顺利实现三大目标。因此，"三面融合"的第二步就是要设计适应全寿命周期管控的流程。本书在4.1节至4.3节中分别提出了在孕育期、运行期和报废期的流程，引入了帮助实现三大目标的相关措施，如孕育期的设计工作中充分考虑全寿命周期的可扩展性、防灾抗灾能力、与环境的协调性、可持续性、成本最优等，运行期中充分引入健康管理理念和充分应用资产墙理论帮助决策，报废期引入循环再利用理念确定报废退役的流向等。因此，"三面融合"需要借助于梳理、改进和优化流程，在流程中推进"三大目标"的达成。

3）第三步：流程推动信息传递

全寿命周期非生产性房产的管控体系中，管控组织的指令传递依赖于流程，业务流程和组织结构相互作用后形成指令传递的路径。在此基础上，为了保障指令传递的有效性，必须紧密结合流程，设计面向非生产性房产全寿命周期管控流程的信息系统，这是"三面融合"的第三步。信息系统的作用在于帮助组织全面有效地掌握非生产性房产从孕育到运行再到报废全寿命周期的全部信息，并确保信息在不同阶段间传递时不出现损失、遗漏和偏差。因而，全寿命周期非生产性房产管控信息系统设计的重点在于提出完善而灵活的、适应业务流程的、不同阶段的信息管控任务与模式，如孕育期强调信息的生成与成熟，运行期强调信息的存储与利用，报废期则强调对历史信息的分析与挖掘，从而建立相应的系统。全寿命周期不同阶段的管控要求不同，导致了不同时期对信息管理的重点不一样，正是流程发挥了重要的作用。

4）第四步：信息提升流程效能

为了帮助国网公司更加有效管控非生产性房产，提高管控的效率和效果，需要通过先进的信息化手段，提升非生产性房产全寿命周期管控流程的效能，这是"三面融合"的第四步。国网公司非生产性房产管控呈现出存量大、种类多、分布广等特点，要提升管控成效，必须引入各类不断出现的先进技术。通过引入 BIM 增强数据的集成能力和管控的可视化效果；通过引入 BIM 与 Web 集成技术，将集中式管理模式逐步向分布式管理模式推动；通过引入大数据分析功能对全寿命管控中的过程数据等进行监控、分析和评估，提高管控的精准度和质量；通过引入智能化的物业管理系统，提升长期运维过程中的决策能力,延长非生产性房产的寿命。

5) 第五步:组织强化信息共享

在非生产性房产全寿命周期管控信息系统逐步建立完善后,组织要借助信息系统进一步加强管控,这是"三面融合"的第五步。国网公司和省级公司层面,应当加强对非生产性房产全寿命周期大数据的抓取,构建数据共享的结构和权限;通过提升 Web-BIM 平台的及时性、交互性和层次性,增强迫切需要的信息查询、更新、处理和创新等共享功能,对孕育期、运行期和报废期不同的方案评价、审批、批复等环节中的信息共享做到严格把关、及时处理、安全高效。

6) 第六步:信息促进组织决策

在全寿命周期不同阶段的管控流程中,均引入"三大目标"的优化方法,以信息化技术为支撑,由各组织或部门负责或协助,协同实现各时期管控的工作连续贯通、信息高效共享、目标持续优化。即借助信息系统,进一步提升组织的沟通能力与决策能力,持续提升管控成效,是"三面融合"的第六步。网络化、分布式和移动性的新一代信息技术应当不断嵌入非生产性房产全寿命周期管控信息系统,从而为国网公司各层各级的信息沟通带来革命性变革,同时也对组织管理模式提出了巨大的挑战。信息技术的运用将使得传统一层一级传递指令和进行管控的方式发生转变,更加快捷和直接的指令发布和管控是全寿命周期管控中提升效率的主要手段,加之贯穿全过程和联系上下级的管控组织的确立,一种动态扁平化的结构正在建立。沟通效率与效果的提升,进一步推动了管控体系的变化,组织可以借助管控信息系统所具备的信息获取、数据处理、关键管控、监控预警等功能,对复杂而又海量的数据进行高效率和高准确性的识别、分析和处理,从而对管控流程中的标准制定、方案编制、方案审批等事宜进行更加科学的决策,真正促进孕育期、运行期和报废期的安全、效能和成本等目标实现。

第7章 房产全寿命周期标准化管理手册设计

7.1 房产设计标准化管理手册

7.1.1 概述

1) 管理目标

公平、公正、公开地选择符合要求的设计单位,并加强对初步设计阶段和施工图设计阶段操作流程的监控,以达到确保设计质量、进度和控制成本的目的。

2) 适用范围

适用于国家电网总部、省级公司、地市及县公司非生产性房产项目设计阶段,包括设计方选择、建筑初步设计管理、建筑施工图设计的管理工作。

3) 术语与定义

非生产性用房:指公司总(分)部及所属各级全资、控股、代管单位为生产经营服务且用于办公、会议中心、教育培训、医院、独立车库的房屋[78]。

设计方:非生产性房产项目实施过程中各类设计工作(包括规划、建筑、景观、室内装修、二次设计等)的外部委托设计合作方[79]。

初步设计:施工图前达到《建筑工程设计文件编制深度规定》[80]有关要求的设计成果[81]。

施工图设计:建筑设计的最后阶段,综合建筑、结构、设备各工种,相互交底,核实校对,深入了解材料供应、施工技术、设备等条件,把满足工程施工的各项具体要求反映在图纸上,做到整套图纸齐全,准确无误。

7.1.2 标准化管控流程

非生产性房产设计标准化管控流程包括设计方选择、初步设计、施工图设计等管控,如图 7-1 所示。

7.1.2.1 设计方选择阶段管控流程

1) 概述

设计方选择阶段管控概述如表 7-1 所示。

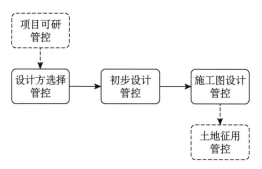

图 7-1 设计阶段标准化管控流程

表 7-1 设计方选择阶段管控概述

流程目的	遵循公平、公正、公开的原则,对设计方的选择过程实施控制,选择符合非生产性房产项目要求的设计单位;实现公司范围内设计单位选择管理的规范统一
适用范围	适用于国家电网总部、省级公司、地市及县公司各阶段设计方选择工作
定义	设计方是非生产性房产项目实施过程中各类设计工作(包括规划、建筑、景观、室内装修、二次设计等)的外部委托设计合作方

管控结构图

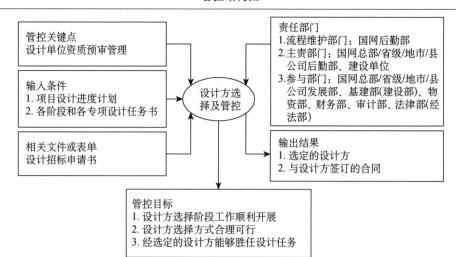

非生产性房产设计标准化管控关键点分析

管控关键点	影响	控制要点	风险点
设计单位资质预审管理	设计方选定的主要风险控制点	1. 要求合格设计方名录以外的必须组织考察 2. 原则上应有相关的多部门参与	在合格设计方名录不是很健全的条件下,考察工作可能会占用较长时间,注意工作前置安排

2) 管控流程图

设计方选择阶段管控流程如图 7-2 所示。

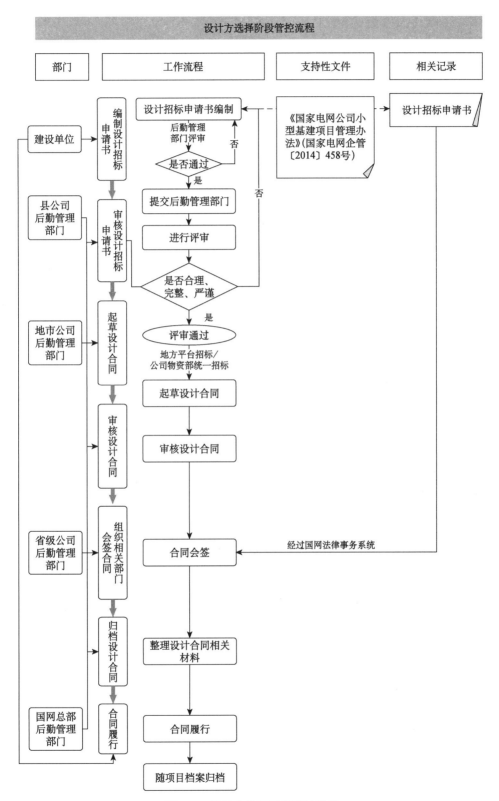

图 7-2 设计方选择阶段管控流程

3) 设计方选择管控工作程序

（1）基本原则

① "三分离"的原则：招标过程实行"招标、评标、定标"三分离，任何人员不得兼任其中的三项活动。

② 透明公正原则：招议标过程必须有充分的透明度，各部门积极配合、全面沟通、信息共享，所有招标决策应在招标机构内集体公开，杜绝暗箱操作。

③ 充分竞争、择优中标原则：每次招标都应有充分适量的投标队伍参与投标，公司鼓励投标单位积极开展公平竞争，保证招议标具有充分的竞争性，公司应选择具有充分竞争优势的单位中标。

④ 廉洁奉公原则：所有与招标工作相关的员工都应保持廉洁，不得利用职务、职权之便谋求私利，任何个人不得影响招标小组进行客观公正的评价。与投标单位有利害关系的，应进行事前声明和回避。

⑤ 维护信誉原则：选择投标入围单位、评标、定标时应客观公正，树立并维护公司良好的招标信誉和形象。

⑥ 保密原则：各单位的投标文件、评标过程、未发放中标通知书前的定标意向都是公司的重要机密，不得泄露或做不当承诺；公司要求各投标单位对自己的投标资料保密，互不申讲。

⑦ 可追溯原则：项目的招议标资料，包括招议标文件、投标文件、供方考察结果审批表、答疑记录、开标和评标的记录、定标评审表、约谈记录、相关会议纪要等，应及时收集、整理、保管。

（2）相关部门及职责

① 流程维护部门：国网后勤部。

② 主责部门：国网总部后勤部，负责审批设计招标申请书；省级公司后勤部，负责审批设计招标申请；地市公司后勤部，负责审批设计招标申请书；县公司后勤部，负责审批设计招标申请书；建设单位，负责编制起草、审核与履行设计合同。

（3）参与部门

国网总部发展部、基建部、物资部、财务部，参与审批设计招标申请书；省级公司发展部、建设部、物资部、财务部，参与审批设计招标申请书；地市公司发展部、建设部、物资部、财务部，参与审批设计招标申请书；县公司发展部、建设部、物资部、财务部，参与审批设计招标申请书。国网总部财务部、物资部、审计部、法律部，参与合同会签；省级公司财务部、物资部、审计部、法律部，参与合同会签；地市公司财务部、物资部、审计部、经法部门，参与合同会签；县公司财务部、物资部、审计部门、经法部门，参与合同会签。

（4）选择程序

① 设计单位选择

编制设计招标申请书阶段，建设单位项目负责人依据《中华人民共和国招标投标法实施条例》[82]编制设计招标申请书，上报后勤管理部门审核。

审核设计招标申请书阶段,国网总部/省级公司/地市公司/县公司后勤管理部门依据《中华人民共和国招标投标法实施条例》审核设计招标申请书,根据初步设计阶段的管控目标(安全、效能、成本)对本部门或公司小型基建设计招标申请书进行审核,主要关注项目名称、项目主要内容、申请表内容的合理性、完整性、严谨性等内容。

如果通过地方平台招标,则分管领导审批通过后,即上报地方委托的招投标公司进行招投标准备工作;如果不通过地方平台招标,则分管领导审批通过后,由公司物资部进行统一招标。

② 设计合同签订

起草设计合同阶段,如果通过地方平台招标,则建设单位项目专责在收到地方招标平台下发的中标通知书、招投标文件后,在经法系统中起草设计合同,上传相关附件、编制合同简要说明等,并提交建设单位项目负责人初审。如果不通过地方平台招标,则建设单位项目专责收到物资部门传递的中标通知书、招投标文件后,在经法系统中起草设计合同,上传相关附件、编制合同简要说明等,并提交建设单位项目负责人初审。

审核设计合同阶段,建设单位项目负责人进行合同审核,依据相关法律、规章制度、办法或标准等,采取主观判断、定性与定量评价的方法对非生产性房产项目的建设是否满足安全可靠、效能提升和成本优化等三个总体管控目标进行评价和审核。主要关注设计合同文本是否规范、合同条款是否合理,完成后由项目专责提交相关部门进行合同会签。

会签合同阶段,建设单位项目专责组织相关部门(财务部、物资部)进行合同会签工作,合同会签完成后递交经法部门进行合同审核与签订,建设单位项目专责按档案管理要求整理设计合同相关材料并进行归档。

合同履行阶段,建设单位项目专责组织履行合同,对合同履行过程中的风险进行处理,并对合同履行风险进行预警。至此,设计方选择管控流程结束。

(5) 支持性文件

《国网后勤部关于印发公司小型基建项目管理指导意见的通知》(后勤小型基建〔2014〕458号)

(6) 相关记录

设计招标申请书

7.1.2.2 初步设计阶段管控流程

1) 概述

初步设计阶段管控流程概述如表7-2所示。

表7-2 初步设计阶段管控流程概述

流程目的	为规范初步设计阶段的操作流程,加强此阶段各环节的监控,达到确保设计质量、进度和控制成本的目的
适用范围	适用于国家电网总部、省级、地市及县公司各项目的建筑初步设计管理

续表 7-2

定义	初步设计是指施工图前达到《建筑工程设计文件编制深度规定》有关要求的设计成果
管控结构图	

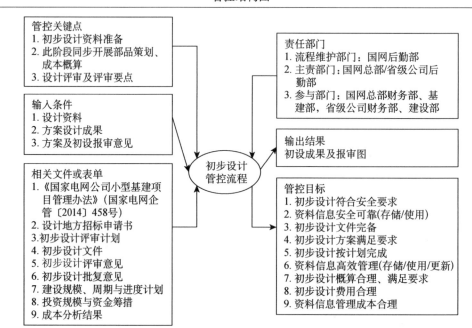

非生产性房产设计标准化管控关键点分析			
管控关键点	影响	控制要点	风险点
1. 初步设计资料准备	设计环节的起点,明确此阶段输入成果及职责,有利于提高设计管理部门的工作效率及相关工作的提前安排	详见本文件说明	进一步总结,逐步形成标准化输入条件
2. 此阶段同步开展项目部品策划、成本概算	属于为了提升项目效率所进行的部分工作前置	—	—
3. 设计评审及评审要点	多专业并行及协同复杂	1. 多专业参与,包括电网后勤部、财务部、基建部等,详见流程说明 2. 提供通用的方案评审要点	—

2) 管控流程图

初步设计阶段管控流程如图 7-3 所示。

3) 初步设计管控工作程序

(1) 相关部门及职责

① 流程维护部门:国网后勤部。

② 主责部门:国网总部后勤部,负责批复初步设计;省级公司后勤部,负责批复初步设计。

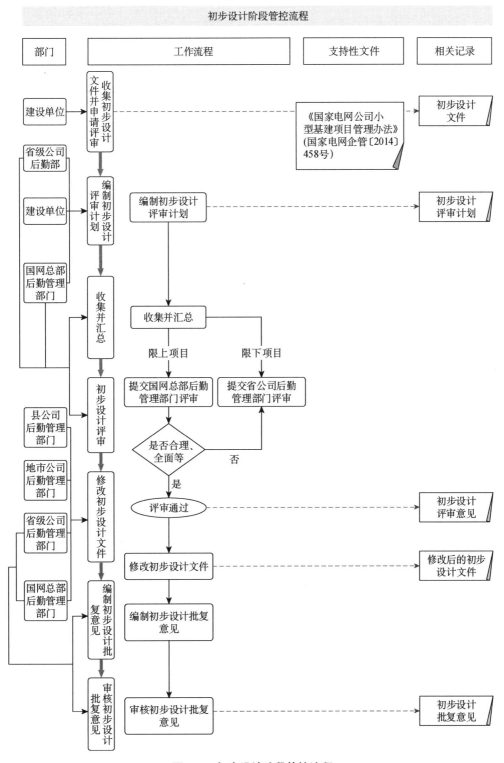

图 7-3 初步设计阶段管控流程

(2) 参与部门

① 国网总部财务部、基建部,参与初步设计审核。

② 省级公司财务部、建设部,参与初步设计审核。

(3) 资料准备

设计方主导完成建筑初步设计,建设单位负责收集并向设计方提供相关资料及初步设计前的准备工作,此过程中建设单位各部门需配合提供的材料包括但不限于:

① 设计方:自行准备方案设计相关成果、部品策划表及设计专业意见。

② 建设单位财务部、发展部:提供指导性目标成本及初设限额指标。

③ 建设单位基建部、建设部:提供咨询方案和专业相关条件,协助勘察方完成《地质勘探(详勘)报告》。

④ 建设单位后勤部:征询物业公司意见,提供物业系统设备建议。

⑤ 其他资料。

(4) 设计方选择

设计单位的选择详见 7.1.2.1 设计方选择阶段管控流程。

(5) 初步设计与评审

① 初步设计编制阶段:建设单位项目专责提出初步设计评审计划申请,国网总部/省级公司后勤管理部门对建设单位上报的初步设计评审计划进行汇总,并组织评审。若为限下项目则由省级公司组织评审,若为限上项目则上报国网总部后勤管理部门。

② 初步设计评审阶段:国网总部/省级公司后勤管理部门按照初步设计评审计划,组织建设单位、相关部门及设计单位或委托有资质的评审单位开展初步设计评审工作。评审单位依据相关法律、规章制度、办法或标准等,采取主观判断、定性与定量评价的方法对非生产性房产的建设是否满足安全可靠、效能提升和成本优化等三个总体管控目标进行评价和审核。主要关注:初步设计概算等是否合理、全面;前期手续是否落实,建设规模是否与可行性研究结果一致。评审工作结束后,编制评审意见,并传递给建设单位。

初步设计评审会议后,若需修改,建设单位项目负责人根据评审意见,组织设计单位在 15 个工作日内修改初步设计文件,提交评审单位,同时报送国网总部/省级公司后勤管理部门。

③ 编制初步设计批复意见阶段:国网总部/省级公司后勤管理部门收到修改后的初步设计文件和评审单位出具的评审意见后,编制初步设计批复意见。

④ 审核初步设计批复意见阶段:国网总部/省级公司后勤管理部门审核初步设计批复意见。主要关注技术方案、概算投资是否合理,批复条件是否完备。至此,初步设计管控流程结束。

(6) 支持性文件

《国家电网公司小型基建项目管理办法》(国家电网企管〔2014〕458 号)

(7) 相关记录

① 初步设计文件

② 初步设计评审计划

③ 初步设计评审意见

④ 初步设计批复意见

7.1.2.3 施工图设计阶段管控流程

1）概述

施工图设计阶段管控流程概述如表 7-3 所示。

表 7-3 施工图设计阶段管控流程概述

流程目的	规范公司项目设计施工图阶段的操作流程，加强对此阶段各环节的监控，达到确保设计质量、进度和控制成本的目的
适用范围	适用于国家电网总部、省级、地市及县公司各项目的建筑施工图设计管理
定义	施工图设计是建筑设计的最后阶段，综合建筑、结构、设备各工种，相互交底，核实校对，深入了解材料供应、施工技术、设备等条件，把满足工程施工的各项具体要求反映在图纸上，做到整套图纸齐全，准确无误

管控结构图

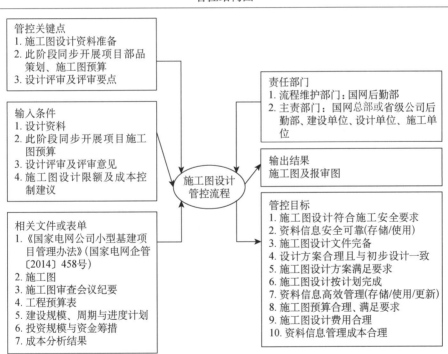

非生产性房产设计标准化管控关键点分析

管控关键点	影响	控制要点	风险点
1. 施工图设计资料准备	是设计环节的起点，明确此阶段的输入成果及职责，有利于提高设计管理部门的工作效率及相关工作的提前安排	详见本文件说明	进一步总结，逐步形成标准化输入条件

续表 7-3

管控关键点	影响	控制要点	风险点
2. 此阶段同步开展项目部品策划、施工图预算	属于为了提升项目效率所进行的部分工作前置	—	—
3. 设计评审及评审要点	多专业并行及协同复杂	1. 多专业参与,包括电网后勤部、建设单位、设计单位等,详见流程说明 2. 提供通用的方案评审要点	—

2）管控流程图

施工图设计阶段管控流程如图 7-4 所示。

3）施工图设计管控工作程序

（1）相关部门及职责

流程维护部门：国网后勤部。

主责部门：国网总部后勤部,负责备案工程预算表;省级公司后勤部,负责备案工程预算表；建设单位,负责审查并修改施工图,编制、审核工程预算表；后勤管理部门、设计单位、施工单位,负责审查并修改施工图。

参与部门：无。

（2）资料准备

在初步设计评审基本通过后,设计方主导完成施工图设计,建设单位负责收集并向设计方提供相关资料及施工图设计前的准备工作。此过程中,建设单位各部门需配合提供的材料包括但不限于：

建设单位财务部、发展部：给出施工图设计阶段限额设计及成本控制建议；建设单位后勤部：提交规划、消防、环保、人防、交通管理等部门关于方案或初步设计的审批意见书；其他资料。

（3）设计方选择

一般情况下,施工图设计延用初步设计的设计单位,若有特殊情况需重新选择的,详见设计方选择与管理流程。

（4）施工图设计与评审

施工图审查阶段,建设单位项目专责根据项目建设进度实施计划,向设计单位收集施工图,并上报项目负责人,作为施工图审查的基础。建设单位项目负责人组织相关单位对施工图进行审查。主要关注设计强制性条文执行情况、图纸表达深度能否满足施工需要等,组织编制施工图审查会议纪要,下发到设计单位等相关单位。建设单位项目专责组织设计单位根据施工图审查会议纪要,对施工图进行修改,修改完成后,对于需要政府审批的项目,提交相关政府职能部门进行联审。

（5）下阶段工作

工程预算管理阶段,建设单位项目专责根据施工需要编制工程预算表,主要内容包

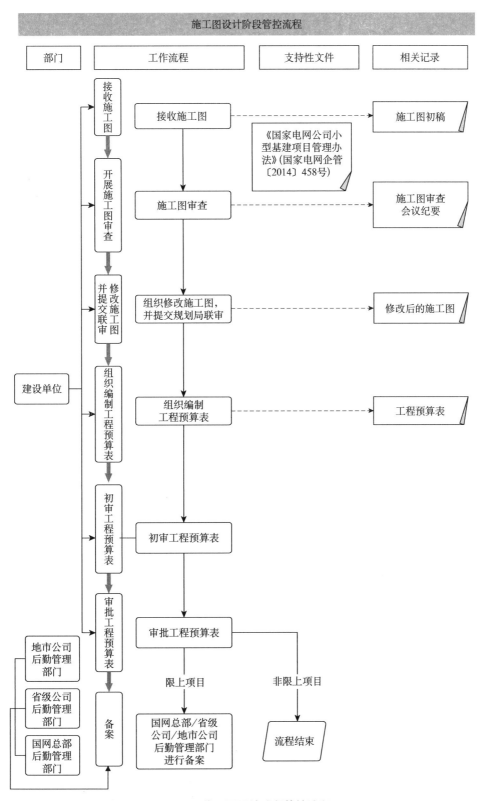

图 7-4 施工图设计阶段管控流程

括所需工程量、初步设计概算等,上报建设单位审核。建设单位审核工程预算表,主要关注工程造价是否正确、合理,工程量初步设计概算是否正确、合理。若为非限上项目,则流程结束;若为限上项目,则报上一级后勤管理部门备案,由国网总部/省级公司/地市公司后勤管理部门小型基建管理岗进行备案。至此,施工图设计管控流程结束。

4)支持性文件

《国家电网公司小型基建项目管理办法》(国家电网企管〔2014〕458号)

5)相关记录

(1)施工图

(2)施工图审查会议纪要

(3)工程预算表

7.1.3 附件

附件一:设计招标申请书

表7-4 设计招标申请书

项目编号: 日期: 年 月 日

项目名称		建设单位	
建设地点		计划交付时间	
计划投资额		资金来源	
招标方式	□地方平台招标		□公司物资部招标
招标范围			
工程批准文号及日期			
土地使用权证编号及日期			
建设用地规划许可证编号及日期			
建设工程规划许可证编号及日期			
项目概况			
其他说明			
后勤管理部门主任审核意见	签名:	公章:	
公司分管领导审核意见	签名:	公章:	

说明:本表由建设单位项目负责人编制,一式三份,编制单位、审批单位、招标单位/物资部各一份。

附件二:初步设计评审计划申请表

表 7-5　初步设计评审计划申请表

初步设计名称			
设计单位		建设单位	
申请时间			
项目概况			
初步设计 完成情况			
初步设计 评审申请			公章:

说明:本表由建设单位项目专责负责编制,一式两份,建设单位、后勤管理部各一份。

附件三:初步设计评审意见表

表 7-6　初步设计评审意见表

初步设计名称		设计单位	
建设单位		评审专家	
评审时间		评审依据	
详细评审意见			
一、总说明			
1			
2			
⋮			
二、项目总体规模及用途			
1			
2			
⋮			
三、地基处理及土石方			
1			
2			
⋮			
四、项目设计部分			
(一)建筑部分			
1. 建筑主体			
2. 建筑功能			
⋮			
(二)结构部分			
1			
2			
⋮			
(三)给排水部分			
1			
2			
⋮			
(四)电气部分			
1			
2			
⋮			
五、项目概算部分			
1			
2			
⋮			

说明:本表由评审单位负责编制,并传递给建设单位,一式三份,评审单位、建设单位、后勤管理部各一份。

附件四：初步设计批复意见表

表7-7 初步设计批复意见表

初步设计名称			
建设单位		设计单位	
批复单位/部门		批复时间	
初步设计审查情况			
初步设计修改情况			
初步设计详细批复意见			
后勤管理部门批复意见			

签名：　　公章：

说明：本表由后勤管理部门负责编制，一式两份，后勤管理部门、建设单位各一份。

附件五：施工图审查会议纪要

表 7-8　施工图审查会议纪要

项目名称	
会议议题	
会议时间	
会议地点	
主持人	
记录人	
与会单位及人员	记录参与会议的所有单位及人员，如： 1. 建设单位： 2. 设计单位： 3. 施工单位： 4. ……
会议议程及内容	记录会议主要议程及详细内容，如： 议程一、项目图纸技术交底 　　主要内容： 　　1. …… 　　2. …… 议程二、图纸中相关问题答疑 　　问题 1：…… 　　设计院答复： 　　问题 2：…… 　　设计院答复：…… 议程三、……

7.2 房产施工标准化管理手册

7.2.1 概述

1）管理目标

公平、公正、公开地选择符合要求的施工单位,并加强对建设施工过程安全质量管控、建设施工过程进度管控、中间验收管理、设计变更管理、工程资料收集归档管理、工程合同履约管理六个方面操作流程的监控,以达到确保施工质量、进度和控制成本的目的。

2）适用范围

适用于国家电网总部、省级、地市及县公司非生产性房产项目施工阶段,包括施工方选择、安全质量管控、施工进度管控、中间验收管控、设计变更管控、资料收集归档、合同履约管理等工作。

3）术语与定义

非生产性用房:指公司总(分)部及所属各级全资、控股、代管单位为生产经营服务且用于办公、会议中心、教育培训、医院、独立车库的房屋。

(1) 施工方:非生产性房产项目实施过程中施工工作的外部委托合作方[83]。

(2) 建设施工过程安全质量管控:围绕安全质量专项检查的计划与执行、事故的应急处理进行规范,包括安全质量专项检查工作流程与安全质量事故管理流程[84]。

(3) 建设施工过程进度管控:围绕施工进度检查计划的编制、现场检查施工进度的组织进行规定[85]。

(4) 中间验收:围绕土建基础的验收与整改、土建主体的验收与整改、隐蔽工程的验收与整改作出说明[86]。

(5) 设计变更:一般设计变更指非重大设计变更;重大设计变更是指改变了初步设计审定的设计方案、主要设备选型、工程规模、建设标准等原则意见,或单项合同投资变化超过10%的设计变更。设计变更围绕工程一般设计变更审批单的审批及一般设计变更的组织实施、重大工程设计变更审批单的审批及重大设计变更的组织实施作出说明[87]。

(6) 工程资料收集归档:围绕工程资料归档目录的编制与工程建设全过程资料的收集作出说明[88]。

(7) 工程合同履约管理:围绕工程进度款报审表的审批、合同纠纷的处理、合同变更申请单的审批、统一合同文本修订意见的处理作出说明[89]。

7.2.2 标准化管控流程

施工标准化管控流程如图7-5所示。

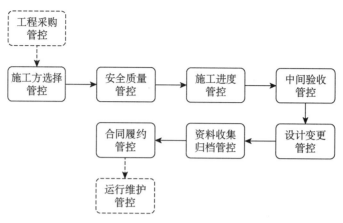

图 7-5 施工标准化管控流程

7.2.2.1 施工方选择阶段管控流程

1）概述

施工方选择阶段管控流程概述如表 7-9 所示。

表 7-9 施工方选择阶段管控流程概述表

流程目的	遵循公平、公正、公开的原则,对施工方的选择过程实施控制,选择符合非生产性房产项目要求的施工单位;实现公司范围内施工单位选择管理的规范统一
适用范围	适用于国家电网总部、省级、地市及县公司非生产性房产施工方选择工作
定义	施工方是非生产性房产项目实施过程中施工工作的外部委托合作方
管控结构图	

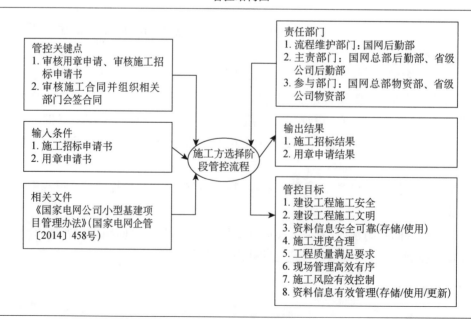

续表 7-9

管控关键点	影响	控制要点	风险点
非生产性房产施工标准化管控关键点分析			
1. 审核用章申请、审核施工招标申请书	确保招标工作合法合规、招标需求符合实际	国网总部/省级公司/地市公司/县公司后勤管理部主任依据《中华人民共和国招标投标法实施条例》及相关用章要求,在协同办公系统中初审用章申请是否合理,或审核纸质的用章申请,初审无误后,确认并提交分管领导	1. 招标不合法、不合规,招标条件不具备即开始招标 2. 招标需求不符合工程实际,未能将工程项目相关的技术规范、所需资质等要素描述清楚
2. 审核施工合同并组织相关部门会签合同	合同签订不规范、不及时对工程施工方的正确选择十分不利	建设单位项目负责人在经法系统中对施工合同进行审核,主要审核合同文本、合同条款是否合理,完成后提交相关部门进行会签审核	工程合同签订不规范,工程合同内容和条款不合理、不严密、不完整或不明确,合同签订不及时

2)管控流程图

施工方选择阶段管控流程如图 7-6 所示。

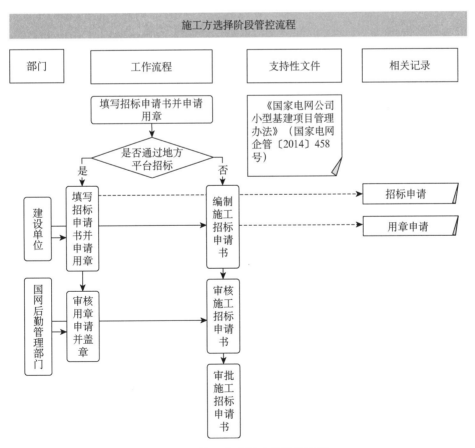

图 7-6 施工方选择阶段管控流程

3) 施工方选择管控工作程序

施工单位选择管控工作围绕施工招标申请书的编制与审批,施工合同的起草、审核及履行作出规定。

(1) 填写招标申请书并申请用章。如果通过地方平台招标,则建设单位项目负责人取得初设批复意见后,去招标办领取并填写招标申请书,递交国网总部/省级公司/地市公司/县公司后勤管理部门。

(2) 申请用章。国网总部/省级公司/地市公司/县公司后勤管理部门根据建设单位项目负责人提交的招标申请书,在协同办公系统中申请用章,或提交纸质的用章申请。

(3) 审核用章申请。国网总部/省级公司/地市公司/县公司后勤管理部主任依据《中华人民共和国招标投标法实施条例》及相关用章要求,在协同办公系统中初审用章申请是否合理,或审核纸质的用章申请,初审无误后,确认并提交分管领导。

(4) 审核用章申请并盖章。国网总部/省级公司/地市公司/县公司分管领导依据《中华人民共和国招标投标法实施条例》及相关用章要求,在协同办公系统中审核用章申请是否合理,或审核纸质申请。批准通过后在填写好的招标申请书上盖章,由建设单位项目负责人交回招标办。

(5) 编制施工招标申请书。如果不通过地方平台招标,则建设单位项目负责人取得初设批复意见后,依据《中华人民共和国招标投标法实施条例》编制施工招标申请书,并通过协同办公系统或线下纸质文件上报后勤管理部门主任审核。

(6) 审核施工招标申请书。国网总部/省级公司/地市公司/县公司后勤管理部门依据《中华人民共和国招标投标法实施条例》审核施工招标申请书,主要关注项目名称、项目主要内容等,无误后,通过协同办公系统或线下纸质文件提交国网总部/省级公司/地市公司/县公司后勤管理部门主任。

(7) 审批施工招标申请书。国网总部/省级公司/地市公司/县公司分管领导依据《中华人民共和国招标投标法实施条例》审批施工招标申请书,主要关注申请表内容的合理性、完整性、严谨性等内容。分管领导审批通过后,由公司物资部进行统一招标。

7.2.2.2 建设施工过程安全质量管控流程

1) 概述

建设施工过程安全质量管控流程概述如表 7-10 所示。

表 7-10 建设施工过程安全质量管控流程概述表

流程目的	规范公司建设施工过程安全质量管控操作流程,加强对此阶段各环节的监控,达到确保设计质量、进度和控制成本的目的
适用范围	适用于国家电网总部、省级、地市及县公司各项目建设施工过程安全质量管控
定义	建设施工过程安全质量管控围绕安全质量专项检查的计划与执行、事故的应急处理进行规范,包括安全质量专项检查工作流程与安全质量事故管理流程

续表 7-10

管控结构图

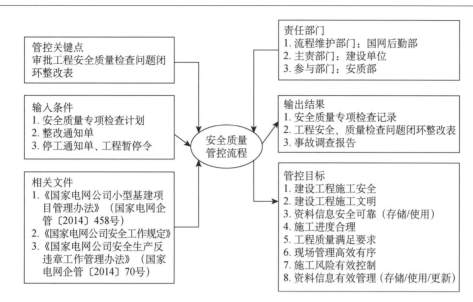

非生产性房产施工标准化管控关键点分析			
管控关键点	影响	控制要点	风险点
审批工程安全质量检查问题闭环整改表	是工程安全检查的重要环节,对专项检查发现的问题及事故处理有重要影响	现场整改情况是否按照问题闭环整改表完成,审批无误后签字,发送监理单位,同时将资料下发建设单位项目专责进行备案	1. 专项检查发现的相关问题未进行整改或问题整改不到位 2. 事故发生后,未按规定及时上报,事故未得到及时处理

2）管控流程图

安全质量专项检查管控流程、安全质量事故管理管控流程分别如图 7-7 和图 7-8 所示。

3）建设施工过程安全质量管控工作程序

建设施工过程安全质量管控的内容包括安全质量专项检查工作与安全质量事故管理。

(1) 安全质量专项检查工作

在工程开工前,建设单位项目负责人按照国家和公司《国家电网公司基建安全管理规定》《国家电网公司基建质量管理通用规定》中的相关规定,编制安全质量专项检查计划。建设单位项目专责依据检查计划,组织参建单位开展小型基建安全质量专项检查,形成安全质量专项检查记录。若发现存在非重大安全隐患和非重大质量问题,建设单位项目专责依据安全质量专项检查记录,由监理单位出具整改通知单,并由责任单位进行不停工整改。若发现存在重大安全隐患和重大质量问题（重大安全隐患和重

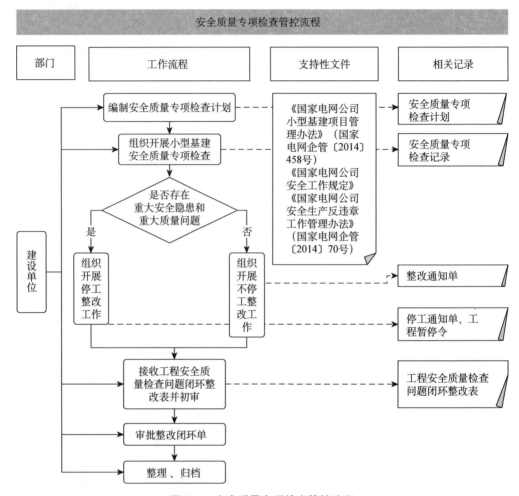

图 7-7 安全质量专项检查管控流程

大质量问题是指可能造成事故或已经造成事故，情况严重及危及人身安全的事项），建设单位项目专责依据安全质量专项检查记录，由监理单位出具停工通知单，并由责任单位进行停工整改，整改完成后由问题单位编制工程安全质量检查问题闭环整改表。建设单位项目专责审批经监理单位复核的工程安全质量检查问题闭环整改表，主要关注现场整改情况是否按照问题闭环整改表完成，审批无误后签字，上报建设单位项目负责人审批。建设单位项目负责人审批工程安全质量检查问题闭环整改表，主要关注现场整改情况是否按照问题闭环整改表完成，审批无误后签字，发送监理单位，同时将资料下发建设单位项目专责进行备案。建设单位项目专责收集整理相关资料（安全质量专项检查计划、整改通知单、安全质量专项检查记录、工程安全质量检查问题闭环整改表等资料）并归档。

（2）安全质量事故管理

事故发生时，建设单位项目负责人立即向建设单位建设、安全分管领导及建设单位总

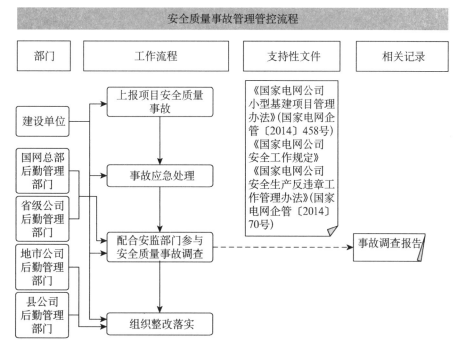

图 7-8 安全质量事故管理管控流程

经理汇报后,再依照事故级别按规定以电话(电传、电子邮件、短信)等形式及时上报国网安监部门与地方安检部门。建设单位项目负责人组织人员,依据相应的现场应急处置方案,启动应急处理。建设单位项目负责人和参建单位配合国网公司安全监察质量部开展事故调查,并配合安质部出具事故调查报告。建设单位项目专责在接到事故调查报告后由项目负责人进行善后工作。

4)相关文件

(1)安全质量专项检查计划

(2)安全质量专项检查记录

(3)整改通知单

(4)停工通知单、工程暂停令

(5)工程安全质量检查问题闭环整改表

(6)事故调查报告

7.2.2.3 建设施工过程进度管控流程

1)概述

建设施工过程进度管控流程概述如表 7-11 所示。

表 7-11 建设施工过程进度管控流程概述

流程目的	规范公司建设施工过程进度管控操作流程,加强对此阶段各环节的监控,达到确保设计质量、进度和控制成本的目的

续表 7-11

适用范围	适用于国家电网总部、省级、地市及县公司非生产性房产的建设施工过程进度管控工作
定义	建设施工过程进度管控围绕施工进度计划编制是否符合项目总体进度安排、施工进度是否得到有效管控进行规范

管控结构图

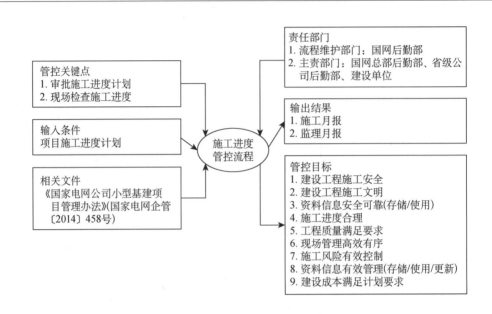

非生产性房产施工标准化管控关键点分析

管控关键点	影响	控制要点	风险点
1. 审批施工进度计划	项目开工前,建设单位项目负责人收到经监理单位初审的项目施工进度计划,确保进度计划合理	施工进度计划是否符合项目总体进度安排,审核后签字确认,作为项目工程进度管控的依据	施工进度计划编制不合理,未充分考虑外部环境、建设规模、设备物资生产供应合理周期、施工难度、停电安排等因素
2. 现场检查施工进度	建设单位项目负责人依据项目施工进度计划组织现场检查项目施工进度计划执行情况,避免措施未落实而影响工程进度	关键路径施工进度是否滞后,并进行分析,及时纠正偏差,督促施工单位,通过调整人力、财力、物力等措施,满足施工进度需要	1. 组织措施未落实,未遵循合理工期、合理工艺顺序,盲目超工期施工 2. 进度管理偏离关键路径,在工程关键路径工作滞后的情况下,未及时对关键路径工作采取纠偏措施

2) 管控流程图

建设施工过程进度管控阶段管控流程如图 7-9 所示。

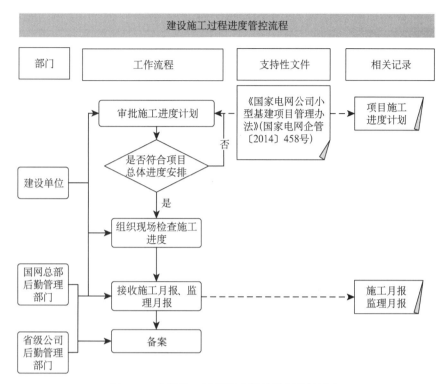

图 7-9　建设施工过程进度管控阶段管控流程

3）建设施工过程进度管控工作程序

(1) 项目开工前,建设单位项目负责人收到经监理单位初审的项目施工进度计划,审核后签字确认,作为项目工程进度管控的依据。

(2) 建设单位项目负责人依据项目施工进度计划组织现场检查项目施工进度计划执行情况。

(3) 建设单位项目专责接收经监理单位审核后的施工月报、监理月报,了解工程情况,若是限上项目上报国网总部/省级公司后勤部小型基建管理岗。

(4) 国网总部/省级公司后勤部小型基建管理岗对下属单位上报的施工月报、监理月报进行备案。

7.2.2.4　中间验收管控流程

1）概述

中间验收管控流程概述如表 7-12 所示。

表 7-12　中间验收管控流程概述

流程目的	规范公司中间验收操作流程,加强对此阶段各环节的监控,达到确保设计质量、进度和控制成本的目的
适用范围	适用于国家电网总部、省级、地市及县公司非生产性房产中间验收管控工作
定义	中间验收围绕土建基础的验收与整改、土建主体的验收与整改、隐蔽工程的验收与整改作出说明

续表 7-12

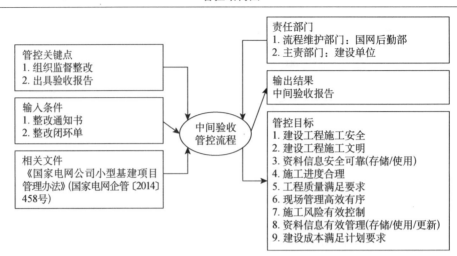

管控关键点	影响	控制要点	风险点
1. 组织监督整改	验收发现的问题不及时整改会直接影响工程质量	建设单位项目专责根据整改通知书并依据现场实际验收情况监督各参建单位按照各自职责进行整改反馈工作,并委托监理单位进行复检并编制整改闭环单	验收中发现的问题未及时整改,或整改不闭环
2. 出具验收报告	未按规定进行中间验收会直接导致工程竣工验收不顺利	建设单位项目负责人在确认验收合格后,根据土建基础现场验收情况出具土建基础验收报告,并加盖建设单位章后提交地方质检部门	未按规定组织工程验收,相应各级验收比例不符合规定,验收未严格按标准进行等

非生产性房产施工标准化管控关键点分析（表头上方）

2) 管控流程图

中间验收阶段管控流程如图 7-10 所示。

3) 中间验收管控工作程序

中间验收管控的内容包括土建基础验收管控、土建主体验收管控与隐蔽工程验收管控。

（1）土建基础验收管控

施工单位自检、监理单位初检合格后,建设单位项目专责组织设计、监理、施工单位等相关责任单位开展土建基础验收,同时报地方质检站,进行现场质检。如果验收发现问题,建设单位项目专责根据现场实际验收情况组织监理单位编制整改通知书。建设单位项目专责根据整改通知书并依据现场实际验收情况监督各参建单位按照各自职责进行整

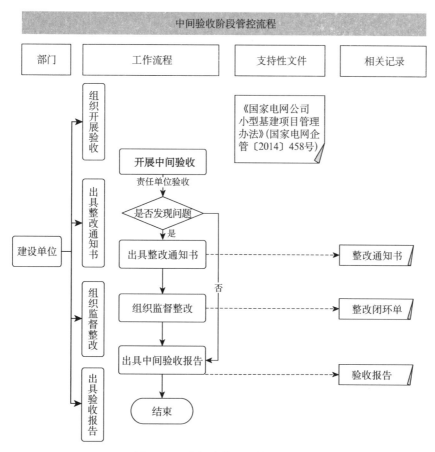

图 7-10 中间验收阶段管控流程

改反馈工作,并委托监理单位进行复检及编制整改闭环单。如果验收未发现问题或发现问题整改复检无问题后,建设单位项目负责人在确认验收合格后,根据土建基础现场验收情况出具土建基础验收报告,并加盖建设单位章后提交地方质检部门。

(2) 土建主体验收管控

在土建工程具备主体验收条件,经施工单位自检、监理单位初检合格,收到施工单位验收申请后,建设单位项目专责组织设计、监理、施工单位等相关责任单位开展土建主体验收,同时报地方质检站,进行现场质检。如果验收发现问题,建设单位项目专责根据现场实际验收情况组织监理单位编制整改通知书。建设单位项目专责依据现场实际验收情况监督各参建单位按照各自职责进行整改反馈工作,并委托监理单位进行复检及编制整改闭环单。如果验收未发现问题或发现问题整改复检无问题后,建设单位项目负责人在确认验收合格后,根据土建主体现场验收情况出具土建主体验收报告,并加盖建设单位章后提交地方质检部门。

(3) 隐蔽工程验收管控

在隐蔽工程具备验收条件,施工单位自检、监理单位初检合格后,建设单位项目专责组织设计、监理、施工单位等相关责任单位开展隐蔽工程验收。如果验收发现问题,建设单位项目专责根据现场实际验收情况,组织监理单位编制整改通知书。建设单位项目专责依据现场实际验收情况,监督各参建单位按照各自职责进行整改反馈,并委托监理单位进行复检及编制整改闭环单。如果验收未发现问题或发现问题整改复检无问题后,建设单位项目负责人在确认隐蔽工程验收合格后,同意开展下一步工序。

7.2.2.5 设计变更管控流程

1)概述

设计变更管控流程概述如表7-13所示。

表7-13 设计变更管控流程概述表

流程目的	规范公司设计变更操作流程,加强对此阶段各环节的监控,达到确保设计质量、进度和控制成本的目的
适用范围	适用于国家电网总部、省级、地市及县公司非生产性房产设计变更管控工作
定义	设计变更围绕工程一般设计变更审批单的审批及一般设计变更的组织实施进行管控

管控结构图

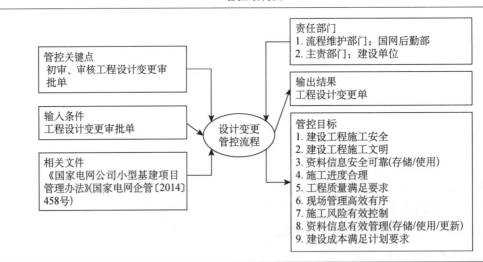

非生产性房产施工标准化管控关键点分析

管控关键点	影响	控制要点	风险点
初审、审核工程设计变更审批单	设计变更方案不合理会影响工程成本控制	建设单位项目专责收到由监理签字确认的工程设计变更审批单,并进行初审,主要关注有无规避重大变更以及变更原因、变更内容、费用估算等是否合理,签字确认后,上报至建设单位项目负责人	1. 设计变更方案不合理、变更程序不规范、变更内容不完整(方案、费用计算书) 2. 未在限定时间内对设计变更进行审核、确认

2)管控流程图

设计变更管控流程如图7-11所示。

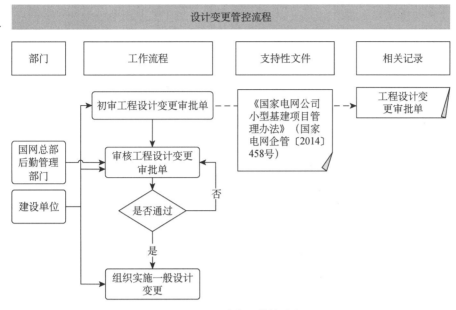

图 7-11 设计变更管控流程

3）设计变更管控工作程序

设计变更管控的内容包括一般设计变更管控与重大设计变更管控。

（1）一般设计变更管控

建设单位项目专责收到由监理签字确认的工程设计变更审批单进行初审，签字确认后，上报至建设单位项目负责人。建设单位项目负责人审核工程设计变更审批单，审核后进行签字确认。建设单位项目专责根据经审批的工程设计变更审批单，组织各参建单位实施一般设计变更。

（2）重大设计变更管控

建设单位项目专责收到由监理签字确认的重大工程设计变更审批单并进行初审，签字确认后，上报至建设单位项目负责人。建设单位项目负责人审核重大工程设计变更审批单并签字确认。若为省级公司直管项目，则省级公司后勤部小型基建管理岗审核本单位或下属单位上报的重大工程设计变更审批单，审核无误后签字确认，并上报省级公司后勤部处长审批。地市公司/县公司后勤管理部门主任对上报的重大工程设计变更审批单进行审核签字确认，并上报地市公司/县公司分管领导。地市公司/县公司分管领导审核重大工程设计变更审批单，审核无误后签字确认，并上报省级公司后勤部小型基建管理岗。省级公司后勤部处长审核重大工程设计变更审批单，审核无误后上报省级公司后勤部主任。省级公司后勤部主任审核重大工程设计变更审批单，审核无误后签字确认，并上报省级公司分管领导。省级公司分管领导审核重大工程设计变更审批单，审核无误后签字确认，并上报国网总部后勤部小型基建管理岗。若为公司直管项目，则国网总部后勤部小型基建管理岗审核本单位或下属单位上报的重大工程设计变更审批单，审核无误后签字确认，并报国网总部后勤部处长审核。国网总部后勤部处长审核重大工程设计变更审批单,审核无误后签字确认,并上报国网总部后勤部主任审批。国网总部后勤部主任审批重大工程设计变更审批单审核无误后签字确认,由后勤部小型基建管理岗根据审批意见下发建设单位,作为其组织重大设计变更的依据。建设单位项目负责人根据审批完成的重大工程设计变更审批单,组织相关责任单位实施重大设计变更工作。

7.2.2.6 工程资料收集归档管控流程

1) 概述

工程资料收集归档管控流程概述如表 7-14 所示。

表 7-14 工程资料收集归档管控流程概述表

流程目的	规范公司工程资料收集归档操作流程,加强对此阶段各环节的监控,达到确保设计质量、进度和控制成本的目的
适用范围	适用于国家电网总部、省级、地市及县公司非生产性房产工程资料收集归档工作
定义	工程资料收集归档围绕工程资料归档目录的编制与工程建设全过程资料的收集作出说明

管控结构图

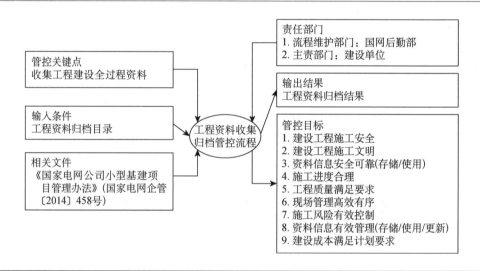

非生产性房产施工标准化管控关键点分析

管控关键点	影响	控制要点	风险点
收集工程建设全过程资料	影响资料信息管理的管控目标	在工程建设过程中,建设单位项目负责人组织设计、监理、施工、物资等单位(部门),按照工程资料归档目录收集、登记工程资料,主要包括设计资料、施工资料、建设管理资料、物资资料等	1. 工程信息归档责任不明确,资料未按规定流转移交 2. 各类档案记录表格不符合相关规定,相关数据填写不真实、缺项、漏项 3. 资料归档不完整、不正确

2) 管控流程图

工程资料收集归档管控流程如图 7-12 所示。

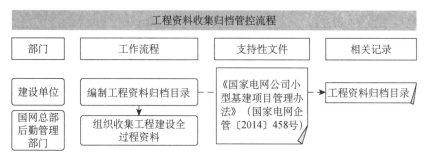

图 7-12　工程资料收集归档管控流程

3) 工程资料收集归档管控工作程序

(1) 在建设单位成立后,建设单位项目负责人依据国家相关规定,组织施工单位编制工程资料归档目录。

(2) 在工程建设过程中,建设单位项目负责人组织设计、监理、施工、物资等单位(部门),按照工程资料归档目录收集、登记工程资料。

7.2.2.7　工程合同履约管控流程

1) 概述

工程合同履约管控流程概述如表 7-15 所示。

表 7-15　工程合同履约管控流程概述

流程目的	规范公司工程合同履约管理操作流程,加强对此阶段各环节的监控,达到确保设计质量、进度和控制成本的目的
适用范围	适用于国家电网总部、省级、地市及县公司非生产性房产工程合同履约管控工作
定义	工程合同履约管控围绕工程进度款报审表的审批、合同纠纷的处理、合同变更申请单的审批、统一合同文本修订意见的处理作出说明
管控结构图	

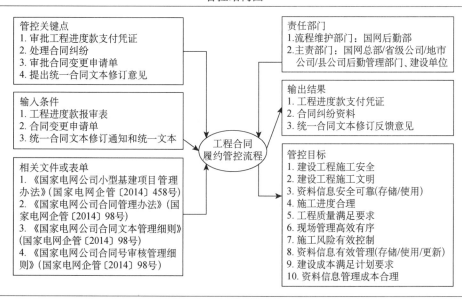

续表 7-15

非生产性房产施工标准化管控关键点分析			
管控关键点	影响	控制要点	风险点
1. 审批工程进度款支付凭证	工程进度款支付会影响工程进度及成本控制	是否按照合同约定付款,审批通过后下发建设单位项目专责	1. 已完工程量核定不准确,造成工程进度款支付不准确 2. 未按合同约定及时审核、支付进度款
2. 处理合同纠纷	合同纠纷的处理对工程进度有直接影响	建设单位项目负责人按照签订的合同,对合同纠纷进行处理解决。若建设单位项目负责人可以协商解决合同纠纷,则本流程结束;若不能协商解决,则由经法部门协助进行协调	工程合同纠纷处理不及时、举证材料不全、与合同相对方沟通不充分,导致协商无法达成一致,造成工程暂停或停工
3. 审批合同变更申请单	影响合同合理性	合同变更内容的原因、合理性。若是地市公司/县公司作为建设单位进行的合同变更,需上报省级公司后勤管理部门备案	1. 合同变更不规范,包括未提出变更申请而擅自改变合同条款,或未采取书面形式变更合同 2. 合同变更理由不充分,申请内容不准确,审核把关不严,审核不及时
4. 提出统一合同文本修订意见	工程标准化合同文本是影响工程质量进度的重要条件	建设单位项目负责人根据经法部门下发的统一合同文本修订通知,根据工程合同签订及实施过程中发现的问题,编制统一合同文本修订反馈意见,递交至国网总部/省级公司/地市公司/县公司后勤管理部门小型基建管理岗汇总	工程标准化合同文本内容和条款不合理、不严密、不完整或不明确

2) 管控流程图

进度款支付管控流程、合同纠纷处理管控流程、合同变更管理管控流程、工程合同文本标准化管理管控流程分别如图 7-13～图 7-16 所示。

3) 工程合同履约管控工作程序

工程合同履约管控的内容包括进度款支付管控、合同纠纷处理管控、合同变更管控、工程合同文本标准化管控。

(1) 进度款支付管控

建设单位项目负责人审核施工单位提交的经监理单位审核的工程进度款报审表,审核无误后,通过 ERP 或手工递交建设单位项目专责。建设单位项目专责根据收到的工程进度款报审表,通过 ERP 或手工编制工程进度款支付凭证,并上报建设单位项目负责人审核。建设单位项目负责人通过 ERP 或手工审核工程进度款支付凭证,并上报国网总部/省级公司/地市公司/县公司后勤管理部门主任审批。国网总部/省级公司/地市公司/县公司后勤管理部门主任对工程进度款支付凭证进行审批,审批通过后下发建设单位项目专责。建设单位项目专责依据后勤部的审批意见,将工程进度款支付凭证、工程进度款

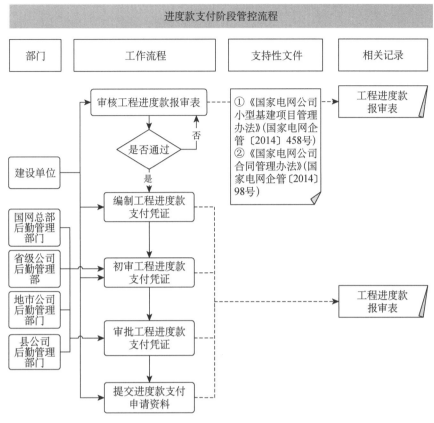

图 7-13 进度款支付管控流程

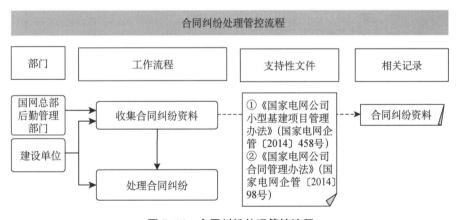

图 7-14 合同纠纷处理管控流程

报审表、发票、合同、工程量完成单,通过 ERP 或手工提交财务部。

(2) 合同纠纷处理管控

在工程合同发生纠纷时,建设单位项目负责人收集合同文本、有关的票据、证人证言和其他有关资料。建设单位项目负责人按照签订的合同,对合同纠纷进行处理解决。若建设单位项目负责人可以协商解决合同纠纷,则本流程结束;若不能协商解决,则由经法

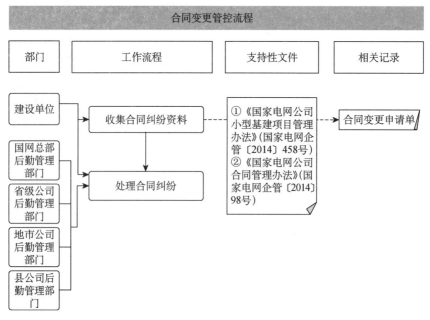

图 7-15 合同变更管控流程

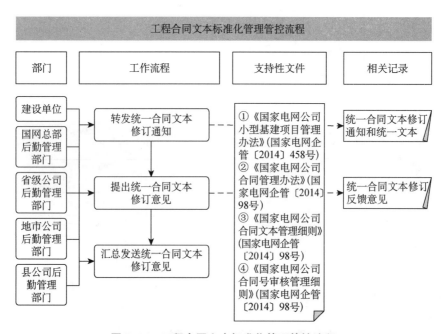

图 7-16 工程合同文本标准化管理管控流程

部门协助进行协调。

(3) 合同变更管控

建设单位项目负责人初审工程施工单位提交的合同变更申请单,审核无误后签字确认,提交后勤部主任审批。国网总部/省级公司/地市公司/县公司后勤管理部门主任审批合同变更申请单,若是地市公司/县公司作为建设单位进行的合同变更,需上报省级公司后勤管理部门备案。

(4) 工程合同文本标准化管控

公司经法部门将统一合同文本修订通知和统一合同文本发至各部门,要求对统一文本的条款内容进行完善,公司后勤管理部门小型基建管理岗将通知转至建设单位项目负责人。建设单位项目负责人根据经法部门下发的统一合同文本修订通知与工程合同签订及实施过程中发现的问题,编制统一合同文本修订反馈意见,递交至公司后勤管理部门小型基建管理岗汇总。公司后勤管理部门小型基建管理岗汇总统一合同文本修订反馈意见,提交本层级经法部门。

4) 相关文件

(1) 工程进度款支付凭证

(2) 工程进度款报审表

(3) 合同纠纷资料

(4) 合同变更申请单

(5) 统一合同文本修订通知和统一文本

(6) 统一合同文本修订反馈意见

7.2.3 附件

附件一:招标文件审查要点

招标文件审查要点

××公司××年第××批集中招标,已于××月××日—××日组织召开了招标文件审定会,计划于××月××日前发布招标公告,××月××日—××月××日发售招标文件,××月××日开标,××月××日—××日进行开评标。

一、项目概况

本批集中招标共××个单位上报了需求计划,包括××、××等××类采购内容,估算金额××亿元。

……

二、资格条件

……

三、评审规则

1. 评审办法

2. 权重比例

3. 价格公式

4. 下浮系数

5. 授标原则及中标限额

……

四、其他事项

……

年 月 日

附件二：工程暂停令

表 7-16　工程暂停令

工程名称：　　　　　　　　　　　　　　　　　　　　　　　　　编号：

致　　　（施工项目部）： 　　由于　　　　　　　　　　原因，现通知你方必须于　　年　月　日　　时起，对本工程的　　　　　　　　　部位(工序)实施暂停施工，并按下述要求做好各项工作：
监理项目部(章)： 　　　　　　　　　　　　　　　　　　　　　　　　　总监理工程师：_____ 　　　　　　　　　　　　　　　　　　　　　　　　　日　　期：_____年___月___日
施工项目部签收：   　　　　　　　　　　　　　　　　　　　　　　　　　施工项目部(章)： 　　　　　　　　　　　　　　　　　　　　　　　　　项目经理：_____ 　　　　　　　　　　　　　　　　　　　　　　　　　日　　期：_____年___月___日

注：本表一式___份，由监理单位填写，业主项目部、施工项目部各存一份，监理项目部存___份。

附件三：工程安全/质量事故报告表

表 7-17　工程安全/质量事故报告表

工程名称：　　　　　　　　　　　　　　　　　　　　　　　　　编号：

致　　　　　　　　　监理项目部： 　　　年　月　日在　　　　　　发生　　　　　　　　事故，特此报告。 附件：1. 事故情况报告 　　　2. 事故现场照片
施工项目部(章)： 　　　　　　　　　　　　　　　　　　　　　　　　　项目经理： 　　　　　　　　　　　　　　　　　　　　　　　　　日　　期：
监理项目部意见：   　　　　　　　　　　　　　　　　　　　　　　　　　监理项目部(章)： 　　　　　　　　　　　　　　　　　　　　　　　　　总监理工程师： 　　　　　　　　　　　　　　　　　　　　　　　　　日　　期：
建设单位审批意见：   　　　　　　　　　　　　　　　　　　　　　　　　　建设单位(章)： 　　　　　　　　　　　　　　　　　　　　　　　　　项目经理： 　　　　　　　　　　　　　　　　　　　　　　　　　日　　期：

注：本表一式___份，由施工项目部填报，业主项目部、监理项目部各___份，施工项目部存___份。

附件四：工程安全/质量事故处理方案报审表

表 7-18　工程安全/质量事故处理方案报审表

工程名称：　　　　　　　　　　　　　　　　　　　　　　　　　　　编号：

致　　　　　　　　监理项目部： 　　年　月　日在　　　　　　　发生的　　　　　　事故，我公司已于　月　日以　　　　　上报你处；经过详细的调查和研究，现将事故详细情况及处理方案报上，请审查。 附件：事故处理方案   　　　　　　　　　　　　　　　　　　　　　　　　施工项目部（章）： 　　　　　　　　　　　　　　　　　　　　　　　　项目经理： 　　　　　　　　　　　　　　　　　　　　　　　　日　　期：
设计审核意见：   　　　　　　　　　　　　　　　　　　　　　　　　设计项目部（章）： 　　　　　　　　　　　　　　　　　　　　　　　　设计代表： 　　　　　　　　　　　　　　　　　　　　　　　　日　　期：
监理项目部审查意见：   　　　　　　　　　　　　　　　　　　　　　　　　监理项目部（章）： 　　　　　　　　　　　　　　　　　　　　　　　　总监理工程师： 　　　　　　　　　　　　　　　　　　　　　　　　专业监理工程师： 　　　　　　　　　　　　　　　　　　　　　　　　日　　期：
建设单位审批意见：   　　　　　　　　　　　　　　　　　　　　　　　　建设单位（章）： 　　　　　　　　　　　　　　　　　　　　　　　　项目经理： 　　　　　　　　　　　　　　　　　　　　　　　　日　　期：

注：本表一式____份，由施工项目部填报，业主、设计、监理、施工项目部各存____份。

附件五：工程安全/质量事故处理结果报验表

表 7-19　工程安全/质量事故处理结果报验表

工程名称：　　　　　　　　　　　　　　　　　　　　　　　　　　　编号：

致　　　　　　　　　　监理项目部： 　　年　月　日在　　　　　　　发生的　　　　　　　事故，我公司现已按批准后的处理方案处理完毕，请审查。 附件：1. 自检验收记录 　　　2. 现场恢复照片 　　　　　　　　　　　　　　　　　　　　　　　施工项目部(章)： 　　　　　　　　　　　　　　　　　　　　　　　项目经理： 　　　　　　　　　　　　　　　　　　　　　　　日　　期：
监理项目部审查意见： 　　　　　　　　　　　　　　　　　　　　　　　监理项目部(章)： 　　　　　　　　　　　　　　　　　　　　　　　总监理工程师： 　　　　　　　　　　　　　　　　　　　　　　　专业监理工程师： 　　　　　　　　　　　　　　　　　　　　　　　日　　期：
建设单位审批意见： 　　　　　　　　　　　　　　　　　　　　　　　建设单位(章)： 　　　　　　　　　　　　　　　　　　　　　　　项目经理： 　　　　　　　　　　　　　　　　　　　　　　　日　　期：

注：本表一式____份，由施工项目部填报，业主项目部、监理项目部各____份，施工项目部存____份。

附件六：施工进度计划报审表

表 7-20　施工进度计划报审表

工程名称：　　　　　　　　　　　　　　　　　　　　　　　　　　　编号：

致_____监理项目部： 现报上_____工程施工进度计划，请审查。 附件：_____工程施工进度计划(横道图) 　　　　　　　　　　　　　　　　　　　　　　　施工项目部(章)： 　　　　　　　　　　　　　　　　　　　　　　　项目经理： 　　　　　　　　　　　　　　　　　　　　　　　日　　期：
专业监理工程师审查意见： 　　　　　　　　　　　　　　　　　　　　　　　专业监理工程师： 　　　　　　　　　　　　　　　　　　　　　　　日　　期：
总监理工程师审批意见： 　　　　　　　　　　　　　　　　　　　　　　　监理项目部(章)： 　　　　　　　　　　　　　　　　　　　　　　　总监理工程师： 　　　　　　　　　　　　　　　　　　　　　　　日　　期：

注：本表一式____份，由施工项目部填报，业主项目部、监理项目部各一份，施工项目部存____份。

附件七:施工月报

表 7-21 施工月报

工程名称_____ 月次_____ 月报开始时间_____ 结束时间_____ 施工单位_____

一、本月进度情况

序号	单位工程	任务名称	计划开始日期	计划结束日期	施工开始日期	施工结束日期	本月计划完成（完成量/总量）	本月实际完成（完成量/总量）	权值	备注

二、下月进度计划

序号	单位工程	任务名称	计划开始日期	计划结束日期	施工开始日期	施工结束日期	下月计划完成（完成量/总量）	权值	备注

三、安全文明施工情况

事故（起）			编制安全策划文件	施工人数	安全分包情况			
人身重伤	机械设备	电网事故			分包队伍数	分包队伍人数	系统外队伍数量	系统外队伍人数

四、重点工作情况

专业	本月重点工作情况	下月重点工作计划
进度管理		
安全管理		
质量管理		
技术管理		
造价管理		
物资供应		

五、本月待协调事项

序号	提出日期	待协调事项	提出人	责任人	备注

六、上月待协调事项跟踪落实情况

序号	提出日期	待协调事项	提出人	责任人	跟踪落实情况

七、工程影像资料

序号	单位工程标准名称	单位工程名称	资料类型	资料数量	备注

注：本报表在每月23日前报送监理项目部和业主项目部。

附件八：土建基础/主体/隐蔽工程验收报告

表7-22　土建基础/主体/隐蔽工程验收报告

一、工程概况

项目名称			
建设单位			
设计单位		勘察单位	
监理单位		施工单位	

二、验收依据

1. 本工程项目批审文件

2. 施工承发包合同

3. 设计文件、图纸(包括设计变更)

三、工程验收组织

该项工程验收组由_____监理项目部负责组建，由设计单位、勘察单位代表组成，施工单位配合。验收组组长：_____，副组长：_____。验收组下设_____个专业检查组。

1. ××检查组

组长：　　　　组员：

2. ××检查组

组长：　　　　组员：

四、验收检查范围

验收检查的范围：工程项目承发包合同书所约定的全部范围。

五、检查验收情况

六、验收结论

发现缺陷共计___项，已完成整改___项，剩余___项，___(是/否)影响交接使用。

七、验收工程验收组组长及检查人员签字

年　月　日

附件九:变更设计申请单

表 7-23　变更设计申请单

工程名称：　　　　　　　　　　　　　　　　　　　　　　　　编号：

致　　　　　　　　（监理项目部或业主项目部）：　　　　　　　　　　　　　　　　　　　　　　　　　　　　　　　　　　　由于　　　　　　　　　　　　　　　　　　　　　　　　　原因,兹提出　　　等工程变更建议,请予以审核。 附件 1:变更建议或变更方案(A4 纸,5 号宋体) 附件 2:变更预算书 提出单位： 　　　　　　　　　　　　　　　　　　　　　　　　　　　负责人：　　（签　　字） 　　　　　　　　　　　　　　　　　　　　　　　　　　　日　期：　年 月 日

施工单位意见： 项目经理:(签字并加盖项目部章) 日　期：　年 月 日	设计单位意见： 项目设总:(签字并加盖设计专用章) 日　期：　年 月 日	监理项目部意见： 总监理工程师:(签字并加盖监理部章) 日　期：　年 月 日

建设单位审批意见：   　　　　　　　　　　　　　　　　　　　　　　　项目管理专责：　　（签　　字） 　　　　　　　　　　　　　　　　　　　　　　　项目经理：　　（签字并加盖部门章） 　　　　　　　　　　　　　　　　　　　　　　　日　期：　年 月 日

注:1. 编号由监理项目部统一编制,作为变更设计的唯一通用表单。
　　2. 本表一式五份(施工、监理、设计、建设管理单位、存档各一份)。
　　3. 本表由施工单位、设计单位、监理单位或建设单位提出变更。
　　4. 提出单位在意见栏内不需要填写。
　　5. 本表作为结算依据。

附件十：工程重大变更设计申请报批单

表 7-24　工程重大变更设计申请报批单

工程名称：　　　　　　　　　　　　　　　　　　　　　　　编　号：

致　　　　　　　　　（监理项目部或业主项目部）： 　　由于　　　　　　　　　　　　　　　　　　　　　　原因，兹提出 等工程变更建议，请予以审核。 附件1：变更建议或变更方案（A4纸，5号宋体） 附件2：变更预算书 　　　　　　　　　　　　　　　　　　　　　提出单位：　　　　（盖　章） 　　　　　　　　　　　　　　　　　　　　　负责人：　　　　　（签　字） 　　　　　　　　　　　　　　　　　　　　　日　期：　　年　月　日		
施工单位意见： 项目经理：(签字并加盖项目部章) 日　期：　　年　月　日	设计单位意见： 项目设总：(签字并加盖设计专用章) 日　期：　　年　月　日	监理项目部意见： 总监理工程师：(签字并加盖监理部章) 日　期：　　年　月　日
省级公司后勤部审批意见：		
技术专责：　　　（签　字） 日　期：　　年　月　日	技经专责：　　　（签　字） 日　期：　　年　月　日	主　任：(签字并加盖部门章) 日　期：　　年　月　日

注：1. 编号由监理项目部统一编制。
　　2. 本表适用于重大变更设计。
　　3. 本表一式六份（施工单位、监理单位、设计单位、建设单位、省级公司后勤部、存档各一份）。
　　4. 本表由施工单位、设计单位、监理单位或建设单位提出变更。

附件十一：设计变更执行反馈单

表 7-25　设计变更执行反馈单

工程名称：　　　　　　　　　　　　　　　　　　　　　　　编　号：

致　　　　　　　　　监理项目部： 　　我方已完成_____号设计变更通知单全部内容的施工，请予以查验。详细情况说明如下： 　　　　　　　　　　　　　　　　　　　　　　　　　　施工项目部(章)： 　　　　　　　　　　　　　　　　　　　　　　　　　　项目经理： 　　　　　　　　　　　　　　　　　　　　　　　　　　日　期：
监理项目部审查意见： 　　　　　　　　　　　　　　　　　　　　　　　　　　监理项目部(章)： 　　　　　　　　　　　　　　　　　　　　　　　　　　总监理工程师： 　　　　　　　　　　　　　　　　　　　　　　　　　　专业监理工程师： 　　　　　　　　　　　　　　　　　　　　　　　　　　日　期：

注：本表一式___份，由施工项目部填报，监理项目部存一份，施工项目部存___份。
填写、使用说明：
（1）施工项目部在完成设计变更通知单所列的施工内容后，应报监理项目部查验。
（2）施工项目部应对工程变更通知单涉及的施工部位、施工内容和引起的工程量的变化作详细说明。
（3）监理项目部审查确认工程变更通知单涉及的工程量全部完成，并经监理项目部验收合格后，签署意见。

附件十二:工程资料归档目录

表 7-26　工程资料归档目录

序号	工程文件归档范围
\multicolumn{2}{|c|}{施工准备阶段文件(A类)}
A1	立项文件
1	项目建议书批复文件及项目建议书
2	可行性研究报告批复文件及可行性研究报告
3	专家论证意见、项目评估文件
4	有关立项的会议纪要、领导批示
A2	建设用地、拆迁文件
1	选择申请及选址规划意见通知书
2	建设用地批准书
3	拆迁安置意见、协议、方案等
4	建设用地规划许可证及其附件
5	土地使用证明文件及其附件
6	建设用地钉桩通知书
A3	勘察、设计文件
1	工程地质勘察报告
2	水文地质勘察报告
3	初步设计(说明书)
4	设计方案审查意见
5	设计计算书
6	施工图设计文件审查意见
7	环保、消防、人防等有关主管部门(对设计方案)审查意见
8	节能设计备案文件
A4	招投标文件
1	勘察、设计、施工、监理招投标文件
2	勘察、设计、施工、监理合同
A5	开工审批文件
1	建设工程规划许可证及其附件
2	建设工程施工许可证
A6	工程造价文件
1	工程投资估算材料

续表 7-26

序号	工程文件归档范围
2	工程设计概算材料
3	招标控制价格文件
4	合同价格文件
5	结算价格文件
A7	工程建设基本信息
1	工程概况信息表
2	建设单位工程项目负责人及现场管理人员名册
3	监理单位工程项目总监及监理人员名册
4	施工单位工程项目经理及质量管理人员名册
监理单位(B类)	
B1	监理管理文件
1	监理规划
2	监理实施细则
3	工作联系单
4	监理会议纪要
5	监理月报
6	监理工作总结
7	工程暂停令
8	工程复工报审表
9	监理日志
10	监理工程师通知回复单
11	监理工程师通知单
B2	进度控制文件
1	工程开工报审表
2	施工进度计划报审表
B3	质量控制文件
1	质量事故报告及处理资料
2	旁站记录
3	见证取样和送检人员备案表
4	见证记录
5	工程技术文件报审表
B4	造价控制文件

续表 7-26

序号	工程文件归档范围	
1	工程款支付	
2	工程款支付证书	
3	工程变更费用报审表	
4	费用索赔申请表	
5	费用索赔审批表	
B5	工期管理文件	
1	工程延期申请表	
2	工程延期审批表	
B6	监理验收文件	
1	竣工移交证书	
2	监理资料移交书	
施工文件(C类)		
C1	施工管理文件	
1	工程概况表	
2	施工现场质量管理检查记录	
3	企业资质证书及相关专业人员岗	
4	分包单位资质报审表	
5	建设单位质量事故勘查记录	
6	建设工程质量事故报告书	
7	施工检测计划	
8	见证试验检测汇总表	
9	施工日志	
C2	施工技术文件	
1	工程技术文件报审表	
2	施工组织设计及施工方案	
3	危险性较大分部分项工程施工方案	
4	技术交底记录	
5	图纸会审记录	
6	设计变更通知单	
7	工程洽商记录(技术核定单)	
C3	进度造价文件	
1	工程开工报审表	
2	工程复工报审表	

续表 7-26

序号	工程文件归档范围
3	施工进度计划报审表
4	施工进度计划
5	人、机、料动态表
6	工程延期申请表
7	工程款支付申请表
8	工程变更费用报审表
9	费用索赔申请表
C4	施工物资出厂质量证明及进场检测文件
	施工物资出厂质量证明
1	砂、石、砖、水泥、钢筋、隔热保温、防腐材料、轻骨料出厂证明文件
2	其他物资出厂合格证、质量保证书、检测报告和报关单或商检证等
3	材料、设备的相关检验报告、型式检测报告、3C强制认证合格证书或3C标志
4	主要设备、器具的安装使用说明书
5	进口的主要材料、设备的商检证明文件
6	涉及消防、安全、卫生、环保、节能的材料、设备的检测报告或法定机构出具的有效证明文件
7	其他施工物资产品合格证、出厂检验报告
	进场检验通用表格
1	材料、构配件进场检验记录
2	设备开箱检验记录
3	设备及管道附件试验记录
	进场复试报告
1	钢材试验报告
2	水泥试验报告
3	砂试验报告
4	碎(卵)石试验报告
5	外加剂试验报告
6	防水涂料试验报告
7	防水卷材试验报告
8	砖(砌块)试验报告
9	预应力筋复试报告
10	预应力锚具、夹具和连接器复试报告
11	装饰装修用门窗复试报告
12	装饰装修用人造木板复试报告
13	装饰装修用花岗石复试报告

续表 7-26

序号	工程文件归档范围
14	装饰装修用安全玻璃复试报告
15	装饰装修用外墙面砖复试报告
16	钢结构用钢材复试报告
17	钢结构用防火涂料复试报告
18	钢结构用焊接材料复试报告
19	钢结构用高强度大六角头螺栓连接复试报告
20	钢结构用扭剪型高强螺栓连接复试报告
21	幕墙用铝塑板、石材、玻璃、结构胶复试报告
22	散热器、供暖系统保温材料、通风与空调工程绝热材料、风机盘管机组、低压配电系统电缆的见证取样复试报告
23	节能工程材料复试报告
24	其他物资进场复试报告
C5	施工记录文件
1	隐蔽工程验收记录
2	施工检查记录
3	交接检查记录
4	工程定位测量记录
5	基槽验线记录
6	楼层平面放线记录
7	楼层标高抄测记录
8	建筑物垂直度、标高观测记录
9	沉降观测记录
10	基坑主护水平位移监测记录
11	桩基、直护测量放线记录
12	地基验槽记录
13	地基钎探记录
14	混凝土浇灌申请书
15	预拌混凝土运输单
16	混凝土开盘鉴定
17	混凝土拆模申请单
18	混凝土预拌测温记录
19	混凝土养护测温记录
20	大体积混凝土养护测温记录

续表 7-26

序号	工程文件归档范围
21	大型构件吊装记录
22	焊接材料烘焙记录
23	地下工程防水效果检查记录
24	防水工程试水检查记录
25	通风(烟)道、垃圾道检查记录
26	预应力筋张拉记录
27	有黏结预应力结构灌浆记录
28	钢结构施工记录
29	网架(索膜)施工记录
30	木结构施工记录
31	幕墙注胶检查记录
32	自动扶梯、自动人行道的相邻区域检查记录
33	电梯电气装置安装检查记录
34	自动扶梯、自动人行道电气装置检查记录
35	自动扶梯、自动人行道整机安装质量检查记录
36	其他施工记录文件
C6	施工试验记录及检测文件
	通用表格
1	设备单机试运转记录
2	系统试运转调试记录
3	接地电阻测试记录
4	绝缘电阻测试记录
	建筑与结构工程
1	锚杆试验报告
2	地基承载力检验报告
3	桩基检测报告
4	土工击实试验报告
5	回填土试验报告(应附图)
6	钢筋机械连接试验报告
7	钢筋焊接连接试验报告
8	砂浆配合比申请书、通知单
9	砂浆抗压强度试验报告
10	砌筑砂浆试块强度统计、评定记录

续表 7-26

序号	工程文件归档范围
11	混凝土配合比申请书、通知单
12	混凝土抗压强度试验报告
13	混凝土试块强度统计、评定记录
14	混凝土抗渗试验报告
15	砂、石、水泥放射性指标报告
16	混凝土碱总盐计算书
17	外墙饰面砖样板黏结强度试验报告
18	后置埋件抗拔试验报告
19	超声波探伤报告、探伤记录
20	钢构件射线探伤报告
21	磁粉探伤报告
22	高强度螺栓抗滑移系数检测报告
23	钢结构焊接工艺评定
24	网架节点承载力试验报告
25	钢结构防腐、防火涂料厚度检测报告
26	木结构胶缝试验报告
27	木结构构件力学性能试验报告
28	木结构防护剂试验报告
29	幕墙双组分硅酮结构胶混匀性及拉断试验报告
30	幕墙的抗风压性能、空气渗透性能、雨水渗透性能及平面内变性能检测报告
31	外门窗的抗风压性能、空气渗透性能和雨水渗透性能检测报告
32	墙体节能工程保温材料与基层黏结强度现场拉拔试验
33	外墙保温浆料同条件养护试件试验报告
34	结构实体混凝土强度验收记录
35	结构实体钢筋保护层厚度验收
36	围护结构现场实体检验
37	室内环境检测报告
38	节能性能检测报告
39	其他建筑及结构施工试验记录与检测文件
	给排水及供暖工程
1	灌(满)水试验记录
2	强度严密性试验记录
3	通水试验记录

续表 7-26

序号	工程文件归档范围
4	冲(吹)洗试验记录
5	通球试验记录
6	补偿器安装记录
7	消火栓试射记录
8	安全附件安装检查记录
9	锅炉烘炉试验记录
10	锅炉煮炉试验记录
11	锅炉试运行记录
12	安全阀定压合格证书
13	自动喷水灭火系统联动试验记录
14	其他给排水及供暖施工试验记录与检测文件
	建筑电气工程
1	电气接地装置平面示意图
2	电气器具通电安全检查记录
3	电气设备空载试运行记录
4	建筑物照明通电试运行记录
5	大型照明灯具承载试验记录
6	漏电开关模拟试验记录
7	大容量电气线路结点测温记录
8	低压配电电源质量测试记录
9	建筑物照明系统照度测试记录
10	其他建筑电气施工试验记录与检测文件
	智能建筑工程
1	综合布线测试记录
2	光纤损耗测试记录
3	视频系统末端测试记录
4	子系统检测记录
5	系统试运行记录
6	其他智能建筑施工试验记录与检测文件
	通风与空调工程
1	风管漏光检测记录
2	风管漏风检测记录
3	现场组装除尘器、空调机漏风检测记录

续表 7-26

序号	工程文件归档范围
4	各房间室内风量测量记录
5	管网风量平衡记录
6	空调系统调试记录
7	空调水系统试运转调试记录
8	制冷系统气密性试验记录
9	净化空调系统检测记录
10	防排烟系统联合试运行记录
11	其他通风及空调施工试验记录与检测文件
	电梯工程
1	轿厢平层准确度测量记录
2	电梯层门安全装置检测记录
3	电梯电气安全装置检测记录
4	电梯整机功能检测记录
5	电梯主要功能检测记录
6	电梯负荷运行试验记录
7	电梯负荷运行试验曲线图表
8	电梯噪声测试记录
9	自动扶梯、自动人行道安全装置检测记录
10	自动扶梯、自动人行道整机性能、运行试验记录
11	其他电梯施工试验记录与检测
	施工质量验收文件
1	检验批质量验收记录
2	分项工程质量验收记录
3	分部(子分部)工程质量验收记录
4	建筑节能分部工程质量验收记录
5	自动喷水系统验收缺陷项目划分记录
6	程控电话交换系统分项工程质量验收记录
7	会议电视系统分项工程质量验收记录
8	卫星数字电视系统分项工程质量验收记录
9	有线电视系统分项工程质量验收记录
10	公共广播与紧急广播系统分项工程质量验收记录
11	计算机网络系统分项工程质量验收记录
12	应用软件系统分项工程质量验收记录

续表 7-26

序号	工程文件归档范围
13	网络安全系统分项工程质量验收记录
14	空调与调风系统分项工程质量验收记录
15	变配电系统分项工程质量验收记录
16	公共照明系统分项工程质量验收记录
17	给水排水系统分项工程质量验收记录
18	热源和热交换系统分项工程质量验收记录
19	冷冻和冷却水系统分项工程质量验收记录
20	电梯和自动扶梯系统分项工程质量验收记录
21	数据通信接口分项工程质量验收记录
22	中央管理工作站及操作分站分项工程质量验收记录
23	系统实时性、可维护性、可靠性分项工程质量验收记录
24	现场设备安装及检测分项工程质量验收记录
25	火灾自动报警及消防联动系统分项工程质量验收记录
26	综合防范功能分项工程质量验收记录
27	视频安防监控系统分项工程质量验收记录
28	入侵报警系统分项工程质量验收记录
29	出入口控制(门禁)系统分项工程质量验收记录
30	巡更管理系统分项工程质量验收记录
31	车库管理系统分项工程质量验收记录
32	安全防范综合管理系统分项工程质量验收记录
33	综合布线系统安装分项工程质量验收记录
34	综合布线系统性能检测分项工程质量验收记录
35	系统集成网络连接分项工程质量验收记录
36	系统数据集成分项工程质量验收记录
37	系统集成整体协调分项工程质量验收记录
38	系统集成综合管理及冗余功能分项工程质量验收记录
39	系统集成可维护性和安全性分项工程质量验收记录
40	电源系统分项工程质量验收记录
41	其他施工质量验收记录
	施工验收文件
1	单位(子单位)工程竣工预验收报验表
2	单位(子单位)工程质量竣工验收记录
3	单位(子单位)工程质量控制资料核查记录

续表 7-26

序号	工程文件归档范围
4	单位(子单位)工程安全和功能检验资料核查及主要功能抽查记录
5	单位(子单位)工程观感质量检查记录
6	施工资料移交书
7	其他施工验收文件
竣工图(D类)	
1	建筑竣工图
2	结构竣工图
3	钢结构竣工图
4	幕墙竣工图
5	室内装饰竣工图
6	建筑给水排水及供暖竣工图
7	建筑电气竣工图
8	智能建筑竣工图
9	通风与空调竣工图
10	室外工程竣工图
11	规划红线内的室外给水、排水、供热、供电、照明管线等竣工图
12	规划红线内的道路、园林绿化、喷灌设施等竣工图
工程竣工验收文件(E类)	
E1	竣工验收与备案文件
1	勘察单位工程质量检查报告
2	设计单位工程质量检查报告
3	施工单位工程竣工报告
4	监理单位工程质量评估报告
5	工程竣工验收报告
6	工程竣工验收会议纪要
7	专家组竣工验收意见
8	工程竣工验收证书
9	规划、消防、环保、民防、防雷等部门出具的认可文件或准许使用文件
10	房屋建筑工程质量保修书
11	住宅质量保证书、住宅使用说明书
12	建设工程竣工验收备案表
13	建设工程档案预验收意见
14	城市建设档案移交书

续表 7-26

序号	工程文件归档范围
E2	竣工决算文件
1	施工决算文件
2	监理决算文件
E3	工程声像资料等
1	开工前原貌、施工阶段、竣工新貌照片
2	工程建设过程的录音、录像资料(重大工程)
E4	其他工程文件

附件十三：进度款审核管控记录表

表 7-27　进度款审核管控记录表

工程名称：　　　　　　　　　　　　　　　　　　　　　　　　编号：

	接到进度款支付申请单日期	提出单位	工程量完成情况	进度款额度(元)	监理审核人
进度款审核记录					
	工程量完成与合同条款审核情况： 　　　　　　　　　　　　造价管理专责：　　　　　日期： 　　　　　　　　　　　　业主项目经理：　　　　　日期：					
进度款审核记录	接到进度款支付申请单日期	提出单位	工程量完成情况	进度款额度(元)	监理审核人
	工程量完成与合同条款审核情况： 　　　　　　　　　　　　造价管理专责：　　　　　日期： 　　　　　　　　　　　　业主项目经理：　　　　　日期：					
进度款审核记录	接到进度款支付申请单日期	提出单位	工程量完成情况	进度款额度(元)	监理审核人
	工程量完成与合同条款审核情况： 　　　　　　　　　　　　造价管理专责：　　　　　日期： 　　　　　　　　　　　　业主项目经理：　　　　　日期：					

注：本表由造价管理、业主项目经理在进度款审核完成一周内填写完成。

7.3 房产运行维护标准化管理手册

7.3.1 概述

1) 管理目标

规范运行维护阶段的操作流程,加强此阶段各环节的监控,确保日常运行管理、维护保养管理和整改管理工作高效开展。在资产状态评估和风险评估的基础上实现非生产性房产技改大修策略的优化,达到经济、效益及安全综合优化目的,降低全寿命周期成本,提高全寿命周期效能和确保全寿命周期安全可靠。

2) 适用范围

适用于国家电网总部、省级、地市及县公司各项目运行维护阶段的管理,主要包括日常运行管理、维护保养管理以及技改大修等工作。

3) 术语与定义

非生产性用房:指公司总(分)部及所属各级全资、控股、代管单位为生产经营服务且用于办公、会议中心、教育培训、医院、独立车库的房屋。

运行维护阶段:指项目竣工交付后到报废退役前,项目日常事务运营管理、故障维护修复的工作阶段[90]。

非生产性技改:指对非生产性房屋结构分系统、围护分系统(含室外)和设备设施的给水排水、供热采暖、空调通风、电气、电梯、建筑智能化分系统进行更新、完善和配套改造等技术改造工作[91]。

7.3.2 标准化管控流程

运行维护标准化管控流程如图 7-17 所示。

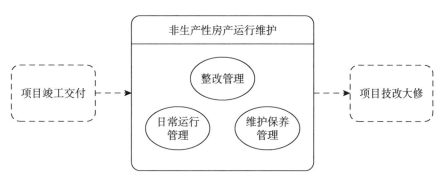

图 7-17 运行维护标准化管控流程

7.3.2.1 运行维护阶段管控流程

1) 概述

运行维护阶段管控流程概述如表7-28所示。

表7-28 运行维护阶段管控流程概述表

流程目的	规范运行维护阶段的操作流程,加强此阶段各环节的监控,以达到确保日常运行管理、维护保养管理和整改管理工作高效开展的目的
适用范围	适用于国家电网总部、省级、地市及县公司各项目运行维护阶段管理
定义	运行维护阶段是指项目竣工交付后到报废退役前,项目日常事务运营管理、故障维护修复的工作阶段
管控结构图	

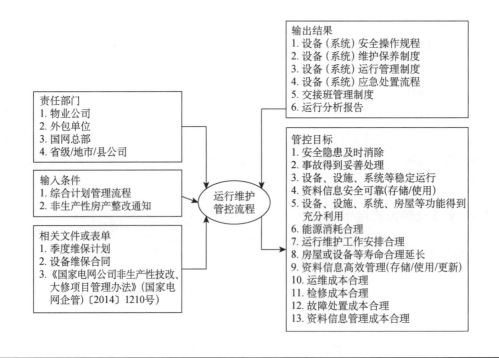

2) 管控流程图

日常运行管控流程、维护保养管控流程、整改管控流程如图7-18~图7-20所示。

3) 工作程序

(1) 日常运行管控

非生产性房产日常运行管控工作当中,物业服务单位要根据使用状况、运行要求和技术特点,建立有效、可行的运行规程和管理制度,物业服务单位运行值班人员实行24小时值班制度和定期巡视制度监测日常运行情况。运行管理人员要全面掌握运行状态,判断

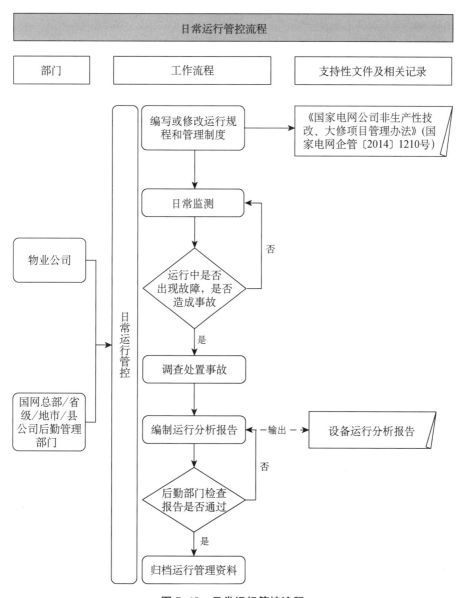

图 7-18 日常运行管控流程

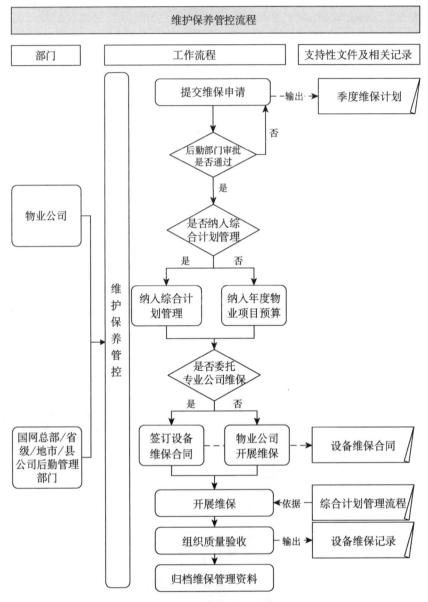

图 7-19 维护保养管控流程

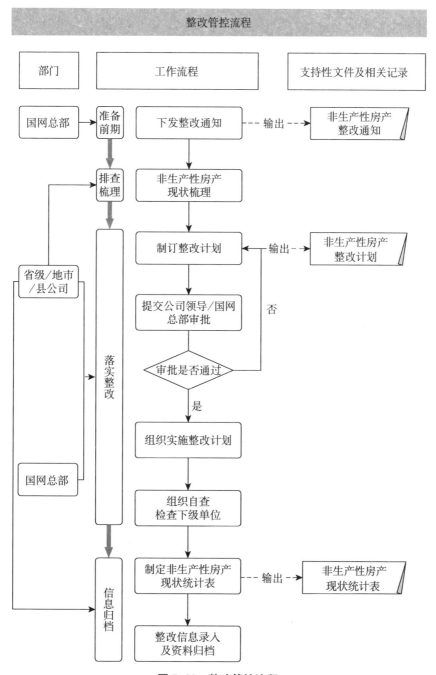

图 7-20 整改管控流程

运行中是否出现故障和是否造成事故。发生事故后,物业公司对事故进行先期处理,后勤工作部(办公室)调查处置事故。物业公司编制运行管理报告,省/市/县公司后勤工作部(办公室)负责检查和考核归口物业服务单位的运行管理工作,归档物业运行管理资料。

(2) 维护保养管控

非生产性房产维护保养管控工作当中,物业服务单位要根据保养周期、运行状况和本年度维保情况制订下年度维保计划,并上报后勤工作部(办公室)审核,后勤工作部审核通过后判断是否纳入综合计划管理和年度物业项目预算。后勤工作部(办公室)判断是否委托专业公司维保,如需外部单位开展则签订维保合同,明确不委托专业公司进行维保的则由物业公司开展维保工作。物业服务单位要建立维保质量检查和验收制度,组织质量验收。物业公司记录质量验收情况后,后勤工作部(办公室)开展维保情况检查工作,归档维保管理资料。

(3) 整改管控

非生产性房产整改管控工作开始后,首先由国家电网总部下发整改通知,省级/地市/县公司后勤工作部(办公室)接到通知后,对非生产性房产进行现状梳理,并制订整改计划交由本公司及上级公司领导审批,再交国网总部审批。审批通过后,由后勤工作部(办公室)组织实施,相关部门配合实施。整改实施过程中,由省级/地市/县公司后勤工作部(办公室)牵头组织自查,并对下级公司进行检查。检查完成后,省级/地市/县公司后勤工作部(办公室)制定非生产性房产现状统计表,录入后勤信息系统进行资料归档。

4) 相关部门及职责

(1) 日常运行管控

物业公司:负责编制运行规程、管理制度、运行维护计划和运行分析报告,负责日常监控和运行管理。

国网总部/省级/地市/县公司后勤工作部(办公室):审批运行维护计划,调查处置事故,考核物业公司运行管理工作,归档运行管理资料。

(2) 维护保养管控

物业公司:制订维保计划,开展维保工作,组织质量验收并记录。

外包单位:开展维保工作。

国网总部/省级/地市/县公司后勤工作部(办公室):审批维保计划,开展维保情况检查工作,归档维保管理资料。

(3) 整改管控

国网总部后勤部:下发整改通知,审批整改计划。

省级/地市/县公司后勤工作部(办公室):制订整改计划,审批下级公司整改计划,组织实施整改工作,检查整改工作,制定非生产性房产现状统计表并归档。

5) 支持性文件及相关记录

(1) 日常运行管控

①《国家电网公司非生产性技改、大修项目管理办法》(国家电网企管〔2014〕

1210号)

② 设备运行分析报告

(2) 维护保养管控

① 季度维保计划

② 设备维保合同

③ 综合计划管理流程

④ 设备维保记录

(3) 整改管控

① 非生产性房产整改通知

② 非生产性房产整改计划

③ 非生产性房产现状统计表

7.3.2.2 技改阶段管控流程

1) 概述

技改阶段管控流程概述如表7-29所示。

表7-29 技改阶段管控流程概述表

流程目的	对非生产性房产技改项目各阶段的各个工作环节进行有效管控,以提高非生产性房产安全性、可靠性、经济性,满足智能化、节能、环保等要求
适用范围	适用于国家电网总部、省级、地市及县公司非生产性房产技改项目工作
定义	非生产性技改是指对非生产性房屋结构分系统、围护分系统(含室外)和设备设施的给水排水、供热采暖、空调通风、电气、电梯、建筑智能化分系统进行更新、完善和配套改造等技术改造工作

管控结构图

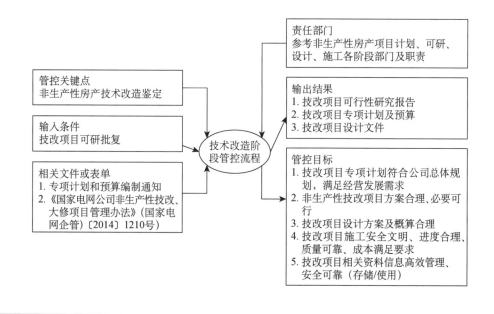

续表 7-29

非生产性房产技改阶段管控关键点分析			
管控关键点	影响	控制要点	风险点
非生产性房产技术改造鉴定	对非生产性房产进行更新、完善和配套改造等技术改造工作，对其安全可靠性、节能环保性、使用寿命延长等方面有重大影响	不同的单位和部门根据运维阶段非生产性房产现状统计表，对非生产性房产使用情况进行技术鉴定，确定需要进行技术改造的房产，并立项改造	技术鉴定方法是否合理，技改项目计划是否合理

2) 管控流程图

技改阶段管控流程如图 7-21 所示。

3) 工作程序

(1) 相关部门及职责

参考非生产性房产项目计划、可研、设计、施工各阶段部门及职责。

(2) 工作程序

非生产性房产技改项目管理主要包括四个阶段，即专项计划和预算阶段、综合计划和预算阶段、项目设计阶段和项目实施阶段。

① 专项计划和预算阶段

国网总部后勤部下发专项计划和预算编制通知，省级/地市/县公司后勤部启动年度专项计划和预算编制，编制技改项目可研报告或方案，并上报至省公司后勤部汇总。若为限上项目(800 万及以上项目)，报至国网后勤部审批；若为限下(800 万以下)及零星项目，则由省公司直接审批。可研报告审批通过后，应上报国网总部后勤部备案，省级/地市/县公司编制年度专项计划和预算，上报国网总部审批并按照意见调整。

② 综合计划和预算阶段

省级/地市/县公司后勤部将审批通过的专项计划和预算纳入本单位年度综合计划和预算建议并上报国网总部审批，审批通过后，将其纳入年度综合计划和预算草案，完成省级/地市/县公司技改项目立项工作。

③ 项目设计阶段

完成项目初步设计和施工图设计。若为限上项目，设计文件需上报至国网后勤部审批；若为限下及零星项目，则由省公司后勤部审批。审批通过后，将项目设计方案和设计批文存档，根据项目设计文件，完成项目概算。

④ 项目实施阶段

按照设计文件有序开展项目施工。施工过程中，国网总部/省级/地市/县公司后勤部应做好项目监督管理工作，确保技改项目成本、进度合理，质量可靠。项目竣工交付后，技改项目管控流程结束。

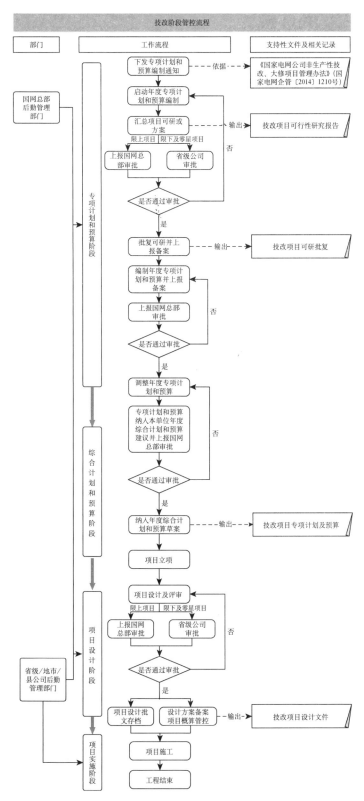

图 7-21 技改阶段管控流程

7.3.3 附件

附件一：季度维保计划表

表 7-30 季度维保计划表

编制单位：　　　　　　　　　　　　　　　　时间：　　年　　月　　日

序号	设备名称		保养频次（次/年）	维护保养时间			运行维护重点问题
				一月	二月	三月	
1	消防系统	烟感/温感					
2		消防泵					
3		……					
4	生活水系统	生活水箱					
5		生活水泵					
6		……					
7	配电系统	计量柜					
8		楼宇配电间					
9		……					
10	安保系统	门禁系统					
11		可视监控系统					
12		……					
13	电梯系统	电梯					
⋮	⋮	⋮					

附件二：设备维保记录表

表 7-31 设备维保记录表

序号	设备名称	维保日期	设备所属部门	设备编号	维保项目及部位	故障原因	维保后状态	维保人	审核人
1									
2									
3									
4									
5									
6									
7									
8									
9									
10									
⋮									

附件三：非生产性房产整改计划表

表 7-32 非生产性房产整改计划表

序号	房产名称	问题描述	整改措施	责任部门	责任人	完成日期	监督人
1							
2							
3							
4							
5							
6							
7							
8							
9							
10							
⋮							

7.4 房产报废退役标准化管理手册

7.4.1 概述

1）管理目标

在资产状态评估和风险评估的基础上实现非生产性房产报废退役策略的优化，达到经济、效益及安全综合优化目的，降低全寿命周期成本，提高全寿命周期效能和确保全寿命周期安全可靠。对后续计划、设计、招标采购、施工等阶段统筹考虑，综合平衡和科学排序。

2）适用范围

适用于国家电网总部、省级、地市及县公司非生产性房产项目报废退役阶段，包括资产退役、资产处置、废旧物资管理三个方面的内容。

3）术语与定义

非生产性用房：指公司总（分）部及所属各级全资、控股、代管单位为生产经营服务且用于办公、会议中心、教育培训、医院、独立车库的房屋。

报废退役：对技术鉴定结果为无再利用价值的非生产性房产办理报废手续。实物管理部门提出经审批的报废申请，财务部门审核报废申请，实物管理部门更改设备状态[92]。

7.4.2 标准化管控流程

报废退役标准化管控流程如图 7-22 所示。

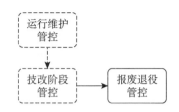

图 7-22　报废退役标准化管控流程

1）概述

报废退役阶段管控流程概述如表 7-33 所示。

表 7-33　报废退役阶段管控流程概述表

流程目的	在资产状态评估和风险评估的基础上实现报废退役策略的优化,达到经济、效益及安全综合优化,达到降低全寿命周期成本,提高全寿命周期效能和确保全寿命周期安全可靠的目的
适用范围	适用于国家电网总部、省级、地市及县公司非生产性房产报废退役工作
定义	报废退役是指对技术鉴定结果为无再利用价值的非生产性房产办理报废手续。实物管理部门提出经审批的报废申请,财务部门审核报废申请,实物管理部门更改设备状态

管控结构图

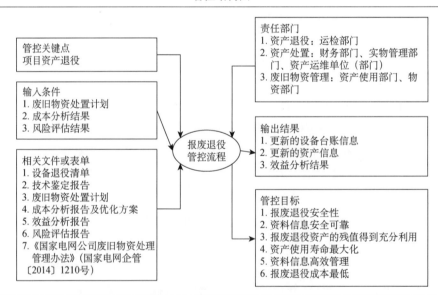

非生产性房产报废退役阶段管控关键点分析

管控关键点	影响	控制要点	风险点
项目资产退役	资产退役的第一步是对设备设施及房屋进行技术鉴定,对报废退役资产的残值充分利用影响重大	不同的单位和部门组织开展技术鉴定,出具技术鉴定报告,提出资产处置建议并进行统一审批;运检部门和各单位资产退役管理部门对资产退役管理工作过程进行监控总结并持续改进	技术鉴定的结果是否合格、资产处置建议的审批结果是否合理

2）管控流程图

报废退役阶段管控流程如图 7-23 所示。

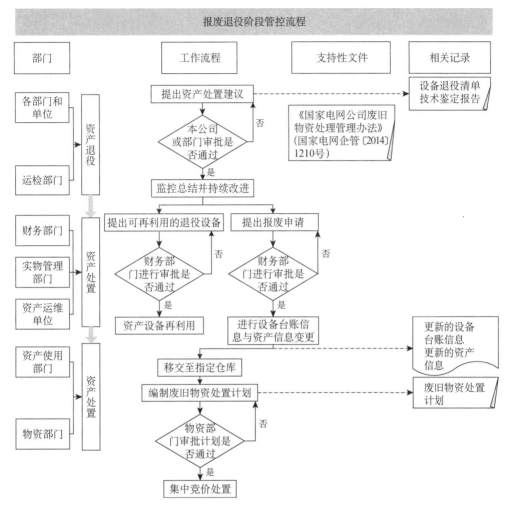

图 7-23　报废退役阶段管控流程

3）工作要素

（1）相关部门及职责

资产退役部门分解：各单位和部门组织、运检部门。

资产处置部门分解：财务部门、实物管理部门、资产运维单位（部门）。

废旧物资管理部门分解：资产使用部门、物资部门。

（2）工作流程

该阶段的主要工作内容为：根据资产状态评估结果对退役资产进行技术经济评估，根据评估结果选择再利用、转为备品、评估转让或报废处理等处置方案，并将退役资产处置的评估结果反馈至资产策略制定部门和供应商。

项目资产退役：在项目可研时明确资产初步处置意见，提出由于设备故障或运行方式变化、其他项目实施等引起的设备退役清单,按照电压等级由不同的单位和部门组织开展技术鉴定,出具技术鉴定报告,提出资产处置建议,并进行统一审批;运检部门和各单位资产退役管理部门对资产退役管理工作过程进行监控总结并持续改进。

项目资产处置:实施单位依据审批结果,对技术鉴定结果为可再利用的退役设备,报财务部门审批后进入再利用流程,无再利用价值的,办理报废手续;实物管理部门提出经审批的报废申请,财务部门审核报废申请,实物管理部门更改设备状态。实物资产退役后,由资产运维单位(部门)及时进行设备台账信息变更。经审批同意报废的实物资产,由财务资产部门完成资产信息变更。

项目废旧物资管理:废旧物资处置工作遵循"统一管理、集中处置"的原则。资产使用部门将废旧物资移交本单位物资部门指定仓库,物资部门核对报废审批记录,核实实收废旧物资数量,办理交接入库,编制废旧物资处置计划,上报批准后进行集中竞价处置,报废资产应管理规范、快速处置。

4) 相关支持性文件或表单

(1) 设备退役清单

(2) 技术鉴定报告

(3) 废旧物资处置计划

(4) 成本分析报告及优化方案

(5) 效益分析报告

(6) 风险评估报告

(7)《国家电网公司废旧物资处理管理办法》(国家电网企管〔2014〕1210号)

7.4.3 附件

附件一:设备退役清单表

表7-34 设备退役清单表

工程名称: 编码:

设备类型	规格型号	单位	数量	备注

财务审批意见: (公章)	实物管理部门意见: (公章)

附件二：退役设备技术鉴定报告书

表 7-35 退役设备技术鉴定报告书

设备名称			设备型号	
原调度编号			制造厂家	
产品编号			出厂日期	
投运日期			退运日期	
资产卡片号			使用年限	
设备鉴定情况	资料审核	使用说明书□　质量合格证□　出厂试验报告□　设备铭牌□ 设备状态评价报告□　历年试验报告□		
	本体鉴定	1. ××年投运，已超期服役； 2. ××技术落后，××等不符合设计规范要求，状态检修评价结果为异常状态； 3. ……		
退役后处置结论			检验人员	
管理部门意见 （公章）		物资部门意见 （公章）		财务部门意见 （公章）
审核人		日期	批准人	日期

说明：1. 本报告书一式三份，管理部门、物资部门、财务部门各一份。
2. 本报告是退役设备报废或再利用的必需资料。栏目内容需要说明的用文字或另附说明。
3. 退役后处置结论为：报废、转为实训设备、转为备品备件、其他工程使用。
4. 本体鉴定必须包含：(1)设备外观检查情况；(2)设备目前遗留缺陷情况；(3)设备上次试验结论；(4)设备上次状态评价结论；(5)设备近三年大修改造情况。

第8章 房产管理制度研究及动态管控机制设计

8.1 房产管理相关制度

房产管理外部相关的法律法规主要有土地管理、土地取得、地价与土地征收补偿、土地征收与拆迁、土地权属与登记、建设规划、工程勘察设计、招标投标、工程施工与分包、房屋装修、工程监理、房屋权属登记、工程质量与验收等方面。

在国网公司内部,非生产性房产管控主要围绕《国家电网公司小型基建项目管理办法》《国家电网公司非生产性技改、大修项目管理办法》《国家电网公司办公用房管理办法》等通用制度,构建了管理体系,并下发了管理要求或规定,如《国家电网公司关于加强办公用房管理的通知》。国网公司也针对可研、设计、施工等流程制定了一系列技术标准、管理标准、岗位标准和通知,如《国家电网公司小型基建项目建设标准》《国家电网公司非生产性大修项目技术规范(征求意见稿)》《国家电网公司非生产性技改项目技术规范(征求意见稿)》等。各省级公司按照国网总部的要求,根据各自的特点,在小型基建、资源管理、用房管理等方面制定非通用制度并发布相关管理要求或规定,制定相关标准。

8.1.1 管理制度的不足

8.1.1.1 针对外部法律法规的制度不足

1) 内部管控制度不能满足法律法规要求

从遵守外部法律法规的角度来看,国网公司非生产性房产管控的制度缺陷主要存在于房屋产权(产籍)的管理中,存在着一定的内容缺失,实际操作性不高。在非生产性房产的运行期和报废期,产权(产籍)管理主要依赖国家制定的与资产管理相关的法律法规和政策性文件,缺乏针对非生产性房产的产权(产籍)的变更、维护和撤销等一系列变动的管理办法,使得实际管控过程中的管控效率受到影响[93]。

2) 全流程中法律法规不完善,内部管控制度未能有效提出解决方案

(1) 土地征收阶段:《宪法》《土地管理法》《物权法》等法律法规对土地征收补偿做了相应的规定,但这些规定较为原则,对应的实施细则不完善,征收补偿的范围不合理,征收补偿的标准过低。国网公司应当针对土地征收出台非生产性房产的通用制度,各地方根据区域特点制定差异性条款。

(2) 工程设计阶段:《工程建设监理规定》《监理单位资质管理试行办法》《设计合同》示范文本等,未明确监理工程师在这一阶段的地位和权利,使得在工程设计阶段无法体现工程监理的作用。尽管国网公司对监理工作有相关要求,但配套的设计阶段监理制度尚不完善,导致执行不到位,造成这一阶段的非生产性房产监理工作职责未能明确。

(3) 招投标阶段:《招标投标法》第4条规定"任何单位和个人不得将依法必须进行招标的项目化整为零或者以其他任何方式规避招标",此规定没有具体数额规定,在小型基建项目和非生产性技改大修项目招标时难以把握其标准和尺度。

(4) 施工阶段:

① 建设工程法律与国内的建设工程范本存在冲突。如施工现场从事危险作业人员的意外伤害保险费,《建设工程安全生产管理条例》中规定由施工总包单位来支付,而《建设工程施工劳务分包合同(示范文本)》中则规定由劳务分包人来支付。法律效力上,《建设工程安全生产管理条例》应高于示范文本,内部制度应对安全文明等工作进行规定。

② 现行工程法律体系中条文内容缺少连续性、罪责之间缺乏对应性、行为描述缺乏严谨性。如《建设工程安全生产管理条例》第20条规定了不符合法律规定的行为,但并没有规定若违反该规定应当承担什么样的法律责任,这样使得小型基建项目和非生产性技改大修项目缺乏对相关单位和个人履行相关法律规定的责任约束。

③ 工程合同中缺乏定量化和定时化标准,使得国网公司无法对这类合同的履行开展监管工作。如《建设工程施工合同(示范文本)》中未对工程分包作出明确的规定,也未对监理工程师关于工程分包问题的权利作出规定。在国网小型基建和非生产性技改大修项目管理中需要进一步明确对监理工作的权限及要求。

④ 工程建设监理除对建筑工程的部分附属设施的质量和安装调试实行局部的监理外,对重要设备的设计选型、生产制造、采购验证等尚不能实施有效监理。国网公司在相关基建项目中对设备监理的要求尚不明确,由此导致忽视非生产性房产设备质量。

(5) 运维阶段:现行物业管理行政法规《物业管理条例》是依据《中华人民共和国城市房地产管理法》和《城市房地产开发经营管理条例》制定的,主要针对房地产的物业管理,包括住宅和商业地产。缺乏针对大型国企房产物业管理的法律法规,国网公司对物业管理监管也缺乏通用制度。

(6) 退役报废阶段:根据《企业国有资产管理法》《企业国有资产监督管理暂行条例》《国有资产评估管理办法》《国有资产处置管理办法》等,对资产处置的要求和流程做了相关规定。非生产性房产及其设备设施退役报废前的鉴定、评估、转让后产权归属、转让资产定价等,均需进一步明确,以免造成国有资产流失、浪费等。

8.1.1.2 针对全寿命周期管控的制度不足

面向非生产性房产全寿命周期管理,根据调研分析,国网公司内部在制度建设中存在以下缺陷:

(1) 各省级公司较少根据自身区域特点制定针对通用制度的差异条款,使得通用制度在各区域执行时可操作性不强。

(2) 未能构建高效的组织架构管理制度,现有的管控组织不适应非生产性房产全寿命周期管控要求。

(3) 未能构建实现对全流程管控的制度,房屋权属管理、设计管理、安全文明管理、应急处置、后评价、物业管理监管、退役报废(针对实物)等环节存在制度漏洞。

(4) 未能构建信息高效传递共享的制度,信息管理和信息数据质量管理等均需要进一步提升。

8.1.2 管理制度的改进

尽管国网公司针对非生产性房产管控已建立较为完善的制度体系,但针对全寿命周期管理的完整制度体系尚未建立。本书根据资产管理理论和全寿命周期管理理论,结合外部的法律法规要求,在现有制度体系基础上提出制度建设建议:

(1) 构建适应全寿命周期管控的组织管理制度,针对新设组织提出工作目标和权限范围,明确责权利的分配制度,设定全寿命周期管控工作的岗位及其职责。

(2) 构建适应全寿命周期管控的流程管理制度,包括设计管理制度(涵盖小型基建、非生产性技改大修)、安全文明管理制度(涵盖小型基建、日常运维、非生产性技改大修)、后评价制度(涵盖小型基建、日常运维、非生产性技改大修及全寿命周期)、应急处置制度(涵盖小型基建、日常运维、非生产性技改大修)、物业管理监管制度、退役报废实物审批制度等[94]。

(3) 构建非生产性房产全寿命周期动态管控制度,包括风险管控制度、综合评价制度(可与后评价制度相衔接)、持续改进制度等。

(4) 构建非生产性房产全寿命周期信息管理制度,针对非生产性房产全寿命周期管控的信息获取、存储、传递、处理等制定制度办法。

8.2 房产全寿命周期风险管控

1) 风险管控的目的

国网公司开展非生产性房产全寿命周期风险管控,目的在于准确识别非生产性房产管控中的风险,对风险进行合理评估后,建立非生产性房产重大事项的风险动态控制机制,降低风险事件带来的损失。

2) 风险管控的流程

根据国网公司非生产性房产全寿命周期管控的特点,风险管控流程主要包括风险管控计划、风险评估、风险控制、监督与改进四个方面的内容[95],如图 8-1 所示。

3) 风险管控的实施

构建国网公司非生产性房产全寿命周期"系统识别、矩阵评价、分类控制"的风险管控具体实施步骤,概述如下:

(1) 制定非生产性房产全寿命周期风险管控计划,确定风险管控组织、人员、工作进度、成本及风险管控的关键技术方法。

（2）根据管控计划已经识别的初步风险清单，结合非生产性房产具体情况，识别出其全寿命周期各阶段风险管控点。

（3）参考风险信息库，通过风险分析，得到风险的可能性和影响程度。

（4）通过风险评价（风险矩阵方法），得到各风险等级及类型，分为可接受风险、合理可降低风险、不可接受风险等三类。

（5）根据风险的三个类型，采取不同的措施对其进行风险控制，在非生产性房产管控过程中进行动态监控与评估，针对风险的类型状态进行风险措施的调整。

① 风险管控计划

由全寿命周期省级管控小组负责起草风险管控计划，递交国网总部非生产性房产全寿命周期领导小组进行审批，市级非生产性房产管控人员收集相关的风险信息供风险分析与评估使用，最后由省级管控小组负责风险管控计划的下达和通知。

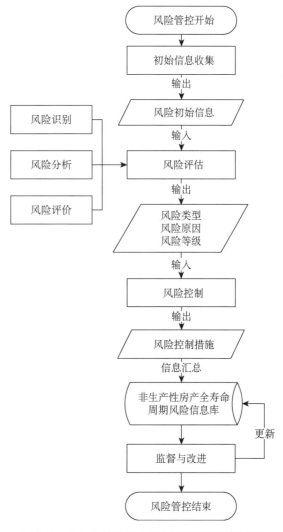

图 8-1 非生产性房产全寿命周期风险管控流程

根据非生产性房产特点，设置合适的风险管控组织架构（如图 8-2 所示），并从省级管控小组中选取风险管控相关负责人，制订风险管控计划，包括：确定工作进度（需要与非生产性房产管控进度整合），同步估计成本；确定风险评估方法、参数及风险信息需求；整理风险过程结果（如风险登记表和风险评估结果等）；确定风险沟通的方式。

② 风险识别

非生产性房产全寿命周期省级管控小组和市级管控人员负责识别风险，国网总部非生产性房产全寿命周期领导小组对识别的风险进行审核与确定。

本书根据国网公司非生产性房产寿命周期管控的特点，从外部影响和内部管控两个角度识别相关风险（如图 8-3 所示），形成初步的风险清单。

外部风险主要指非生产性房产全寿命周期管控中受到自然环境、政策变化、经济波动、社会发展和技术更新等因素的影响所带来的风险。内部风险主要指全流程业务中由

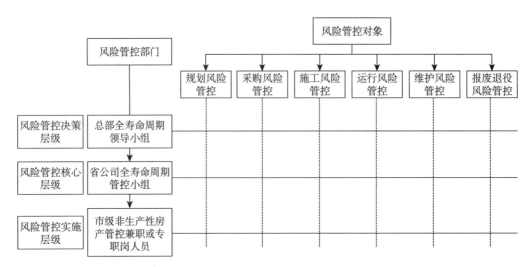

图 8-2 非生产性房产风险管控组织架构

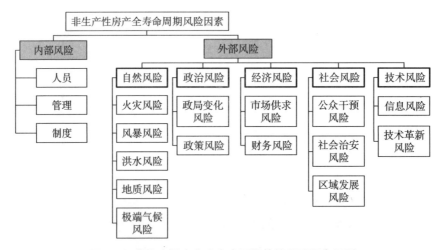

图 8-3 非生产性房产全寿命周期管控风险因素识别

组织管理、人员素质、制度约束、资源分配等所带来的风险。风险管控的负责人员根据风险清单,结合非生产性房产管控特征及外部环境影响,采用核对表法,具体识别出各阶段的内部风险和外部风险,编制成相应的表格,交由总部领导小组审批,若识别到风险清单上未包含的风险,应对风险清单进行及时更新。

③ 风险分析

省级管控小组负责从全寿命周期的角度对非生产性房产管控风险进行分析,主要采用专家经验法及历史数据法,结合非生产性房产的特征及外部环境特征,对识别出的风险及其特征进行定义描述、分析产生原因、评判风险发生的可能性和风险的影响程度等。

风险发生的可能性主要根据经验判断,风险发生的概率或者频率分为1~5个等级,如表8-1所示。

表 8-1 非生产性房产全寿命周期风险的可能性准则

可能性	很低	低	中等	高	很高
评分	1	2	3	4	5
概率	年发生概率在6.25%以下	年发生概率在6.25%~12.5%	年发生概率在12.5%~25%	年发生概率在25%~50%	年发生概率在50%及以上
频率	未来5年几乎不会发生	未来3~5年可能发生1次	未来1~2年可能发生1次	可能1年内发生1次	1年内很可能发生

风险影响程度主要从质量、全寿命周期成本、进度、安全、健康、环境、社会责任七个方面对风险发生后造成的后果进行评判,分为1~5个等级。

④ 风险评价

省级管控小组主要负责从非生产性房产全寿命周期的角度,对风险采用风险矩阵的方法进行评价,从风险发生的后果和可能性两个方面进行风险评价,风险的大小＝风险发生的可能性后果×风险发生后造成的后果,分为三个等级:可接受风险($1 \leqslant$风险的大小<5)、合理可降低风险($5 \leqslant$风险的大小<12)、不可接受风险($12 \leqslant$风险的大小<25)。

⑤ 风险控制

省级管控小组和总部领导小组根据风险评价结果,从全寿命周期的角度对非生产性房产不同等级的风险提出相应的控制原则与措施,如表8-2所示。

表 8-2 非生产性房产全寿命周期风险分类控制表

风险类型	风险控制原则	风险控制对策
可接受的风险(A)	■ 在可接受区,风险是很低的,但是还应主动采取降低风险的控制措施	■ 风险转移 ■ 风险自留与利用 ■ 风险控制 ■ 风险预警与应急管理
合理可降低的风险(R)	■ 采取合理可行的措施降至可接受区; ■ 要对风险控制措施实施效果进行验证	■ 风险转移 ■ 风险自留与利用 ■ 风险控制 ■ 风险预警与应急管理
不可接受的风险(U)	■ 当风险被判断为不可接受时,应收集相关资料和文献对风险进行风险/收益分析,若收益大于风险,则该风险还是可接受的,若风险大于收益,则采取风险控制措施,使其降低到可接受水平; ■ 要对风险控制措施实施效果进行验证	■ 风险规避 ■ 风险转移 ■ 风险预防 ■ 应急管理

根据国网公司非生产性房产的特征和内外环境,从降低风险发生的可能性和减小风险损失的程度两个方面制定风险控制措施。

本书根据国网公司非生产性房产的特点和现状,运用上述风险评价方法识别出非生产性房产全寿命周期风险关键管控点(如图8-4和表8-3所示),并针对性提出初步风险控制措施[96]。在实际风险管控中,要求各层级各部门根据实际情况进行调整,针对不同控制点提出有效的控制措施,并同步维护到风险信息库中。同时,要逐步建立风险预警机制、应急响应机制和分级监管制度。针对风险控制点制定风险预警指标体系和预警标准,明确风险和突发事件应急处理程序,降低风险损失和不利影响[97]。

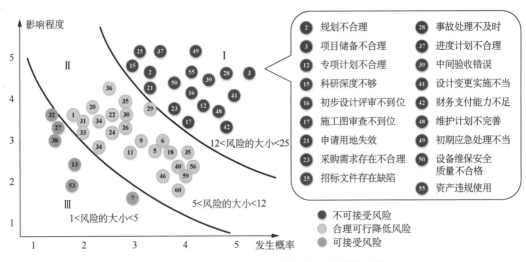

图 8-4　非生产性房产全寿命周期风险关键管控点的识别

表 8-3　非生产性房产全寿命周期风险关键管控点[48,98]

阶段	关键管控点	控制措施	控制要求
项目规划阶段(01)	规划不合理	组织上,加强人员培训与管理,全寿命周期省级管控小组配合审查人员进行初步审查; 流程上,省级管控小组内部首先从全寿命周期管控角度对项目规划进行评审,会同上报的单位以及专业资质单位共同对专项规划进行优化改进; 信息上,确保信息完善,建立综合信息库,完整有效地保存规划阶段的信息	专项规划需满足国网总部部署、地市公司发展和所在城市规划要求; 专项规划需考虑全寿命周期成本、效能和安全三大目标
项目计划阶段(02)	项目储备不合理	组织上,加强人员培训与管理; 流程上,全寿命周期省级管控小组进行流程审批督查; 信息上,确保信息完善,及时更新数据信息	储备规模需满足投资能力及需求; 项目储备深度需满足专业管理需要
	专项计划不合理	组织上,加强人员培训与管理,全寿命周期省级管控小组配合审查人员进行初步审查; 流程上,省级管控小组内部首先从全寿命周期管控角度对该项目进行评审,与审批人员共同对专项规划进行优化改进,可采用定性与定量结合的层次分析法,科学评估专项计划; 信息上,确保信息完善,及时更新数据信息	专项计划需能反映本单位项目总体规划; 专项计划需满足经营发展需要; 专项计划需考虑全寿命周期成本、效能和安全三大目标

续表 8-3

阶段	关键管控点	控制措施	控制要求
项目可研阶段（03）	项目建议书不合理	组织上，加强人员培训与管理，全寿命周期省级管控小组配合审查人员进行初步审查； 流程上，省级管控小组内部首先从全寿命周期管控角度对该项目进行评审； 信息上，确保收集的项目信息完善，参照项目结构模块化设计标准，从项目可研阶段开始形成资产层 WBS 构架	需符合国家方针和规划、产业结构调整的方向和范围； 选址地点需要合理布局，不能重复建设； 财务、经济效益及还款安排需合理
	可研深度不够	组织上，加强人员培训与管理，全寿命周期省级管控小组配合审查人员进行初步审查； 流程上，省级管控小组内部首先从全寿命周期管控角度对该项目进行评审，与审批人员共同对可行性研究进行深入分析研究，可采用应用层次分析法或模糊综合评价法进行方案比选	深入研究项目立项必要性； 科学论证项目实施可行性； 考虑成本、效益、安全三者间的最优平衡关系
	项目分解下达不及时	组织上，完善项目分解下达制度； 流程上，全寿命周期省级管控小组进行流程审批督查； 信息上，相关数据信息及时整合到信息系统中进行备案	项目重要信息需在部门间及时有效衔接； 项目分解合理，符合项目特征需求
项目初步设计阶段（04）	初步设计评审不到位	组织上，由后勤管理部门组织建设单位成立评审小组，协同省级管控小组完成初步设计的评审工作； 流程上，省级管控小组内部首先从全寿命周期管控角度对该项目进行评审； 信息上，确保项目信息收集完整，将评审结果及时整合到信息系统中进行备案	初步设计概算等是否合理、全面； 前期手续是否落实； 建设规模是否与可行性研究结果一致； 技术方案、概算投资是否合理，批复条件是否完备
项目施工图设计阶段（05）	施工图审查不到位	组织上，由后勤管理部门组织建设单位成立评审小组，协同省级管控小组完成施工图的评审工作； 流程上，省级管控小组内部首先从全寿命周期管控角度对该项目进行评审； 信息上，确保项目信息收集完整，将评审结果及时整合到信息系统中进行备案	设计强制性条文执行情况、图纸表达深度能否满足施工需要等； 组织编制施工图审查会议纪要，下发到设计单位等相关单位
	工程预算表不合理	组织上，加强人员培训与管理，全寿命周期省级管控小组配合审查人员进行初步审查； 流程上，省级管控小组内部首先从全寿命周期管控角度对预算单进行检查； 信息上，确保项目信息收集完整，确保项目分部分项工程预算计算准确	施工图预算确保计算准确，确保不超过初步设计概算； 施工图预算需考虑全寿命周期成本最小

续表 8-3

阶段	关键管控点	控制措施	控制要求
土地征用阶段（06）	申请用地失败	组织上，省级管控小组与后勤部门协同审核用章申请，确保用地申请的合理性； 流程上，全寿命周期省级管控小组进行流程审批督查； 信息上，基于 Web-BIM 的全寿命管理信息系统，对申请进行录入	办妥建设项目规划许可证、质量监督、施工许可证等手续； 办妥建设项目规划许可证、质量监督、施工许可证等手续； 严禁土地未办理土地证即开工建设
	编制工程开工报告	组织上，加强人员培训与管理，全寿命周期省级管控小组配合审查人员进行初步审查； 流程上，省级管控小组监督帮助编制工程开工报告； 信息上，确保信息完善，从信息系统中提取有用信息	确保开工外部条件落实； 确保开工内部条件落实；
工程采购阶段（07）	需求分析不合理	组织上，加强人员培训与管理，全寿命周期省级管控小组配合审查人员进行初步审查； 流程上，建设单位/国网物资部相关负责人对物资采购申请进行审核； 信息上，将物资采购活动纳入全寿命周期信息化房产管控平台之中，在基于 Web-BIM 系统中完整有效地录入采购信息	所需采购设备材料的技术条件、数量应符合公司需求； 设备材料技术条件、数量、到货日期是否正确、合理
	招标文件存在缺陷	组织上，加强人员培训与管理，全寿命周期省级管控小组配合审查人员进行初步审查； 流程上，省级管控小组监督帮助编制招标文件； 信息上，根据综合信息库中提供的历史资料信息进行招标文件的优化	招标需求应符合工程实际，需将工程项目相关的技术规范、所需资质等要素描述清楚； 应满足"采购模式合理""采购管理效率高"等全寿命周期管控目标
施工阶段（08）	安全质量事故处理不及时	组织上，全寿命周期省级管控小组与地方后勤部、建设单位协同配合； 流程上，完善事故应急处理机制，省级管控小组对其进行流程督查； 信息上，确保事故发生时信息的及时反馈，确保事故信息录入系统	事故发生后，按规定及时上报； 事故现场需及时进行应急处置，应急措施及时到位
	进度计划不合理	组织上，全寿命周期省级管控小组与地方后勤部、建设单位协同配合； 流程上，利用挣值法计算项目施工的成本差异、进度差异、成本绩效指数、进度绩效指数，通过对比"实际成本""挣得值"与"计划值"，就能直观地看出设计进度与人力投入与预期的具体差异； 信息上，及时更新和录入进度信息，利用历史信息进行相似项目进度计划借鉴	施工进度计划应符合项目总体进度安排； 施工进度计划应与成本、质量相协调

续表 8-3

阶段	关键管控点	控制措施	控制要求
施工阶段（08）	中间验收有误	组织上，全寿命周期省级管控小组协同验收小组从全寿命周期管控角度审查项目建设成果； 流程上，建设单位完善中间验收制度，加强对监理单位的管控，坚持按照 PDCA 循环法处理工作内容，不断改进； 信息上，及时更新和录入中间验收信息	按相关规定组织工程验收； 相应各级验收比例应符合规定； 验收应严格按标准进行
	设计变更实施不当	组织上，省级管控小组协同施工单位重点核查有无规避重大变更，变更内容、原因是否合理； 流程上，省级管控小组内部首先从全寿命周期管控角度对预算单进行检查； 信息上，通过 Web-BIM 信息技术实现可视化，可以通过 GIS 和 GPS、录像镜头等直接看到设计变更的效果，通过系统对工程情况进行分析与诊断	设计变更方案合理、变更程序规范、变更内容完整（方案、费用计算书）； 在限定时间内对设计变更进行审核、确认
	财务支付不及时	组织上，省级管控小组协同后勤部其他业务部门以及审计部门、建设单位分别从合同管理、项目工程审计以及付款流程等方面进行管理； 流程上，省级管控小组进行流程审批督查； 信息上，建立资产全寿命周期管理价值流，明确资产形成过程中的财务关键管控点，纳入信息系统	应确定是否达到交付状态以及成本是否符合全寿命周期规划评估要求； 考虑成本、效益、安全的最优平衡关系
	合同纠纷处理不合理	组织上，全寿命周期省级管控小组协同后勤部其他业务部门进行合同管理，明确合同纠纷处理； 流程上，建设单位项目负责人按照签订的合同，对合同纠纷进行处理解决； 信息上，及时更新和录入合同纠纷处理信息，根据历史经验处理合同纠纷	工程合同纠纷处理需及时，举证材料需全，与合同相对方沟通需充分
运行维护阶段（09）	维护计划不完善	组织上，省级管控小组有必要与后勤部其他工作人员协同做好非生产性房产大数据可视化摸底建模工作，在此基础上共同拟定房产的全寿命周期后续运营维护和管控计划，由房产所属单位执行； 流程上，运用全寿命周期成本最小的方法进行运行计划方案比选，以全寿命周期成本最小的方案作为优选方案； 信息上，将运维活动纳入全寿命周期信息化房产管控平台中，完整有效地录入运行维护信息，在前期阶段的信息基础上进行方案决策	计划应结合房屋设备特征，有效提高房屋设备使用功能及延长设备寿命； 能有效消除设备安全隐患，计划涉及运维成本、检修成本和处置成本较低； 从全寿命周期角度制订计划
	初期应急处置不当	组织上，省级管控小组可采用抽检方式对房屋设备情况进行检查，也可以由后勤部其他职能部门、物业部门等进行自查； 流程上，通过设备状态评估和资产风险评估的方法对房屋设备安全状态进行有效的测控，能预估事故发生可能性，做到事前防控； 信息上，通过 Web-BIM 信息技术实现可视化，可以通过 GIS 和 GPS、录像镜头等直接看到非生产性房产的状况状态，可以通过该系统对工程健康情况进行诊断	设备处置需尽量减少经济损失； 应急处置措施需要保证现在人员的安全

续表 8-3

阶段	关键管控点	控制措施	控制要求
运行维护阶段（09）	设备维保安全质量不合格	组织上,省级管控小组与后勤部门协同监督检查维保工作,制订监督检查计划； 流程上,对设备维保进行流程绩效指标考核,可运用 AHP 等绩效考核办法； 信息上,通过 Web-BIM 提供的施工者、负责人、修改权限、物业管理方、维修历史、维护记录等信息,进行设备维保绩效评价	房屋设备进行维保后,质量安全需达标准要求,不能让设备存在质量安全隐患
报废退役阶段（10）	带病运行	组织上,省级管控小组有必要与后勤部其他工作人员协同做好非生产性房产大数据可视化建模工作,在此基础上共同拟定资产处置建议； 流程上,从全寿命周期角度,运用全寿命周期成本最小的方法进行运行计划方案比选； 信息上,在工程前期及建设阶段、运行维护阶段系统地收集、整理和分析项目信息,作为报废阶段决策的有效信息参考依据	避免设备带病运行,提高设备运行效率；降低资产处置成本,最大化资产使用寿命,最大化残值回收收入
	闲置资产利用率低	组织上,省级管控小组有必要与后勤部其他工作人员协同做好非生产性房产大数据可视化建模工作,在此基础上共同拟定废旧物资处置计划； 流程上,运用资产墙、价值工程等工具制订有效的资产处置计划； 信息上,基于综合管控信息系统,保持实体信息报废、拆除、处理与价值信息联动	提升闲置资产利用率；降低资产处置成本,最大化资产使用寿命,最大化残值回收收入
	非法使用	组织上,省级管控小组有必要与后勤部其他工作人员协同做好非生产性房产大数据可视化建模工作； 流程上,从全寿命周期角度,运用全寿命周期成本最小的方法进行运行计划方案比选； 信息上,及时录入资产设备使用信息,实时更新资产使用信息	避免资产设备非法使用；降低资产处置成本,最大化资产使用寿命,最大化残值回收收入

注:在具体项目风险控制时,应根据以下原则对风险关键控制点进行判定:(1)如果此步骤失去控制,是否有后续步骤有效控制该风险因素？如果答案是"是",那么该步骤很可能是一个一般风险控制点(RCP);如果答案是"否",则问下一个问题。(2)如果此步骤失去控制,该风险因素可能会导致风险事件发生吗？如果答案是"是",则此步骤很可能是一个风险关键控制点(RKCP)。

8.3 房产全寿命周期管控综合评价

1）综合评价的目的

为提升国网公司非生产性房产管理水平,实现非生产性房产全寿命周期管控总体目标,引入非生产性房产全寿命周期管控综合评价。通过综合评价,对非生产性房产管控进行诊断,及时发现非生产性房产全寿命周期各阶段的薄弱环节并采取有针对性的措施,实现对非生产性房产全寿命周期的有效管控。

2）综合评价的流程

在充分考虑非生产性房产全寿命周期管控特点的基础上，本书设计了相应的综合评价流程。第一，以是否能够帮助非生产性房产管控达成"三大目标"为依据，构建综合评价指标体系；第二，确定全寿命周期各阶段评价指标的重要性权重，根据专家意见确定各阶段评价指标权重；第三，对各个阶段指标的满足程度进行评分；第四，根据各阶段指标的权重以及评分，得出各阶段的综合评分，具体思路如图 8-5 所示。

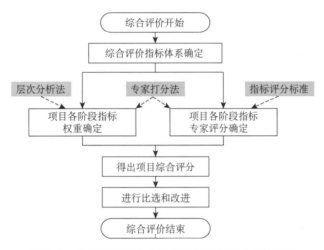

图 8-5　非生产性房产全寿命周期综合评价总体思路

3）综合评价的实施

（1）综合评价指标体系的确定

针对非生产性房产的特点，充分考虑非生产性房产全寿命周期管控总体思路中的"三大目标""三个时期"和"三面融合"，在房产孕育期、运行期和报废期各阶段内，综合考虑安全、效能和成本三大目标，形成不同时期内各阶段的评价指标（如图 8-6 所示）。

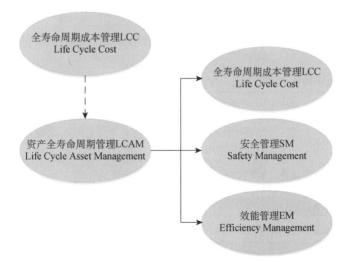

图 8-6　非生产性房产全寿命周期综合评价体系构建基础

依据上述原则,通过对国网公司、省级公司、设计单位等进行多次调研访谈,构建全寿命周期综合评价指标体系(如表8-4所示)。

表8-4 非生产性房产全寿命周期综合评价指标体系表

时期	工程阶段	一级指标	二级指标
孕育期	项目规划	安全可靠性	安全目标定义明确性;资料信息安全可靠性
		效能优化	专项规划协调性;资料信息管理高效性
		成本最优化	资金筹措方案合理性
	项目计划	安全可靠性	保障措施完整性;资料信息安全可靠性
		效能优化	专项计划协调性;资料信息管理高效性
		成本最优化	投资计划合理性;投资估算准确性
	项目可研	安全可靠性	保障措施完整性;资料信息安全可靠性
		效能优化	方案合理性;项目可行性;资料信息管理高效性
		成本最优化	投资安排合理性;投资估算准确性
	项目设计	安全可靠性	安全要求契合性;资料信息安全可靠性
		效能优化	设计文件完备性;设计方案合理性;设计进度合理性;资料信息管理高效性
		成本最优化	设计概算控制准确性
	土地征用	安全可靠性	安全施工资料完备性;资料信息安全可靠性
		效能优化	手续资料完备性;开工内部条件完整性;资料信息管理高效性
	工程采购	安全可靠性	安全要求契合性;资料信息安全可靠性
		效能优化	采购模式合理性;采购信息准确性;资料信息管理高效性
		成本最优化	采购成本合理性
	工程施工	安全可靠性	施工安全性;施工文明性;资料信息安全可靠性
		效能优化	施工进度合理性;风险管控有效性;施工质量可靠性;技术管理有效性;资料信息管理高效性
		成本最优化	建设成本合理性
运行期	运行维护	安全可靠性	隐患处理及时性;事故处理妥善性;资料信息安全可靠性
		效能优化	功能利用充分性;能源消耗合理性;房屋、设备寿命延长;资料信息管理高效性
		成本最优化	运维成本合理性;检修成本合理性
报废期	退役报废	安全可靠性	退役报废安全性;资料信息安全可靠性
		效能优化	残值利用充分性;资料信息管理高效性
		成本最优化	报废退役成本合理性

（2）指标重要性权重的确定

为了保证评价结果的权威性和科学性，综合评价者的选择一般在 7～9 位为宜，本书确定的评价者为 8 位，建议分别为国网公司后勤部专家 2 名，国网公司物资部专家 1 名，设计单位专家 2 名，建设单位专家 2 名，物业服务单位专家 1 名。

根据建立的评价指标体系，本书通过相关专家问卷调查和层次分析法（AHP），得出了各阶段权重值以及各阶段下不同指标的权重值（如表 8-5 所示）。从得出的结果发现，孕育期内的项目设计阶段、施工阶段和运行期内的运行维护阶段所占全寿命周期比重值较高，分别为 15.06%、22.76%、13.86%。这三个阶段在非生产性房产全寿命周期中占有重要的作用，全寿命周期中的大部分费用也源自这三个阶段。因此，要实现非生产性房产全寿命周期管理的最优化，必须注重这三个阶段，全面和充分考虑安全、效能、成本等因素，及时发现问题，指导后续工作。

表 8-5　非生产性房产全寿命周期各阶段及各指标权重表

工程阶段	阶段权重	评价指标	指标阶段内权重
项目规划 A	$A=0.0984$	安全目标定义明确性	$A1=0.1209$
		资料信息安全可靠性	$A2=0.0800$
		专项规划协调性	$A3=0.2873$
		资料信息管理高效性	$A4=0.0991$
		资金筹措方案合理性	$A5=0.4126$
项目计划 B	$B=0.0783$	保障措施完整性	$B1=0.1449$
		资料信息安全可靠性	$B2=0.1823$
		专项计划协调性	$B3=0.2208$
		资料信息管理高效性	$B4=0.1052$
		投资计划合理性	$B5=0.1662$
		投资估算准确性	$B6=0.1807$
项目可研 C	$C=0.1140$	保障措施完整性	$C1=0.0580$
		资料信息安全可靠性	$C2=0.0674$
		方案合理性	$C3=0.1663$
		项目可行性	$C4=0.3044$
		资料信息管理高效性	$C5=0.0494$
		投资安排合理性	$C6=0.1368$
		投资估算准确性	$C7=0.2177$
项目设计 D	$D=0.1506$	安全要求契合性	$D1=0.1074$
		资料信息安全可靠性	$D2=0.0933$
		设计文件完备性	$D3=0.1238$

续表 8-5

工程阶段	阶段权重	评价指标	指标阶段内权重
项目设计 D	$D=0.1506$	设计方案合理性	$D4=0.2856$
		设计进度合理性	$D5=0.1423$
		资料信息管理高效性	$D6=0.0540$
		设计概算控制准确性	$D7=0.1937$
土地征用 E	$E=0.0330$	安全施工资料完备性	$E1=0.0992$
		资料信息安全可靠性	$E2=0.1914$
		手续资料完备性	$E3=0.2285$
		开工内部条件完整性	$E4=0.4043$
		资料信息管理高效性	$E5=0.0766$
工程采购 F	$F=0.0920$	安全要求契合性	$F1=0.0986$
		资料信息安全可靠性	$F2=0.0915$
		采购模式合理性	$F3=0.3017$
		采购信息准确性	$F4=0.1730$
		资料信息管理高效性	$F5=0.0593$
		采购成本合理性	$F6=0.2760$
工程施工 G	$G=0.2276$	施工安全性	$G1=0.1608$
		施工文明性	$G2=0.0478$
		资料信息安全可靠性	$G3=0.6592$
		施工进度合理性	$G4=0.1065$
		风险管控有效性	$G5=0.1372$
		施工质量可靠性	$G6=0.2052$
		技术管理有效性	$G7=0.0688$
		资料信息管理高效性	$G8=0.0278$
		建设成本合理性	$G9=0.1800$
运行维护 H	$H=0.1386$	隐患处理及时性	$H1=0.1672$
		事故处理妥善性	$H2=0.1411$
		资料信息安全可靠性	$H3=0.0832$
		功能利用充分性	$H4=0.0870$
		能源消耗合理性	$H5=0.0983$
		房屋、设备寿命延长	$H6=0.0797$
		资料信息管理高效性	$H7=0.0285$

续表 8-5

工程阶段	阶段权重	评价指标	指标阶段内权重
运行维护 H	$H=0.1386$	运维成本合理性	$H8=0.1783$
		检修成本合理性	$H9=0.1367$
退役报废 J	$J=0.0720$	退役报废安全性	$J1=0.2356$
		资料信息安全可靠性	$J2=0.1929$
		残值利用充分性	$J3=0.2466$
		资料信息管理高效性	$J4=0.0601$
		报废退役成本合理性	$J5=0.2647$

(3) 各阶段功能满足程度评分

结合国网实际,通常邀请 7~9 位专家参加功能满足程度评分,本书建议为 8 位,包括国网公司后勤部专家 2 名,国网公司物资部专家 1 名,设计单位专家 2 名,建设单位专家 2 名,物业服务单位专家 1 名。

专家根据评分表格与评分准则,对各项指标分别评分。采用 10 分制,6 分为基本满足。汇总各专家评分表后,去除极端意见,采用"评分×权重"的方式,得到不同时期内各阶段的综合评分,对于低于 6 分的阶段,分析该阶段各指标得分,针对得分未达到 6 分的指标,及时发现问题,提出改善措施,进一步优化方案。

(4) 非生产性房产全寿命周期综合评分的灵活确定

国网总部全寿命周期领导小组/省级公司全寿命周期管控小组相关人员进行最后评分。根据如表 8-6 所示的公式计算得出非生产性房产管控工作在不同阶段的综合评分值。

表 8-6 非生产性房产全寿命周期综合评分计算方法

工程阶段	全寿命周期内评分	阶段内评分(小写为指标得分)
项目规划 A	$A \times \sum(a_i \times A_i), i=1-5$	$\sum(a_i \times A_i), i=1-5$
项目计划 B	$B \times \sum(b_i \times B_i), i=1-6$	$\sum(b_i \times B_i), i=1-6$
项目可研 C	$C \times \sum(c_i \times C_i), i=1-7$	$\sum(c_i \times C_i), i=1-7$
项目设计 D	$D \times \sum(d_i \times D_i), i=1-7$	$\sum(d_i \times D_i), i=1-7$
土地征用 E	$E \times \sum(e_i \times E_i), i=1-5$	$\sum(e_i \times E_i), i=1-5$
工程采购 F	$F \times \sum(f_i \times F_i), i=1-6$	$\sum(f_i \times F_i), i=1-6$

续表 8-6

工程阶段	全寿命周期内评分	阶段内评分（小写为指标得分）
工程施工 G	$G \times \sum (g_i \times G_i), i = 1-9$	$\sum (g_i \times G_i), i = 1-9$
运行维护 H	$H \times \sum (h_i \times H_i), i = 1-9$	$\sum (h_i \times H_i), i = 1-9$
退役报废 J	$J \times \sum (j_i \times J_i), i = 1-5$	$\sum (j_i \times J_i), i = 1-5$
全寿命周期后评价	$[A \times \sum (a_i \times A_i), i = 1-5] + [B \times \sum (b_i \times B_i), i = 1-6] + [C \times \sum (c_i \times C_i), i = 1-7] + [D \times \sum (d_i \times D_i), i = 1-7] + [E \times \sum (e_i \times E_i), i = 1-5] + [F \times \sum (f_i \times F_i), i = 1-6] + [G \times \sum (g_i \times G_i), i = 1-9] + [H \times \sum (h_i \times H_i), i = 1-9] + [J \times \sum (j_i \times J_i), i = 1-5]$	

根据表 8-6，可得到非生产性房产管控任一阶段或全寿命周期的综合评分。对各阶段，若达不到 6 分，不通过，分析该工程阶段各指标的得分，针对得分未达到 6 分的指标，及时发现问题，提出改善措施，进一步优化；若达到 6 分，表明该阶段基本满足全寿命周期管控要求，须针对得分偏低的指标局部优化。对全寿命周期，综合评分达到 6 分是基本要求；若低于 6 分，应针对得分偏低的阶段进行分析，为其他项目提供借鉴。

8.4 房产管理的动态预测

国网公司非生产性房产数量庞大，合理规划未来的投入和安排小型基建运维工作，需要有效预测小型基建、技改和运维的工作量。本书引入"资产墙"，开展小型基建、资产运维、技改规模预测，并对资产策略制定提供依据。

"资产墙"分析模型[99]通过对某个历史时间范围内资产投运情况的分析，即以投运时间为横轴，以资产规模为纵轴，表现出的投运资产规模呈现"墙"的形状，反映了现有资产在历史上不同年限投运的规模量。其中，规模量可以用价值规模（原值、净值）或技术规模（数量、容量、长度）表示。该模型的核心是集成非生产性房产的技术、成本、绩效等综合信息，对全寿命周期新增资产、资产改造、运检规模进行预测，并结合非生产性房产管控内外部要求、制约因素，提出缓解未来管控压力的管理举措。

8.4.1 小型基建与技改项目的投资预测

非生产性房产的密集投运一般会导致未来大规模小型基建或集中改造，带来较大资金及可靠性压力。因此，在资产墙模型的基础上，根据不同场景可预测未来资金压力。

8.4.1.1 预期使用寿命分析

确定相关资产预测年限时一般考虑表 8-7 中所列出的三种场景。

表 8-7 各类寿命场景描述

场景	寿命类型	意义	示例(空调)
1	历史实际使用寿命	近两年报废资产的使用年限基本与该类资产实际使用年限接近,以此预测未来几年内该类资产需改造原值	8 年
2	监管要求的寿命	相关监管机构给出了各类资产的折旧年限参考范围,如中央空调为 10~13 年,未来物业费会根据此要求折算进行监审,若设备实际使用年限低于此要求会导致公司收益降低	10~13 年
3	设计寿命	设备的使用寿命不能超过设计寿命,若超过会使设备可靠性降低,影响系统安全	15 年

对于各类资产的资产墙预测年限按以下原则进行:(1)如果实际使用年限未达到其监管要求规定,则预测年限使用监管要求规定的下限;(2)如果实际使用年限处于其监管要求规定范围内,但未超过其设计寿命,则预测年限使用其实际使用年限。

8.4.1.2 资产重置预测

资产墙的横坐标是资产的投运年限,纵坐标是资产原值规模/技术改造规模。通过单位资产墙的平移(使用年限)得到未来资产的原值规模或者技术改造规模数量,再进行累加,得到未来公司整体资产墙,由此预测未来资本性投入规模以及技术性投入规模(包含小型基建与技改产生的重置资产),对可能的资金缺口提前计划,防范未来风险,提升非生产性房产管控水平。

如图 8-7 所示,$F(x)$ 表示现有资产原值规模或技术规模(现有资产墙),$G(x)$ 是将现有规模向未来平移 13 年得到的预测后的重置资产规模(未来资产墙),当需要预测 2017 年重置资产规模(小型基建或技术改造)时,分为两种情形:

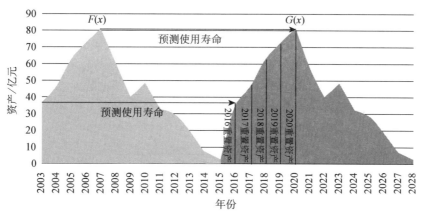

图 8-7 非生产性房产资产墙预测图

(1)当 $F(x)$ 是技术改造规模资产墙时,可预测 2017 年技改规模:

G_{2015} 是新的资产墙起点,也是原资产墙重点,此时资产原值为零;G_{2016} 为截止到 2016 年需累计改造的价值规模总数;G_{2017} 为截止到 2017 年需累计改造的价值规模总数。

具体计算如下：

$$2017\text{ 年需技术改造的规模总数 }C_{2017}=G_{2016}+G_{2017}=84.02\text{ 亿元}$$

（2）当 $F(x)$ 是资产原值规模资产墙时，可预测 2017 年小型基建规模，假定国网公司平均小型基建的完成时间为 3 年，那么 2017 年的小型基建会在 2020 年形成资产，那么需要预测 2020 年的资产规模，从而得到 2017 年小型基建规模：

$$2017\text{ 年小型基建规模 }C_{2017}=G_{2016}+G_{2017}+G_{2018}+G_{2019}+G_{2020}=268.36\text{ 亿元}$$

8.4.2 房产运行维护投资预测

对国网公司非生产性房产主要设备的故障发生数据进行概率分析计算，利用主要设备的缺陷发生率[100]与各类设备的年龄建立线性关系。缺陷发生率的公式如下：

$$y=\frac{\text{缺陷数}}{\text{设备数}}=\frac{\text{在投运第 }x\text{ 年发生缺陷次数}}{\text{投运第 }x\text{ 年的设备数}}$$

经分析，可知各类资产投运时间超过一定年限后会进入缺陷快速上升区，根据历史数据，寻找进入缺陷上升区的年龄段。采用"资产墙"分析思路，结合设备缺陷率与时间的拟合关系，找出设备进入缺陷上升期的投运时间，对设备运维工作量进行预测。

（1）对各类资产发生的缺陷进行统计，根据各类设备的运维现状和缺陷率分析，绘制各类设备的缺陷率拟合曲线，得到各类设备的缺陷高发期。

（2）分析资产进入缺陷上升区的增量，预测未来资产运维工作量变化。

（3）分析状态评价结果，掌握资产健康水平，为制定设备检修策略提供依据。

（4）综合考虑资产缺陷率、状态评价不良率、成新率、强迫停运率等因素，为合理安排运维检修资金提供科学依据。

某非生产性房产中央空调系统的缺陷率与时间关系如图 8-8 所示，剔除异常缺陷年份影响，总体缺陷发生率基本呈曲线上升趋势，缺陷率从第 5 年开始攀升，需重点关注。

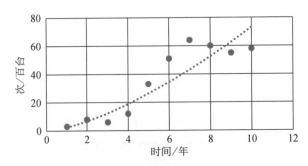

图 8-8 某非生产性房产空调缺陷发生率与时间关系图

采用资产墙方法进行运维工作预测，空调系统在投运第 5 年进入缺陷上升期，为了预测未来 3 年的运维工作量，需要将资产技术规模（数量）的资产墙向右平移 3 年；将运维工作增量简化为未来 3 年进入缺陷上升区的资产增量预测,以此判断未来 3 年运维工作增量。

预测空调系统未来 3 年的运维工作量,如图 8-9 所示,空调系统当前平均年龄约为 8~10 年,已经是缺陷发生比较平稳的阶段,投运第 5 年的空调系统开始进入缺陷上升区,现有 64 台(7+10+8+11+15+13)空调处于该区间,未来 3 年进入缺陷上升区的空调共有 14 台(现在年龄处于 2~4 年,2+5+7)。因此,进入缺陷上升区的空调从 89 台变化到未来 3 年末的 103 台(7+10+8+11+15+13+7+10+8+2+5+7)。

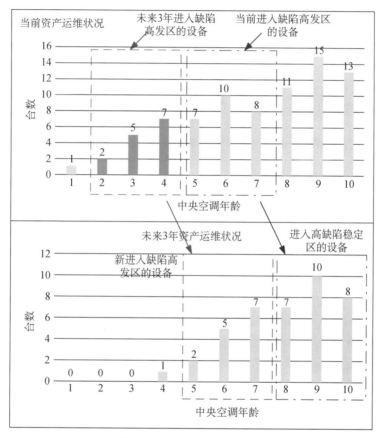

图 8-9　某非生产性房产运维工作预测示意图

8.5　房产全寿命周期管理的持续改进

8.5.1　持续改进的目的

持续改进是实现非生产性房产全寿命周期管控目标、不断增加非生产性使用价值和增强活力的有效手段,是改善、优化、整合资源配置的先进方法。持续改进坚持以持续优化为导向,建立闭环管理机制,通过信息反馈和评估考核,不断优化资产管理策略,实现资产全寿命周期管理的目标和要求[101]。

通过识别非生产性房产全寿命周期持续改进内在动力，从运作流程优化、人员能力提升、工作环境改善、综合评价循环等方面分析持续改进的目的，如图 8-10 所示。

通过前述对非生产性房产全寿命周期各个阶段、全过程的工作成效和工作质量的综合评价，持续改进可以不断优化全寿命周期管控工作流程、指标体系和保障机制，促进阶段之间有效衔接、相辅相成，使得层次之间高效有序，形成信息畅通的横向、纵向闭环管理机制，实现非生产性房产全寿命周期管控水平提升。

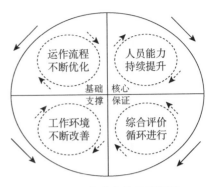

图 8-10 非生产性房产管控持续改进目的

8.5.2 持续改进的机制

8.5.2.1 横向闭环管理机制

根据非生产性房产全寿命周期管控各阶段前后或跨阶段的信息反馈和评估情况，建立管理阶段之间的横向闭环管理机制[101]，以实现非生产性房产全寿命周期管控目标、各阶段工作策略的持续优化，如图 8-11 所示。具体内容如下：

（1）通过对规划计划、采购施工、运维检修、退役处置等跨阶段信息的反馈与评估，持续优化业务过程，如通过对工程建设的里程碑、预算、质量等评估，发现对应规划中的问题，从而根据评价结果优化工作策略。

图 8-11 非生产性房产全寿命周期管控横向闭环管理机制

（2）对比各阶段期初的预定目标和期末的综合评价结果，提高下一阶段预测的准确性和全面性，提升同类型项目的实施效果。

（3）利用其他阶段的信息作为本阶段工作的参考依据，提高决策的科学性。

8.5.2.2 纵向闭环管理机制

国网公司全寿命周期领导小组下达非生产性房产全寿命周期管控目标，省级公司全寿命周期管控小组根据管控目标，下达分解任务和指标，市级公司执行并将执行情况反馈到省级公司进行评价，省级公司全寿命周期管控小组将评价结果上报到国网公司领导小组，领导小组根据评价情况下达考核结果，同时依据考核结果调整优化非生产性房产全寿命周期管控目标，从而建立与省级公司之间的纵向闭环管理机制。通过这种闭环管理机制，可以将国网公司非生产性房产全寿命周期管控目标落实到每一个员工身上，同时执行情况能够及时地反馈到国网公司，从而实现层次上下的协调和统一。

纵向管理机制通过对执行层的监控，与管理层设定的目标或计划内容进行比较，不断修正目标或计划，当达到一定程度时，修正决策层的管控战略，并为下一阶段的目标及计划制定提供优化的依据，见图 8-12。

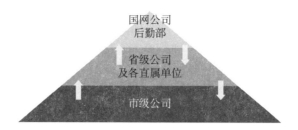

图 8-12　非生产性房产全寿命周期管控纵向闭环管理机制

8.5.3　持续改进的内容

非生产性房产全寿命周期中，通过过程管控、运行绩效监测等手段监测管控目标或计划的执行情况，不断提出改进措施，实现持续改进，改进的内容包括业务组织、规划、策略、实施、流程、制度、标准、信息化等，贯穿于非生产性房产全寿命周期全过程中，促进非生产性房产资产全寿命周期管控组织面、流程面和信息面的有机融合，促进整体运营效率效益的提高，促进安全、效能、成本的协调。

持续优化的结果最终体现在非生产性房产全寿命周期管控目标的优化上。非生产性房产全寿命周期管控目标包括提高安全管理水平、降低周期成本、提高资产效益水平、提高资产服务水平等。通过持续优化的一系列手段方法，达到安全、效能、成本综合最优，避免片面强调某一两个方面目标要求而忽视其他方面要求。

8.5.4　持续改进的方案

通过前述各项研究，在管控目标识别、"三面融合"、政策分析、综合评价、风险管控、信息化建设等基础上，建立非生产性房产全寿命周期管控体系持续改进长效机制，如图 8-13 所示。

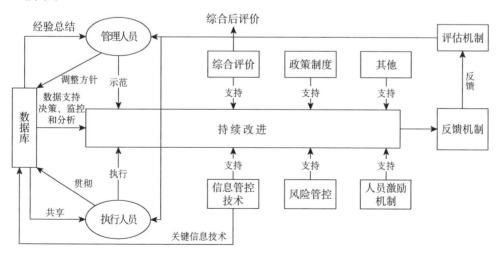

图 8-13　非生产性房产持续改进组织结构图

8.5.4.1 管控目标落实

在全寿命周期中,通过8.5.2.2节中的纵向闭环管理机制,具体落实国网公司非生产性房产全寿命周期管控目标,省级公司管控小组根据目标落实状况明确非生产性房产工作策略,制订相应的工作计划。工作计划的执行情况需及时地反馈给国网公司领导小组,实现层次上下的协调和统一。

8.5.4.2 持续改进点识别

持续改进计划执行后,利用8.3节提出的综合评价方法评价非生产性房产全寿命周期各项工作的目标达成情况,利用8.2节提出的风险评估方法识别出全寿命周期各项工作的缺陷与漏洞,并借助"三面融合"中信息面的信息管理技术将实际完成的结果与预定目标、计划、规范等进行对比分析,查找差距,并进行原因分析;将分析结果与设定的管控目标结合,进行持续改进点识别,提出持续改进的优化目标。

8.5.4.3 改进计划的执行

根据持续改进的优化目标,由省级公司全寿命周期管控小组制定改进措施并形成改进计划。将改进计划与管控目标、"三面融合"、风险管控有机衔接,形成一套具有全过程、全业务的计划管理体系,解决8.5.4.2节中发现的问题,逐步实现螺旋上升的持续改进。

8.5.4.4 持续改进的测量与评审

为了确定持续改进的效果,为下一次改进提供相关数据信息,需要进行持续改进的测量和评审工作。测量和评审的结果用于持续改进的效果评估反馈工作之中。

1)持续改进的测量

对持续改进的测量是对改进前后的情况进行测量,以确定持续改进的效果。国网公司应建立一个与其运作体系相适应的测量系统,用以识别和诊断改进机会,同时也是为了测量改进活动的结果,从而满足国网公司各层级各部门的测量需要。

2)持续改进的管理评审

管理评审由国网公司全寿命周期领导小组定期制订管理评审计划,定期对非生产性房产全寿命周期管控体系进行评审,管理评审的结果应与非生产性房产全寿命周期规划相关联,为国网公司制定和调整管控目标与体系提供依据。

8.5.5 数据驱动型持续改进系统

数据驱动的持续改进系统,就是将收集、分析、报告和使用的数据用于非生产性房产全寿命周期管控持续改进的过程。构建一个数据驱动的持续改进系统将有力推动非生产性房产全寿命周期管控工作的开展。数据驱动强调持续改进是通过对不同类型的数据做出迅速反应而得以提升的。这些数据包括材料、成本等输入数据,效率等过程数据,缺陷率等结果数据,员工意见等满意度数据。

8.5.5.1 基本架构

如图8-14所示,建立了适应于国网非生产性房产全寿命周期管控的数据驱动持续改进系统基本架构,并显示了关键要素。

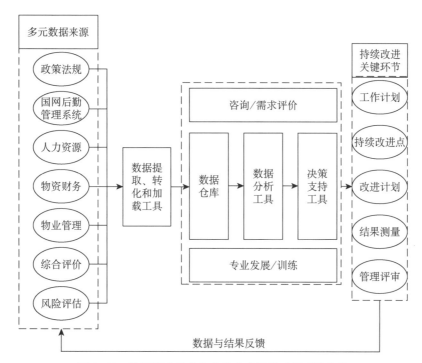

图 8-14 数据驱动的非生产性房产持续改进系统架构

1) 多元化的数据来源

多样化数据应来自国网后勤管理、人力资源、物资财务、物业管理、综合评价、风险评估、政策法规等涵盖全寿命周期不同时期不同功能的数据库和信息平台,需要实现对非生产性房产全寿命周期从孕育期到报废期的全面覆盖,收集完整的过程数据。

2) 数据提取、转换和加载工具

数据提取、转换和加载工具是数据库和数据仓库之间的接口,目的是让国网后勤管理体系对问题进行补救并维护数据质量,最后再将数据加载到目标数据仓库中。

3) 数据仓库、数据分析工具和决策支持工具

数据仓库是用来保存经过挑选的数据,可以完成数据查询和分析;数据分析工具是用来对各种数据进行挖掘、预测和分析,特别是识别持续改进点;决策支持工具的作用是在对大量数据进行分析的基础上,对工作计划制订、改进计划制订、管理评审等工作提供决策支持。

4) 咨询评价与专业训练

数据驱动持续改进系统为非生产性房产全寿命周期管控提供包括综合评价、风险评估、专业发展和培训等咨询支持服务,确保国网内部使用者能学会运用合适有效的策略,充分利用数据支持并促进持续改进,从而实现全寿命周期管控目标。同时也提供业务培训的功能,以提升人员素质,加快持续改进。

8.5.5.2 实现步骤

1) 数据收集与审核

首先,国网总部领导小组提出收集数据的范围和类型。其次,领导小组确认所需的额

外数据，采取多维数据收集的方法，收集量化数据和质性数据（包括对国网内部、承包商和供应商的访谈和问卷调查、施工日志、运行维修记录等）。最后，领导小组根据持续改进管理评审的周期和未来系统处理能力，确定数据收集的频率（如每天、每周、每月、每年的频率）。

2）数据标准化管理

数据收集与审核之后，先将数据标准化，再利用标准化后的数据进行数据分析。第一，设计一套适用于非生产性房产的数据标准。第二，根据国网公司各层级的责任链，设定权限，提高数据质量及其完整性。在这个过程中对非生产性房产管控相关的信息系统进行评价，以确定其是否能胜任数据收集和分析。

3）数据分析

数据分析的主要工作如 8.5.5.1 节所述，对所有收集到的数据进行分析，国网总部领导小组需要制定收集数据的长期策略，同时为国网内部及相关的外部承包商、供应商等提供培训，使之具备数据分析能力。

4）数据支持持续改进

通过大范围推广使用数据驱动持续改进系统，以保证持续改进的真正实现。采用基准化分析法[102]（Benchmarking，BMK），以国网内部先进区域或者国内外先进单位作为标杆进行对比分析，发现差距之后，提出改进措施和行动方案，以弥补自身的不足。

第9章 房产管理 BIM 技术应用案例分析

9.1 系统介绍

9.1.1 系统定位

基于 Web-BIM 的协同管理平台以建设方为主要服务对象,通过功能及模块设计,为其提供一个企业级、可视化、工作流设计灵活的项目协同管理平台,为其提供项目全寿命周期决策信息参考,帮助其实现对多参与方的协同管理,对项目信息的全方位掌控,对资产成本的最优高效管理。

建设方与各参与方同时应用协同管理平台进行施工过程的管理,围绕建设方对工程施工的管理需求,同时兼顾各方的业务流程,明确各参与方在系统应用过程中的工作流程和权责,协同应用、协同管理,利用 BIM 技术和系统应用进行项目的全方位管控,如图 9-1 所示。

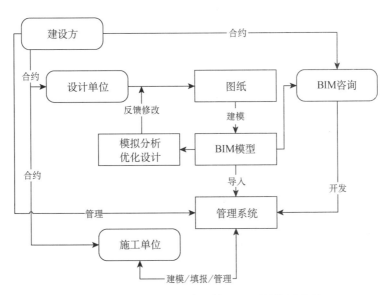

图 9-1 以建设单位为主导的 BIM 系统协同管理

9.1.2 系统架构

系统架构如图 9-2 所示。

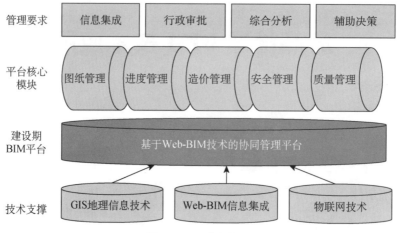

图 9-2 系统架构图

9.1.3 角色及权限

基于 Web-BIM 协同管理平台相关角色及权限说明如表 9-1 所示。

表 9-1 角色及权限说明表

编号	角色	功能权限
1	业主单位	平台相关功能模块数据查阅、审核以及资料上传等,对工程工期、造价、质量等进行管控
2	施工单位	建设期相关流程的数据录入、查阅以及资料上传、上报审核及相关功能模块使用,对工程工期、造价、质量、安全等方面负责
3	监理单位	施工监理相关流程的资料上传,数据查阅、审核及相关功能模块使用,对工程工期、造价、质量、安全等方面进行监控

9.2 系统核心技术

9.2.1 基于 BIM 的可视化管理

基于 BIM 技术的项目管理平台将包含有大量信息的模型通过轻量化处理后上传至线上。基于 Web 端的三维模型浏览,各参与方无须学习专业的软件就可以便捷地浏览三维模型,在进行流程发起或审批时可通过浏览模型发现问题,及时记录沟通,将包含有信息的模型最大化用于各专业,加强各方协调,同步紧密配合。在平台中基于 BIM 模型的可视化管理如图 9-3 所示。

图 9-3　基于 BIM 模型的可视化管理

9.2.2　GIS 与 BIM 技术结合

BIM 技术能够整合、管理资产项目本身所有阶段信息，GIS 技术则能够整合、管理建筑外部环境信息。将微观领域的 BIM 数据和宏观领域的 GIS 数据实现无缝结合与集成，既能借助 GIS 显示项目地理位置信息，实现对单个项目乃至多个项目的空间管理，又能借助 BIM 进行项目内部可视化管理，实现对工程实体的参数化分析。从而，构建一个能够无缝切换展示 BIM 模型与 GIS 场景的平台，对实现项目集成管理与智慧管理有着巨大的作用。

9.2.3　以工作流驱动的平台运作模式

本平台结合项目管理标准流程，并通过对项目全寿命周期各方工作流模式、项目管理习惯及各方操作需求的调研，制定了与项目实际操作高度契合的功能模块及工作流程，旨在以工作流为驱动，促使各方积极协助，推进基于 BIM 的项目管理工作的实施，其具体的操作流程如图 9-4 所示。

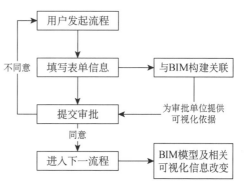

图 9-4　以流程为驱动平台运作模式

9.3 基础功能模块

9.3.1 用户自定义看板

用户可根据自身需求,将常用信息和数据展示模块在项目首页显示,及时关注了解与自己有关的项目信息、文档资料、工作任务、消息通知等。

9.3.2 多项目集成管理

平台将每个用户所参与的项目进行集成管理。项目在平台中有地图展示和列表展示两种功能。在地图展示模式下,项目根据类别和状态以不同图标显示,用户可在某一区域内直观查看自己所参与的项目。在列表展示模式下,平台对项目进行集中展示,用户可根据需要查看相关项目。

9.4 模型管理模块

9.4.1 模型基本操作

本平台能实现常见的 BIM 模型操作,包括根据楼层/专业筛选构件、选择构件查看相关信息、放大构件、隐藏构件、高亮显示、剖切 BIM 模型、测距、搜索、复原等等。

9.4.2 数据关联

平台可实现相关数据与 BIM 模型的关联,目前可分为三种实现方式:

◆ 后台关联:施工单位可将相关文件资料、数据信息提交给 BIM 咨询团队项目经理,由项目经理安排具体工作人员在后台通过提交代码的方式实现数据与 BIM 模型具体构件的关联。

◆ 手动关联:施工单位也可在平台页面自行操作,通过手工录入的方式,将相关数据与 BIM 模型实现关联。每条数据都有独一无二的编码,此编码可与对应的 BIM 模型构件 ID 实现一对多或多对一的关联。此种方法相对于施工单位而言,工作量会比较大,且容易出错。

◆ 自动导入:施工单位也可以通过在平台上传 Excel 表格的方式,批量导入信息。此种方法相对较简单,节省人力和时间,但要求施工单位严格按照平台提供的模板进行编制,否则数据很可能导入失败。

9.4.3 模型上传与变更

◆ BIM 模型上传:由于设计院或市面上常见的 BIM 模型体量太大,直接导入到 Web-BIM 平台中会导致加载太满、浏览器崩溃等问题,要求施工单位先提供满足要求的 BIM

模型,由 BIM 团队工程师先进行轻量化处理,转换成更适合 Web-BIM 协同管理平台的二进制文件格式,再上传至平台中。

◆ BIM 模型变更:在施工过程中,若发生设计变更,施工单位可联系 BIM 咨询团队项目经理或现场 BIM 工程师,提交相关变更文件、新 BIM 模型,由工程师及时对 BIM 模型进行变更。

◆ BIM 模型变更记录:平台提供 BIM 模型的历次更新记录,包括变更时间、变更位置、变更原因、变更前后图片对比等等。平台暂时只提供第 1 版本和最新版本的 BIM 模型,可进行对比。

可执行对同一个项目的不同版本进行对比,从而实现两版模型变更部位的对比。模型页面可进行相关的操作旋转、漫游、测量及涂鸦标记操作,支持文档、变更单及流程挂接绑定,状态可以用视点保存按钮进行视点保存。模型浏览模块支持 3D 模型和 2D 平面同时显示功能,点击 2D 构件,3D 模型可快速定位,方便快速切换到需要查看的模型空间,并支持通过构件列表隐藏构件,查看某构件具体属性等功能。项目模块中还支持 4D 模型模拟,通过模型与任务的关联,自动根据设置的任务时间进行计划进度模拟或实际进度模拟,支持任意时间筛查进度,随时可以查看任务明细。

9.5 OA 型流程管理模块

流程支持与 BIM 模型进行关联,点击流程表单中的反查或绑定,可以查看该条流程涉及的工作范围,可以通过点击模型构件,查看该部位以往的工作流程及资料,通过 BIM 模型对流程工作进行管理。

9.5.1 主要流程

1)发起

平台以填写表单的形式进行流程设计,业主、施工单位和监理单位可根据需要发起相关指令或流程,如变更申请、进度款支付申请等。发起申请后,在平台上填写相关信息,上传附件,随后提交至下一审批单位。

2)流程进程跟踪

平台可设置待办、已办等模块,对角色接收到的审批任务进行提醒,对角色发起的流程进行进程跟踪,对已经完成的任务进行归档。

3)消息中心

可通过平台或短信推送相关消息,如当监理单位审核未通过时,可短信通知施工单位。

4)流程审批可视化依据

平台将流程审批与 BIM 模型相结合,在用户进行流程审批时,BIM 模型所集成的相关信息可提供参考依据,帮助用户更好地进行决策。用户审批界面如图 9-5 所示。

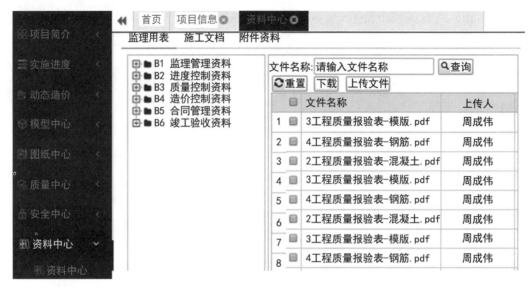

图 9-5 用户审批界面

9.5.2 OA 型流程管理功能汇总

表 9-2 对 OA 型流程管理功能进行了汇总。

表 9-2 OA 型流程管理功能汇总表

功能	功能描述	实现难度
流程发起	业主、施工单位和监理单位可根据需要发起相关指令或流程	高
流程进程跟踪	平台可设置待办、已办等模块,对角色接收到的审批任务进行提醒,对角色发起的流程进行进程跟踪,对已经完成的任务进行归档	高
消息中心	可通过平台或短信推送相关消息,如当监理单位审核未通过时,可短信通知施工单位	高

9.6 图纸管理模块

表 9-3 对图纸管理功能进行了汇总。

1) 动态存储施工图纸

设计单位确定施工图纸后,由建设单位上传施工图纸,将图纸与具体专业或构件组进行动态关联。其他用户可借助平台动态下载图纸,实现远程无纸化办公。

2) 更新施工图纸

当出现设计变更时,设计单位修改施工图纸并评审确认通过,由施工单位将已有施工图纸进行更新上传,提交变更原因,并与对应的 BIM 模型关联,形成历次更新记录和施工图纸历史版本库。

3）在线查看施工图纸

除了模型展示，实现图纸与 BIM 模型的关联等功能，例如点击 BIM 模型某处，即显示对应的施工图纸；发生设计变更时，BIM 模型显示变更前后图纸对比、变更原因等。

表 9-3　图纸管理功能汇总表

功能	功能描述	实现难度
动态存储	包括施工图纸的上传、更新、删除、下载等功能	低
在线预览图纸	在平台上在线预览图纸	低
图纸与 BIM 模型关联	实现施工图与模型的具体关联，如点击模型具体位置，即显示对应图纸；展示设计变更前后图纸对比	高
图纸历史版本	保留历次上传的施工图纸，形成历史清单；能够查看、下载历次版本图纸	中

9.7　进度管理模块

可在线对进度计划进行 4D 模型，支持进度计划与实际计划的对比，并可对截至今天的施工状态进行不同颜色的显示，例如施工中、已完成、未施工等，方便项目参与各方进行形象进度管控。

9.7.1　Web-BIM 平台进度管理工作流程

1）施工总进度计划录入

施工单位发起施工进度计划报审流程，按照平台格式录入施工总进度计划，同时上传相关附件。将施工总进度计划设置为一级进度计划。施工总进度计划录入数据表如表 9-4 所示。

表 9-4　施工总进度计划数据录入表

录入内容	录入数据	备注
施工内容（一级）		每项任务与 BIM 构件关联
是否为关键工序		在横道图及 BIM 模型中以不同颜色显示
开始时间		
结束时间		

◆ 数据录入人员：施工单位。
◆ 流程表单：《施工进度计划报审表》。
◆ 可视化展现：

（1）生成总进度计划横道图。根据施工单位录入的施工总进度计划数据，系统自动生成总进度计划横道图,其中关键工序以不同颜色显示。

(2)进行施工模拟。将总进度计划中的每项施工内容通过独一无二的任务编码,与BIM模型的构件ID以特定规则相关联(关键工序可以不同颜色显示),通过协同管理平台在线进行BIM模型全过程施工模拟,帮助识别施工方案和组织设计中的问题。

施工进度管理示意图和模型可视化图分别如图9-6、图9-7所示。

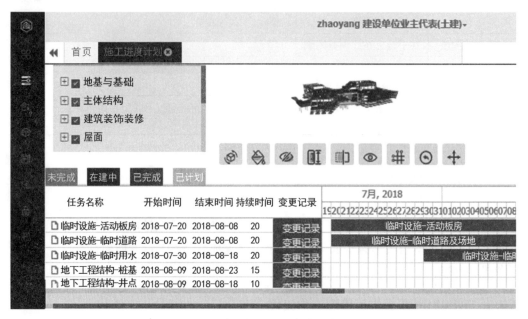

图9-6 施工模拟进度管理示意图

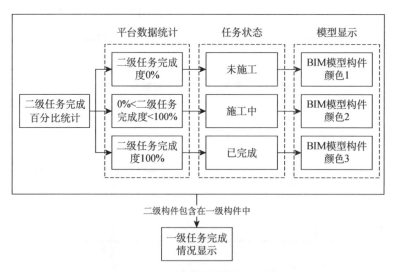

图9-7 模型可视化展现示意图

2)实际施工进度情况确认

◆ 根据《工序报验单》确定实际施工进度。施工单位编制《工程质量报验单》,将工序名称、所属分部分项及工序内容录入平台,上报监理单位审批,审批通过后,该工序完成。
- ◆ 数据录入人员:施工单位。
- ◆ 流程表单:《工程质量报验单》。
- ◆ 可视化展现:进度完成情况 BIM 模型展示。项目每项工序与 BIM 模型构建关联,施工单位将《工序报验单》上报监理单位审核通过后,则该工序完成,BIM 模型中相关构建以不同颜色显示,从而实现施工进度可视化。

3) 工期变更

施工单位根据实际完成进度,选择是否需要调整施工总进度计划。若需要,则应发起总进度计划调整流程,重新录入进度计划,并说明变更原因。当监理单位审核发现实际工程进度与总施工进度计划不符时,也应要求施工单位在平台中调整总进度计划。平台会记录历次调整的总进度计划,以作比较分析。
- ◆ 主要操作人员:施工单位。
- ◆ 流程表单:《工程临时/最终延期报审表》。
- ◆ 可视化展现:施工单位调整总进度计划,重新录入表 9-5 中的数据,形成新的总进度计划横道图,系统会记录并展示历次修改的结果,统计进度计划调整原因,以与原始进度计划进行对比分析。

表 9-5 总进度计划调整数据录入表

录入内容	录入数据	备注
施工内容(一级)		平台可设置下拉菜单
是否为关键工序		在横道图及 BIM 模型中以不同颜色显示
开始时间		
结束时间		
调整原因		

9.7.2 进度管理其他辅助功能

1) 统计查询

BIM 协同平台支持:
- ◆ 按照年/月/自定义时间段,对施工进度计划进行统计查询;
- ◆ 按照年/月/自定义时间段,对实际施工进度进行统计查询;
- ◆ 按照年/月/自定义时间段,对变更记录进行统计查询;
- ◆ 按照年/月/自定义时间段,对未按进度完成进度任务进行统计查询。

2) 资料上传、下载

施工单位、监理单位、业主单位能够通过平台上传、下载相关文件。

进度管理流程如图 9-8 所示。

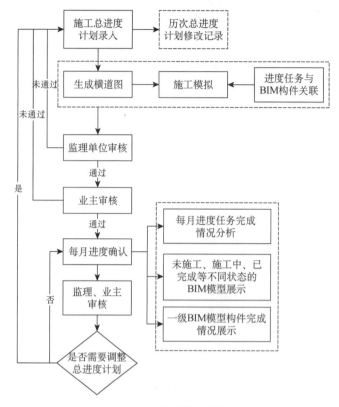

图 9-8　进度管理流程

9.7.3　进度管理功能汇总

进度管理功能汇总如表 9-6 所示。

表 9-6　进度管理功能汇总表

功能	功能描述	实现难度
录入施工进度计划	施工单位录入施工进度计划，每项任务通过独一无二的任务编码，与 BIM 模型的构件 ID 以特定规则相关联	低
计划进度条	以进度条的形式展示实际进度与计划进度的对比情况，点击横道图能查看对应进度任务信息	高
施工模拟	在已生成进度计划前提下，线下生成施工模拟动画，导入到平台中	低
确认施工进度	施工单位每月确认施工进度，若发生延误，引导进入进度变更流程	低
总进度计划调整	施工单位根据实际完成进度，选择是否需要调整施工总进度计划。若需要，则应发起总进度计划调整流程，重新录入进度计划，并说明变更原因	中
工期变动情况展示	提供整体工期变动情况的展示（如折线图、变更清单、变动日期、变动原因、关联的 BIM 模型等数据）	中
流程审核	施工单位录入信息并上报监理单位，监理单位审核通过并上报业主单位，否则驳回至施工单位；业主单位审核通过进度计划，否则直接驳回至施工单位	中

续表 9-6

功能	功能描述	实现难度
统计查询	按照年/月/自定义时间段,可分别对施工进度计划、实际进度、变更进行统计查询	低
资料上传、下载	施工单位、监理单位、业主单位能够通过平台上传、下载文件	低

9.8 造价管理模块

9.8.1 Web-BIM 平台造价管理流程

1）中标工程量清单及中标价录入

按照表 9-7 的格式,施工单位根据 BIM 树分层分专业录入中标工程量清单及中标价。工程量清单按照分层分专业与 BIM 模型构件相关联。

表 9-7 中标工程量清单及合同额录入表

序号	项目编码	项目名称	计量单位	中标工程量	中标价(元)	
					综合单价	合价
		基础				
1	010401001001	砖基础	m^2			
	⋮	⋮				
		一层土建主体				
	010401004001	外墙	m^3			
	⋮	⋮	⋮			
		二层土建主体				
	010502001001	矩形柱	m^3			
	⋮	⋮	⋮			
		一层给排水				
	030109002001	潜污泵 $Q=30\ m^3/h$	台			
	⋮	⋮	⋮			
		二层给排水				
	031006015001	生活水箱 $V=8\ m^3$	台			
	⋮	⋮	⋮			
		一层水消防				
	030109002002	室内消火栓泵	台			
	⋮	⋮	⋮			

续表 9-7

序号	项目编码	项目名称	计量单位	中标工程量	中标价(元)	
					综合单价	合价
		装修工程				
	⋮	⋮	⋮			
		室外工程				
	⋮	⋮	⋮			
		合同总额				

2) 造价变更

施工单位应根据设计变更及材料价差等因素，每月末对工程量清单及金额进行调整。施工单位可根据 BIM 树分层分专业对相应数值进行调整，也可选择新增或删除某一子项，新增项会以不同颜色显示，删除项以删除线显示。对历次更改进行对比分析，可直观查看造价变更原因和结果。工程量清单及金额调整数据的录入情况如表 9-8 所示。

表 9-8 工程量清单及金额调整数据录入表

录入内容	录入数据	备注
是否增加/删除工程清单项	名称、工程量、金额	
需调整的工程清单项	工程量、金额	平台可设置下拉菜单
调整原因		
合同总额		

◆ 主要操作人员：施工单位。

◆ 流程表单：《已完工程量报告》《项目变更单》。

◆ 可视化展现：平台会记录历次清单调整，新增项以不同颜色显示，删除项以删除线显示，可直观查看造价变更的原因和结果。备注中会显示变更时间，通过下拉菜单选择月份可查看各月发生的变更事项。历月造价总额的变化可以折线图展示，同时可汇总分析造价变更原因，为后续造价控制提供参考。同时，BIM 模型构件中会显示相关变更构件。

每月更新后的工程量清单及金额如表 9-9 所示。

表 9-9 每月更新后工程量清单及金额表

序号	项目编码	项目名称	计量单位	中标工程量	中标价(元)		×月更新			备注
					综合单价	合价	工程量	综合单价	合价	
		基础								
1	010401001001	砖基础	m²							
	新增	新增	新增							3月更新

续表 9-9

序号	项目编码	项目名称	计量单位	中标工程量	中标价(元)		×月更新			备注
					综合单价	合价	工程量	综合单价	合价	
	……	……								
		一层土建主体								
	~~010401004001~~	~~外墙~~	m³							2月更新
	……	……	……							
	⋮	⋮	⋮							
		合同总额								

3) 进度款支付

施工单位提出支付工程进度款申请,分层分专业录入已完工程量、金额和应抵扣预付款,上传计量依据(包括现场施工进度照片)、《已完工程量报告》以及《工程进度款申请》等文件,根据录入数据平台自动汇总计算进度款,提交监理。进度款支付审批界面如图9-9所示。

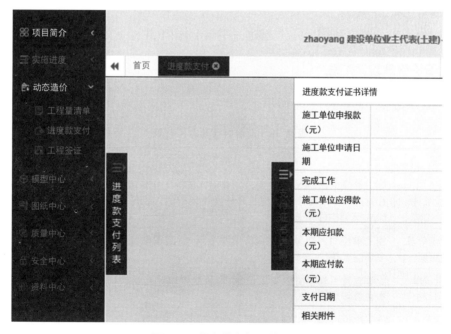

图 9-9 进度款支付审批界面

◆ 主要操作人员:施工单位。
◆ 流程表单:《工程计量报审表》《工程款支付报审表》《工程款支付证书》。
◆ 可视化展现:平台对进度款支付进行跟踪记录,可以图表形式形象展现进度款支付情况,及剩余应支付工程款情况。

4) 竣工结算

施工单位将结算有关的资料全部录入 BIM 平台，并按时间顺序统计成资料目录，并将各个电子资料与 BIM 模型相互关联，特别是现场签证等容易产生争议的地方可利用平台强大的数据交互功能在 BIM 模型中重点标注，一旦在结算过程中对某个部位产生争议，可快速地从 BIM 协同平台调用现场图片等相关资料，可快速真实地还原现场。BIM 协同平台后台根据历次进度款支付记录及工程总额的调整，自动进行工程结算，输出数据。造价管理流程如图 9-10 所示。

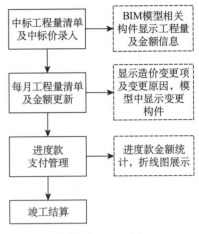

图 9-10 造价管理流程图

9.8.2 造价管理其他辅助功能

1) 统计查询

BIM 协同平台支持：

◆ 按照年/月/自定义时间段，对进度款支付情况进行统计查询。

◆ 按照年/月/自定义时间段，对造价变更记录进行统计查询。

2) 资料上传、下载

施工单位、监理单位、业主单位能够通过平台上传、下载相关文件。

9.8.3 造价管理功能汇总

造价管理功能汇总如表 9-10 所示。

表 9-10 造价管理功能汇总表

功能	功能描述	实现难度
工程量统计	施工单位根据 BIM 树分层分专业录入中标工程量清单及中标价，工程量清单中的每个子项应与月进度计划中的二级任务一一对应，与 BIM 模型构件相关联	低
工程量清单及金额更新	施工单位每月更新工程量清单及金额，由监理单位审核，再提交业主单位审核	低
工程量清单变更对比	能够查看工程量清单变更记录，对历次更改进行对比（保留最初版本和最新版本）	高
进度款支付	施工单位根据分层分专业录入已完工程实际造价（实际造价/工程量统计中的造价得到百分比），根据录入数据自动汇总计算进度款，提交监理单位审核；监理单位通过，再交由业主单位审核；通过后，由施工单位填应扣款项	高
竣工结算	系统根据累计进度款支付情况，自动进行工程结算统计	低
造价信息与 BIM 模型关联	工程造价清单与 BIM 模型关联	高

9.9 安全管理模块

1) 安全生产费用管理

施工单位编制安全生产费用使用计划,每月在 BIM 协同平台中报送使用计划;由监理单位在 BIM 协同平台中监督安全生产费用实际每月使用情况,并上报业主单位审查;业主单位在 BIM 协同平台中审查监理单位上报的安全生产费用使用情况。

2) 安全问题与事故管理

施工现场发生安全隐患、问题、事故后,施工单位通过拍照上传、文字记录、移动终端数据采集等方式将安全问题、事故数据导入平台,并与具体 BIM 模型关联,关联后在模型对应部位出现标识标签,建立基于 BIM 模型的安全数据库,将问题可视化。

监理单位确认问题并上报,由业主单位提出处理意见;施工单位根据整改要求落实整改措施、时间、责任人,在平台上录入整改信息,实现从施工现场到管理层的有效衔接,改善以往沟通不顺畅的情况,安全问题查询界面如图 9-11 所示。

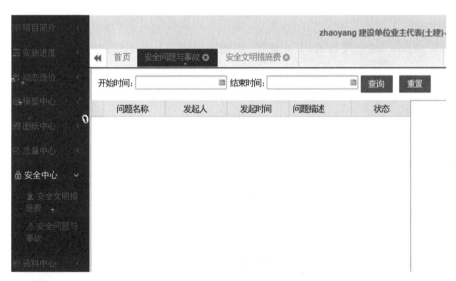

图 9-11 安全问题查询

3) 统计查询

BIM 协同平台支持:

◆ 按照年/月/自定义时间段,对安全生产费用进行统计分析功能。

◆ 根据发生时间、问题/事故类型,对施工过程中发生的安全问题、安全事故及其整改情况进行统计查询。

4) 安全管理功能汇总

安全管理功能汇总如表 9-11 所示。

表 9-11 安全管理功能汇总表

功能	功能描述	实现难度
安全生产费用报审流程	施工单位编制使用计划，每月报送使用计划；监理单位监督实际每月使用情况，并上报业主单位审查；业主单位确认，否则直接驳回至施工单位	高
问题/事故与BIM模型关联	通过拍照上传、文字记录、移动终端数据采集等方式，将安全隐患、问题与具体模型构件关联，跟踪检查中出现的问题整改情况	高
统计查询	按照年/月/自定义时间段，对安全生产费用进行统计查询；根据发生时间、问题/事故类型，对施工过程中发生的安全问题、安全事故及其整改情况进行统计查询，形成问题/事故清单	低

9.10 质量管理模块

1) 材料质量控制

与材料质量控制相关的流程表单有《工程材料、构配件、设备报审表》，施工单位按表单上传相关材料，同时平台可设置表格导入功能。

按照建筑工程质量管理的业务需求，建筑产品属性应具备产品几何信息（类型、形状、长、宽、高、构件间的连接方式、节点详图、钢筋布置图等）、技术信息（材料、材质、技术参数等）、产品信息（供应商、产品合格证、生产厂家、生产日期、价格等）、建造信息（施工单位、施工班组、班组长、建造日期、使用年限等）、维保信息（保修年限、维保频率、维保单位、联系方式等）、来源与去向信息等，并附上相关证明文件。

基于BIM协同平台，施工单位可将材料管理的全过程信息进行记录。监理单位、业主单位同样可以通过BIM协同平台开展材料信息的审核工作，使材料管理信息更准确、有追溯性。材料质量管控界面如图 9-12 所示。

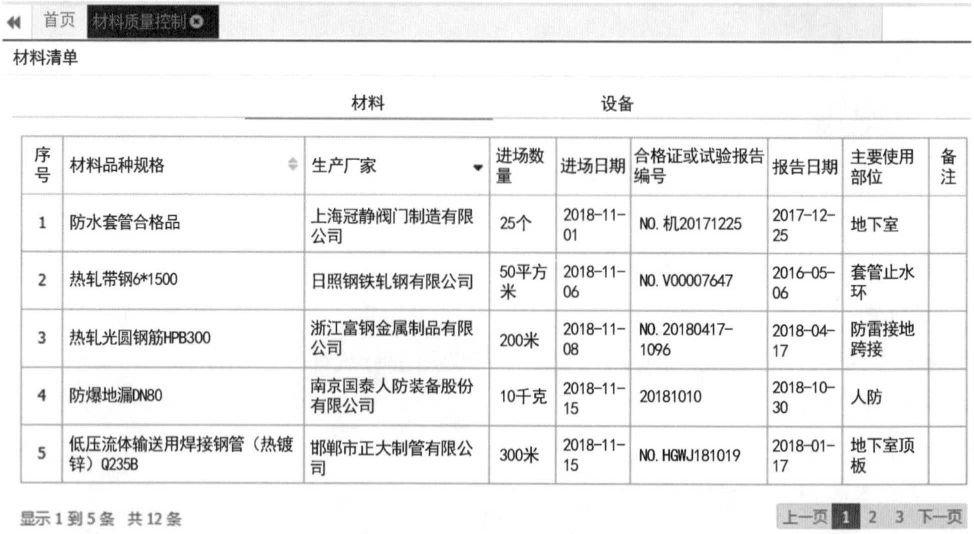

序号	材料品种规格	生产厂家	进场数量	进场日期	合格证或试验报告编号	报告日期	主要使用部位	备注
1	防水套管合格品	上海冠静阀门制造有限公司	25个	2018-11-01	NO. 机20171225	2017-12-25	地下室	
2	热轧带钢6*1500	日照钢铁轧钢有限公司	50平方米	2018-11-06	NO. V00007647	2016-05-06	套管止水环	
3	热轧光圆钢筋HPB300	浙江富钢金属制品有限公司	200米	2018-11-08	NO. 20180417-1096	2018-04-17	防雷接地跨接	
4	防爆地漏DN80	南京国泰人防装备股份有限公司	10千克	2018-11-15	20181010	2018-10-30	人防	
5	低压流体输送用焊接钢管（热镀锌）Q235B	邯郸市正大制管有限公司	300米	2018-11-15	NO. HGWJ181019	2018-01-17	地下室顶板	

图 9-12 材料质量管控界面

2) 质量报验

（1）分项工程报验

流程表单：《工程质量报验表》。

施工单位发起流程，填写相关信息，勾选已经完成需要报验的分项工程，提交监理单位审核后提交业主。该分项工程报验合格后，施工进度中显示该工序已经完成，模型变色。

（2）分部工程报验

流程表单：《分部（子分部）工程报验表》。

每个分部工程中的所有分项工程报验合格后，可进行分部工程报验。施工单位发起，填写相关信息，勾选分部工程报验模块中已经完成的分项工程，提交监理单位审核后提交业主。

3) 质量检查（关联位置、实时传送）

通过拍照上传、文字记录、移动终端数据采集等方式，将施工过程中的质量隐患、问题、事故在 BIM 协同平台中与具体模型构件关联，关联后在模型对应部位出现标识标签，建立基于 BIM 模型的安全数据库，将问题可视化。

监理单位确认问题并上报，由业主单位提出处理意见；施工单位根据整改要求落实整改，并在平台上录入整改信息（包括整改措施、整改时间、相关负责人等等）。监管人员可随时在 BIM 协同平台上查阅，根据整改结果核对质量目标。质量问题界面查看如图 9-13 所示。

图 9-13 质量问题界面

4) 统计查询

BIM 协同平台支持：

◆ 按照材料类型/自定义时间段，对材料进行统计分析。

◆ 根据发生时间、问题/事故类型，对施工过程中发生的质量问题、事故及其整改情况进行统计查询。

5）质量管理功能汇总

质量管理功能汇总如表 9-12 所示。

表 9-12 质量管理功能汇总表

功能	功能描述	实现难度
材料质量控制	监理单位对原材料、构配件、施工设备的物理信息、来源与去向信息进行录入、统计（提供模板，可批量导入）	低
问题/事故与 BIM 模型关联	通过拍照上传、文字记录、移动终端数据采集等方式，将安全隐患、问题与具体模型构件关联，跟踪检查中出现的问题整改情况	高
统计查询	按照材料类型/自定义时间段，对物资材料进行统计查询功能；根据发生时间、问题/事故类型，对质量问题、事故及其整改情况进行统计查询，形成问题/事故清单	低

9.11 资料管理模块

1）全过程资料管理

资料管理模块提供了项目全生命周期的资料，便于运营阶段的项目维护和维修过程中资料查询、问题追溯、责任认定、事件处理，提高运维效率，减少运维成本，包括历次变更清单的展示，历次模型更新记录的保存，变更时间、变更位置（按轴号）、变更原因、前后图片的对比，各阶段审批材料的展示等。

2）检索功能

在查询输入框中键入关键字，系统可根据关键字查询出所有符合条件的记录，以列表方式显示，在单击列表中记录时，系统能够在三维空间自动定位显示该记录代表的对象。同时提供 BIM 模型构件检索，可在模型界面搜索相关构件信息。资料管理功能汇总如表 9-13 所示。

表 9-13 资料管理功能汇总

功能	功能描述	实现难度
资料汇总	各角色在各模块上传的文件在资料管理模块统一归类汇总，能够根据条件进行筛选	中
文件存储	各角色文件上传、下载，删除自己角色上传的文件（没有权限删除其他角色上传的文件）	低
在线预览	对于特定格式的文件（如 pdf、jpg、png 等），可以在线预览	低
文件模板	提供平台中各模块流程中相关模板文件，供下载	低
资料检索	在查询输入框中键入关键字，系统可根据关键字查询出所有符合条件的记录，以列表方式显示，在单击列表中记录时，系统能够在三维空间自动定位显示该记录代表的对象	中
BIM 模型检索	在模型界面搜索相关构件信息	中

9.12 成功案例——PPP 绩效管理系统

PPP 项目绩效考核管理系统以 WEB-BIM 技术为基础,结合 GIS 技术,实现 BIM 模型与实景的自由切换,旨在为政府对 PPP 项目的绩效管理提供方便。系统由移动端 APP 和 PC 端网页两部分组成。移动端 APP 主要在现场利用 BIM 模型进行问题记录;PC 端网页用于具体的绩效管理工作,包括绩效考核、结果分析、付费计算、财政支出分析与预测、报告的生成与导出等。

产品特点:(1)基于 WebGL 技术的 BIM 模型轻量化;(2)GPS+BIM,实现实景与模型的联动;(3)PPP 工程项目的全过程管理:确定指标→建设期绩效考核→运营期绩效考核→移交期绩效考核;(4)可视化统计与分析。

PPP 项目绩效管理系统界面如图 9-14 所示。

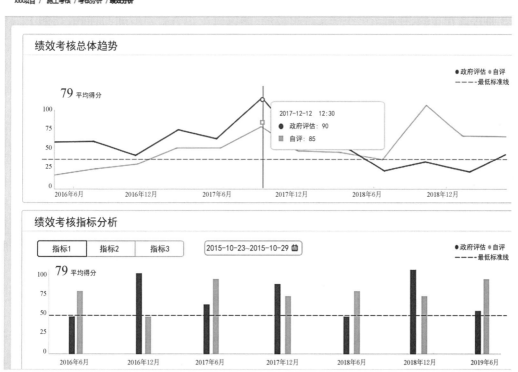

图 9-14　PPP 项目绩效管理系统界面

第10章
基于 BIM 的房产全寿命周期协同管理研究

10.1 协同管理理论

10.1.1 协同管理的概念

"协同学"一词最早来源于古希腊，指通过对多个不同的个体以及相关资源的协调，在相互依赖和资源共享的基础上共同完成计划目标的实现过程。协同学是一门新兴的综合性学科，其主要研究协同系统在从无序向有序演化的过程中所呈现出的规律性。协同系统是普遍存在的，任何由多个子系统组成的，能以自组织方式在空间、时间或功能上形成有序结构的开放系统都是协同系统。它强调双方或几方在同一时刻具有相同的地位、不可替代的作用和同心协力、相互依存、相互配合的关系，强调内部各个子系统或者各个部门之间的合作而产生的新的结构和功能，包括人与人之间、不同组织之间、不同部门之间、不同应用环境之间、人与机器之间、科技与传统之间等全方位的协同。

协同管理，指通过组织与协调异质资源来保证活动能够有效地完成的过程，其中异质资源指不同个体以及不同资源之间的互补[103]。在协同管理过程中，需要通过协同理念改善不同个体之间的联系以及不同资源之间的融合，从而使整个系统的协调能力提高，具体协同方式包括过程协同、职能协同以及信息协同。协同管理不同于协同的是，协同管理是站在管理的角度有决策、有战略的活动过程。在微观上是通过对协调对象的组织，对对象本身、对象交互进行控制的行为，来达到协同目标的过程，这一过程的实现需要技术的支持。在宏观上，这种管理是通过系统的规律来实现的。

10.1.2 协同度测量模型

随着协同、可持续发展研究的提出和深入，许多学者研究建立或修正完善了协同度测算模型。纵观协同度测算的方法模型，大致可以归为以下类别：

1) 距离型协同度

距离型协同度又称变异系数协同度或离散系数协同度，是指用系统间的特定距离来表示系统间的协同程度[104]。杨士弘在研究广州城市环境与经济协调发展时，给出协同度公式：

$$C = \left\{ \frac{f(x) \cdot g(y)}{\left[\dfrac{\alpha f(x) + \beta g(y)}{2}\right]^2} \right\}^k$$

式中，C 为协同度；x 为描述城市环境特征的指标；$f(x)$ 为城市综合环境效益函数（或综合环境函数）；$g(y)$ 为城市综合经济效益函数（或综合经济函数）；k 为调节系数，$k \geq 2$；α，β 为权重。

2) 模糊隶属函数协同度

宋松柏等以复合系统协同理论为基础，采用 Bossel 定向指标框架、评分标准与系统综合指数评价法建立了以模糊隶属协调系数来反映水资源、社会经济、环境协调发展的协调模型，并进行了实际案例研究和仿真运算[105]。陈长杰等基于可持续发展的 PREEST 系统模型，在评价中国经济、资源系统综合发展状况的基础上，通过回归拟合和协调指数计算，对中国经济、资源系统发展的协调状况进行定量分析，并给出若干政策建议[106]。

3) 灰色关联协同度

基于当前所研究的经济、资源、环境等系统具有高度的开放性，系统内部及系统之间的关系错综复杂，呈现非线性关系，可认为它们之间存在灰色关系。为此，越来越多的研究者按照灰色系统理论中的灰色关联分析的原理，将系统看成是灰色系统，根据系统中的序参量实际值与阈值之间的相关联程度或吻合程度，用灰色理论定理描述序参量的有序度[107-109]。当序参量实际值与阈值之间的关联度越大，则序参量的有序度就越高，序参量对系统有序度即协同度的贡献也越大。

畅建霞等依据协同学理论，认为水资源系统要维持有序就要求经济、社会、生态子系统相互协调，系统序参量之间相互协同，据此应用耗散结构理论和灰色系统理论，将灰色关联度与熵结合起来，以序参量为基础，建立了基于灰色关联熵的水资源系统演化方向的判别模型，为水资源系统分析提供了新方法[109]。

刘艳清利用灰色系统理论的建模方法，建立区域人口、资源、环境、经济系统发展协调度模型，通过对协调度的研究，得出一个可表示一个时期区域经济可持续发展水平的综合度量，可以为区域经济可持续发展状况的时空比较和未来趋势的监测预警提供科学依据[110]。

4) 序参量功效函数协同度

序参量功效函数协同度[111]从协同论的角度出发，认为系统由无序走向有序的机理关键在于系统内部序参量之间的协同作用，它左右着系统相变的特征与规律。协同度正是反映这种协同作用的度量。

孟庆松、韩文秀以协同学的序参量原理为基础，创造性地构建了区域创新系统的协同度测算模型，并对"教育—经济—科技"复合系统进行了实证研究[112]。徐浩鸣创造性地构建了产业组织系统协同度模型，从国家层面实证了我国第一支柱产业电子及通信设备制造业的协同状况[113]。

10.1.3 协同管理的目标

非生产性房产协同管理的目标是实现非生产性房产全寿命周期成本最低。"资产全寿命管理"的思想源于设备资产全寿命管理。生命周期是指设备从设计和开发、生产、使用和保障,直到退役和材料回收的全过程。设备资产生命周期费用的含义是:设备产品在其预期的生命周期内设计、研究与开发、制造、使用、维修和保障直至报废所需的直接、间接、重复性、一次性和其他有关费用之和[114]。

在全球激烈的竞争环境下,全球知名电力企业均意识到了资产管理对企业发展的重要性,也在不断探索资产全寿命周期管理及应用,以促进资产能发挥最大效能,为企业发展服务。

英国国家电网公司将一系列智能化的管理工具融入日常管理中去,首先在投资方面采用优选评级的方法对各种模型进行优选评级排序,分析确定最优投资类型。其次在状态与风险方面,实施了一套综合性动态风险评估工具,以实现在不同投资策略和限制因素的条件下,对资产状态和故障分析及影响进行模拟,该工具可将资产按照可靠性和重要性分为不同等级,再通过建模计算,进而得出不同的结果及处理策略。然后建立了一套完整的资产信息管理共享平台,将项目管理、生产运维、后期维护等领域进行关联。最后实现数据集成,根据需要生成各类报表供各类管理人员参考使用。

加拿大的 HyDro One 公司在 20 世纪 90 年代末就引入了资产全寿命周期管理理念,建立了一套完整的资产评估方式,通过健康状态及风险评估两个方面对资产进行评级,根据资产的健康指数确定资产老化程度和维修方式,依据风险大小对资产的重要性进行排序。另外值得注意的是,该公司的资产管理业务选择了专业外包商来负责部分资产的管理,这样不仅节省了主业人员的管理工作量,也提高了资产的管理水平。

新西兰 Ashburton 电力公司首先在明确投资目标前即制订具体的资产计划,综合考虑电网规划、设备改造、维修等各方面;其次根据设备状况、负荷预测等对投资方案进行优化分析;最后凭借信息系统对资产从采购、施工、运维、退役报废全过程进行分析,得出如何实现单位成本最优。

国际先进电力企业的资产管理均是以如何实现资产成本最低为目标,以实现创造价值的最大化:①注重投资前期分析,通过优选评级,确定投资策略;②通过对资产的评级,确定其健康状况,决定其处置方式,以达到利用率最高的目的;③利用信息化手段实现资产的采购、建设、运维、退役报废的全寿命周期管理。

21 世纪初资产全寿命周期成本(Life Cycle Cost,LCC)理念转入电力行业[115],最早出现在铁道电气化领域的应用。电网资产在注重安全可靠性管理的基础上转向资产成本管理,LCC 管理注重资产设备从规划到报废全过程跟踪管理,与传统资产管理相比更加注重长期的资产成本分析。我国电力行业华东电网公司应用较早,但是 LCC 仅对各环节的费用进行简单的评价,较注重降低资产的综合成本。

而资产全寿命周期管理则注重协调设备低成本与高性能之间的关系,以降低资产全寿命周期成本,增强资产利用率与可靠性为目的,利用信息技术,对发生在资产身上的所有事件进行跟踪、归纳、分析,以保证资产的性价比最高。

目前,我国的资产全寿命周期管理实践方面主要有以下两种途径:

第一种,以资产全寿命周期成本管理为准,寻求资产管理模式的新突破。主要是通过企业内部规章制度、规范和管理手段规范资产管理,将成本管理理念融入日常管理中,如优选设计方案以及设备选型、造价方案等,努力实现设备或系统的资产成本最低。

第二种,依托信息系统,实现资产全寿命周期管理。资产管理的处理工作劳动量极大,这使得它烦琐、费时,容易出现人为错误,通过建立全新的信息平台,打破部门壁垒,将资产规划、设计、施工、运维、退役报废各流程串联起来,实现各模块的配合。实现资产的全寿命周期管理,这些系统均有所突破,通过设备全寿命周期的严格管理,严格控制物资采购、设备领用、财务结算付款等环节,改变了原有管理粗放、信息孤立的模式,建立了实时动态、精细化管理的设备资产管理信息系统。但是,基本上都只是在对设备进行综合管理的基础上实现系统的自动转资功能,对设备缺陷状态检修、风险评估缺乏支持,无法为设备大修技改提供决策依据,同时缺少有效的评估及考核手段,对设备及管理缺少量化的考核指标,这些都导致了目前大部分电力企业仍然无法解决资产低成本与高利用率的矛盾。

资产全寿命周期管理注重研究如何协调好设备的可靠性、利用率以及使用寿命之间的关系,实行资产全寿命周期管理将极大地提高电网设备管理水平,降低企业生产成本,加强固定资产管理与预算管理的结合,合理控制电网投资,提高企业的效益。同时,国家提出建设智能电网、绿色电网的要求,将促使管理人员改变原有的管理模式。如何达到节能降耗,将电网运营与环境相协调,如何管理好越来越庞大的电网资产,将是我们所面临的考验。

10.2 Web-BIM 技术与应用

10.2.1 Web-BIM 技术基本概念

20 世纪 90 年代,国内设计企业逐步抛弃图板,取而代之的是计算机辅助设计(CAD)技术的普及。这是建筑业信息化与数字化的第一波潮流,图纸的形式从纸变为数字信息,从而有利于降低绘图强度,提高绘图精度和设计效率,并便于资料管理与传输。然而,绘图的数字化并不能代表整个建设过程的数字化,仅通过 CAD 技术并不能完全将数字化的优势引入建设的整个流程。

建筑业是复杂的,建设项目的全寿命周期是多阶段的,而整个项目过程中涉及的人员更是数量庞大、跨各类学科领域的。他们之间的信息传递与共享的低效率是制约项目进度、消耗项目的一大因素。信息化与数字化为我们提供了解决此问题的空间,而目前出现的技术便是建筑信息模型(BIM,Building Information Model)。

建筑信息模型 BIM 最早源于美国,Charles Eastman 在其撰写的 *Building Product*

Model 一书中首次提出了建筑信息模型的理念。后来，Eastman 在《BIM 手册》中将 BIM 定义为："BIM 是通过参数化建模将建筑物构件信息集成于建筑模型中，在项目全寿命周期各个阶段，项目参与主体通过模型实现项目信息的传递与交换。"

BIM 通过数字化技术，在计算机中建立一座虚拟建筑，这一虚拟建筑会提供一个单一的、完整的、有逻辑的建筑信息库，通过数字信息仿真模拟建筑物后产生的真实信息，并且它使建筑师们抛弃了传统的二维图纸，不再苦于如何用传统的二维施工图来表达一个空间的三维复杂形态，从而极大地拓展了建筑师对建筑形态探索的可实施性。BIM 技术是数字模拟技术在项目实际工程中的直接体现，解决了软件对实际工程项目的描述问题，为设计师和其他工程技术人员提供了需要的信息，使其能够正确应对各种信息，同时为协同工作的进行做好铺垫。建筑信息模型支持建筑工程的集成化设计与管理，大大提高了工作效率并减少了风险。

理论中的 BIM 应能够贯穿建设项目的整个生命周期，并支持项目全部信息的存储与交互，然而仍需要一个以实际技术搭建的系统来实现 BIM 的这些特性，BIM 服务器应运而生。BIM 服务器使用服务器作为 BIM 信息的存储载体，通过服务器与客户端之间的通信完成 BIM 信息的交互。

根据客户端的不同形式，网络结构模式可分为 C/S 架构与 B/S 架构[116]。其中，C/S 架构的客户端为桌面应用程序，而 B/S 架构的客户端为浏览器。B/S 架构的处理过程与结果呈现之间的分离更为明晰，主要运算集中在服务器中，因而相对于 C/S 架构，其对网络前端的软硬件要求更低，并且 B/S 架构的系统更新仅仅发生在服务器端，因而维护与升级更便利、灵活[117]。而随着移动通信与移动终端技术的进步，针对移动终端的浏览器也日趋成熟并得到普及，因而 B/S 架构对于移动平台的兼容性也成为优势之一。

10.2.2　Web-BIM 技术应用框架

1）工程项目全寿命周期管理

工程项目全寿命周期管理是指将工程项目管理不同阶段的相互独立的管理过程视为一个统一的集成化系统，以促进整个项目实施为目标，对各个阶段进行管理的一种系统性理念，即以系统的眼光看待项目管理各个过程，绝非将项目实施各个阶段独立分割。

工程项目全寿命周期管理理念将以往分割的项目管理各个阶段有机联系起来了，Web-BIM 技术的发展，进一步将各阶段信息统一集成，可以说全寿命周期管理为 Web-BIM 的运用提供了条件，Web-BIM 的运用促进了全寿命周期管理。全寿命周期各个阶段均可使用 Web-BIM 技术：项目决策阶段，BIM 技术可以提供可视化的建筑环境分析、设计漏洞检验等；项目施工阶段，BIM 技术可以进行施工模拟、材料估算、施工控制等；项目运营阶段，BIM 技术能为项目提供设施维护监测、运营评估等。因此，将 BIM 技术运用到全寿命周期管理中，能有效地促进项目的实施。

2）工程项目各参与方管理

Web-BIM 技术可以有效地将业主方、设计商、承包商、监理方、供应商、运营商结合起来，为项目管理提供可视化的决策平台，各个经理通过 Web-BIM 平台实时掌握工程实施情况，做出相应决策，使得项目的组织结构更加扁平化，分散了传统组织结构中经理的权力，减少腐败现象的发生。Web-BIM 技术在工程项目各参与方中的应用如图 10-1 所示。

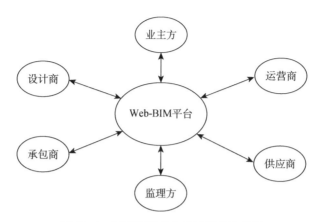

图 10-1　工程项目信息协同管理结构图

3）工程项目信息管理

BIM 信息协同系统通常采用 C/S 和 B/S 的混合模式，该模式集合了 C/S 模式和 B/S 模式的优点，既有 C/S 的及时交互性与高度安全性，又有 B/S 客户端的便利性，不仅实现了信息的集成与交互，而且对数据进行了严密有效的管理。BIM 信息协同系统的架构如图 10-2 所示。

在 BIM 信息协同系统架构中，按照不同的功能将系统架构的层次分为四层，即表示层、业务外观层、功能层以及数据层[118]。

(1) 表示层

表示层，位于整个系统架构的最上层，是人与系统进行信息数据交互的接口，在 BIM 信息协同系统中，项目参与方需要通过表示层才能进入系统界面。目前，由于硬件系统的快速发展，出现了如平板电脑、智能手机等种类丰富的终端硬件。因此，通常在人机接口进行设计时都会考虑硬件及相应软件的特征，支持台式机与移动终端不同的操作系统。通过表示层的用户访问系统界面，项目各参与方可以方便地上传与下载相关 BIM 模型及项目资料，及时实现项目信息的共享与交流。

(2) 业务外观层

业务外观层使用 Web 服务器将系统的业务逻辑进行封装，实现外部异构系统或本地用户对系统功能的调用。在 BIM 信息协同管理系统中，根据 BIM 集成信息的分类，将外观层根据工程项目建设的各个阶段以及各阶段 BIM 所集成的信息划分为决策阶段、设计阶段、施工阶段、运营阶段四个模块，并在四个模块下进一步细化，划分为投资决策信息、建筑性能分析信息、施工图深化设计信息、管线综合平衡设计信息、施工方案模拟信息、施工工艺模拟信息、施工进度控制信息、施工成本控制信息、施工现场管理信息、建筑运营管理信息等十个子模块。

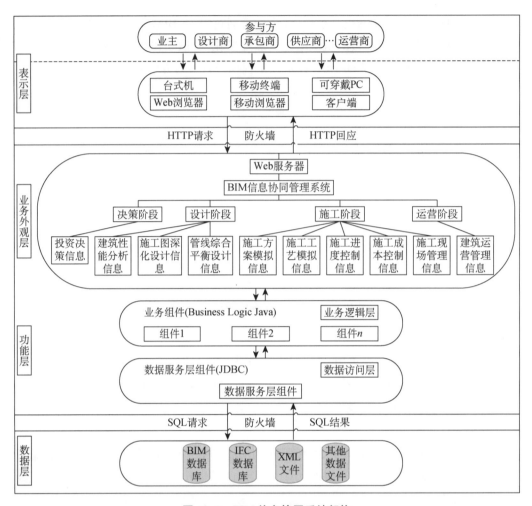

图 10-2 BIM 信息协同系统架构

(3) 功能层

功能层主要包括负责具体业务处理的业务逻辑层以及实现数据访问的数据访问层。功能层从用户界面的表示层以及存储信息的数据层获取信息指令,再经过业务逻辑层将需要处理的业务逻辑抽象为业务处理算法,完成数据信息的处理。其中,业务逻辑层用系列 Java 组件以及业务逻辑对象来实现,整个系统的业务逻辑方法需要业务逻辑对象来满足。这些业务逻辑方法依赖数据访问层一系列对象组件来完成,业务逻辑层的主要功能是提供细粒度服务;数据访问层负责读写系统数据库中的信息数据,由一系列数据访问对象组件组成,这些数据访问对象组件实现了对系统数据库的建立、更改、查询、删除等操作。

(4) 数据层

数据层即数据库管理系统,主要为数据信息提供集中式的存储,便于快速地检索、更新以及数据管理,所有有关数据的一致性、完整性、安全性等操作都在数据层进行。通常数据层使用 SQL 语言进行数据的传送与提取,数据库主要包括 BIM 数据库、IFC 数据库、XML 文件及其他数据文件。在数据层,数据库存储的信息数据种类较多,BIM 数据库包含各类 BIM 应用软件保存的项目 BIM 数据;IFC 数据库指基于 IFC 标准的关系数据库;XML 文件表示结构化以及半结构化的信息数据,而照片、图表、文档、视频等信息数据则包含在其他数据文件中。

10.2.3　Web-BIM 技术应用条件

1) 改变管理模式

传统的项目管理往往是事后的、静态的,上下级之间缺乏交流,各个部门之间也缺乏及时的交流和沟通,领导将目标确定,有关人员给出相应的计划,但给出之后双方往往就不再沟通,等计划到期一查,往往发现这里没有完成,那里没有落实。这就是在以往的项目管理中总是存在工期拖延、质量隐患的原因。

杰克·韦尔奇曾有一个比喻:企业的组织就像是一幢房子,当一个组织变大时,房子中的墙和门就增多,这些墙和门会阻碍部门间的沟通和协调。而为了加强沟通和协调,你必须把这些墙和门拆除。基于 Web-BIM 技术的项目管理[119]正是满足了这种需要。Web-BIM 技术使得项目的各参与方可以借助 Web-BIM 平台对项目进行管理,减少了具体的管理层级,Web-BIM 技术的应用需要项目管理方改变原有的管理模式,建立以 Web-BIM 平台为核心的新型管理模式[120]。具体的概念模式如图 10-3 所示。

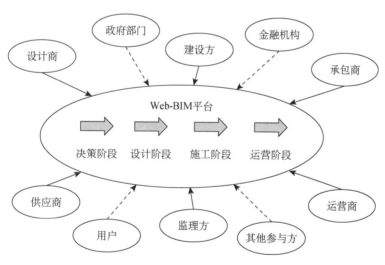

图 10-3　工程建设项目全过程各参与方

2) 明确职能分工

由于工程项目具有人员流动性强、资源种类多样、组织关系复杂等特点,因此,运用 Web-BIM 技术对项目参与人员及项目资源进行整合,需要明确各参与方的相关职责。工程项目各直接参与方相关职责如下:

(1) 建设方,即项目业主,作为工程建设项目的核心主体,在工程项目协同管理中担任协调主体的角色。根据建设意图和建设条件,制定项目整体目标,明确其他项目参与方的工作任务及要求,并整合项目各参与方的企业资源,推进整个工程建设项目的正常运行,及时协调和处理项目实施过程中产生的问题,为工程项目整体目标的实现提供基本保障。

(2) 设计商,根据业主提供的信息和相关要求,按照相关政策及法律法规,对项目方案进行设计和修改,编制指导工程项目活动的设计文件,保证项目设计的整体性与延续性。通常情况下,项目开发总成本费用中大约70%在设计阶段就已确定,设计阶段对于项目成本控制十分重要。因此,与设计商保持有效的沟通与协调,能够有效地减少项目的建设成本,保证项目较好的设计质量。

(3) 承包商,是建设项目开展过程中的主要参与方,根据工程项目建设的计划,结合设计施工图,制定建设项目实施方案,按照设计图纸建造符合要求的产品。同时,由于建筑产品可以直接体现设计方案的真实效果,工程施工的质量直接影响建筑物的使用和维护,因此,及时与承包商沟通交流,了解项目最新进展和施工情况,有助于保证项目的工程质量,使项目按照计划进度顺利实现。

(4) 监理方,受业主方委托,依据监理合同提供监理咨询服务。在工程项目实施过程中,监理方按照业主方的建设意图以及工程项目的建设目标,协助业主方对整个工程项目的实施过程进行监督、协调及控制等,保证项目进度、质量、成本按照计划进行,协调项目各参与方之间的关系,保证项目实施工作顺利进行。

(5) 供应商,按照工程项目的采购要求,对建筑材料、建筑设备以及建筑部品进行生产,保障工程项目建设需要的材料和设备的供应。一般来说,建筑材料及设备采购费用大约占据整个项目开发总成本的25%,对工程项目采购的严格管理将有助于控制项目的成本,增大项目的经济效益。

(6) 运营商,对工程建设项目的后期维护及运营进行管理,主要包括设施维修、设备维护、物业服务、安全保卫等。工程项目后期运营管理的好坏直接关乎项目的经营效益,良好的物业管理服务可以极大提升项目的品质和使用价值。因此,及时与运营商沟通交流,获取项目相关运营信息,可以极大地提升项目后期的运营与管理效益。

3) 改进管理流程

流程是组织能力的存在形式,流程的运行能力就表现了组织的管理水平,流程是组织传递能力的载体和工具。项目管理者不仅要能传递压力,更重要的是能传递能力,为了确保Web-BIM技术发挥其应有的功效,需要对相应的工作流程进行整改。

伴随着流程的运行,会产生大量的信息。建设工程项目信息众多,这些信息传递的有效管理对最终实现项目全寿命周期成本最优至关重要,所以管理流程的改进应以工程项目管理过程中信息的传递为指导。

在工程项目建设的不同阶段,不同参与方掌握的相关项目信息不同,为了保证项目的顺利进行,不同参与方之间需要互相交换和传递自身掌握的项目信息,从而形成项目信息流,在项目各参与方之间互相流动。随着项目信息的流动,项目的物流、工作流、资金流也相应流动,共同贯穿于工程项目实施的各个阶段。表10-1列出了项目各直接参与方的信息。

表 10-1　项目直接参与方的信息

项目参与方	需要的信息	处理和传递的信息
业主方	项目基本信息、项目前期文档、项目总投资、资金来源、招投标信息、合同信息、会议纪要、设计任务书、项目定义、总投资确定、招投标工作记录、采购信息、施工信息、监理信息、竣工信息等	项目定义、总投资确定、招投标管理等
承包商	项目总体信息，进度，质量，费用控制信息，业主指令信息，政府相关批准文件，招投标信息，合同信息等	工程报表与报告信息、落实项目计划信息、项目进度报告等
监理方	施工合同、施工组织计划、施工计划方案、现场进度、项目变更信息等	监理程序和制度、监理目标、监理合同等，施工图纸、设计变更信息等
设计商	项目可行性研究报告、设计任务书、初步设计文件	
供应商	采购信息、招投标信息、合同信息等	
运营商	项目竣工信息、用户信息、物业管理信息等	

第11章
基于 Web-BIM 的房产全寿命周期协同管理整体解决方案

基于前述问卷调研与案例分析，本章提出下述基于 Web-BIM 的非生产性房产协同管理整体解决方案。以 Web-BIM 环境为宏观环境，实现国网后勤管理系统、建筑智能化系统、房产资源汇编系统、全寿命周期管理系统及国网公司计划管理系统这五大系统的数据集成。数据集成是数据应用的重要基础，数据价值的发挥更依赖于多个数据源的交叉应用。Web-BIM 环境的引入，需要公司对组织架构、管理流程等进行改进与完善，通过全寿命周期管控模式设计、具体制度建设、全寿命周期综合评价以及流程诊断与持续改进实现基于 Web-BIM 的非生产性房产全寿命周期管理，具体的支撑体系如图 11-1 所示。

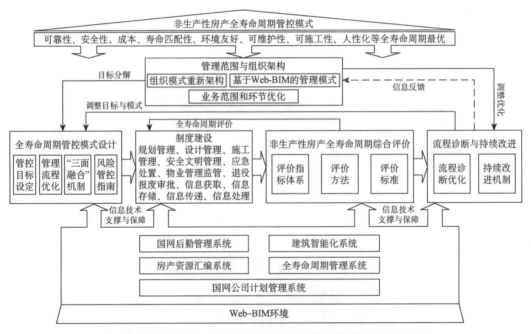

图 11-1 基于 Web-BIM 的非生产性房产协同管理整体解决方案

本章以组织协同、流程优化和信息共享为 Web-BIM 环境下非生产性房产协同管理的"三个目标"，以初级协同阶段、协同阶段和多元协同阶段为其发展的"三个阶段"，通过基于 Web-BIM 的非生产性房产协同管理模式构建，基于 Web-BIM 的非生产性房产协同管理流程设计和基于 Web-BIM 的非生产性房产协同管理实施路径框架设计三个过程，建立"两个框架、一个流程和三条路径"，全面促进非生产性房产在 Web-BIM 环境下的协同管理制度的建立。

11.1 基于 Web-BIM 的房产全寿命周期协同管理的"三个目标"

根据目前国网江苏省电力有限公司在非生产性房产协同管理方面的现状，结合国内外相关案例分析可知其协同发展的三个主要目标是组织协同[121]、流程优化[122]和信息共享[123]。

1）组织协同

由调研结果可知，虽然目前国网江苏省电力有限公司在非生产性房产组织层面的协同情况较好，但是仍存在管理效率低、沟通不畅、责任划分不明确、规章制度存在冲突等情况。而组织协同是指横向上使得财务、招投标、投资规划、后勤等各职能部门能够明确职责分工，针对设计、监理、施工、运维等项目参与者制定一体化的协同管理制度。同时，在纵向上使得县级公司、市级公司和省级公司的层级架构更为合理，最终形成自上而下、扁平化的协同管理体系。

2）流程优化

由调研结果可知，虽然目前国网江苏省电力有限公司的非生产性房产管理流程较为合理，但是仍存在运营维护阶段覆盖少、流程与项目不匹配、流程任务与目标设置存在偏差或不关联、流程运行中断等问题。而流程优化是指在识别非生产性房产协同管理的目标的基础上，通过制定合理的协同管理流程设计框架，结合管理层级分析、组织结构设计、管理活动识别、逻辑关系构建等过程，设计合理的非生产性房产协同管理流程，使其更加顺畅，提高管理效率。

3）信息共享

由调研结果可知，虽然目前国网江苏省电力有限公司在非生产性房产信息协同方面的情况较好，但是仍然存在信息丢失、信息传达延误、信息无法表达、信息传递责任分配模糊、信息传递规范缺乏等现象。而信息共享是指在 Web-BIM 基础上，通过技术提升，建立贯穿非生产性房产全寿命周期的信息共享机制，提高信息的共享度，加大流程的运行效力，促进组织架构的全面落地。

11.2 基于 Web-BIM 的房产全寿命周期协同管理的"三个阶段"

通过对国网江苏省电力有限公司协同度的计算，结合协同学理论和置信区间理论，将非生产性房产协同管理的阶段划分为初级协同阶段、协同阶段和多元协同阶段。

1）初级协同阶段

初级协同阶段是指协同度处于[1,3.753 6)之间时非生产性房产所呈现出的整体状态，此阶段中组织、流程、信息三个方面均处于较低水平：组织方面主要表现为组织结构、协同绩效评估制度、协同管理激励机制等内容急需建立和完善;流程方面主要表现为员工职责分配、流程的任务和目标等内容急需明确;信息共享方面主要表现为信息共享企业文化氛围急需建立,信息传递和考核制度急需制定,员工信息管理能力急需提升。

2) 协同阶段

协同阶段是指协同度处于[3.753 6,4.148 8)之间时非生产性房产所呈现出的整体状态,此阶段中组织、流程、信息三个方面均处于中等水平:组织方面主要表现为组织结构、协同绩效评估制度、协同管理激励机制等内容基本建立,但还需做出进一步完善;流程方面主要表现为员工职责分配、流程的任务和目标等内容基本明确,但还需做出进一步优化;信息共享方面主要表现为信息共享企业文化氛围基本形成,信息传递和考核制度基本建立,员工信息管理能力大幅度提升。

3) 多元协同阶段

多元协同阶段是指协同度处于[4.148 8,5]之间时非生产性房产所呈现出的整体状态,此阶段中组织、流程、信息三个方面均处于较高水平:组织方面主要表现为拥有合理的组织结构、完善的协同绩效评估制度和激励机制;流程方面主要表现为明确了员工职责分配、流程的任务和目标等内容;信息共享方面主要表现为信息共享企业文化氛围全面形成,完整地建立了信息传递和考核等制度,员工信息管理能力处于世界领先水平。

11.3 基于 Web-BIM 的房产全寿命周期协同管理总体思路

以协同管理的"三个目标"为指导,以协同管理的"三个阶段"为依据,从非生产性房产协同管理模式、非生产性房产协同管理流程和非生产性房产协同管理实施路径三个方面着手,建立"两个框架、一个流程和三条路径",全面实现 Web-BIM 环境下非生产性房产的协同管理,具体如图 11-2 所示。

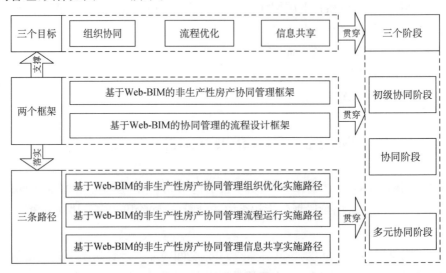

图 11-2 协同管理总体思路

1) 构建模式

结合 PDCA 循环理论,从协同管理的目标设置、工作执行、协同度评价、实施路径四个方面入手,建立非生产性房产协同管理框架,对 Web-BIM 环境下非生产性房产协同管理问题进行深入分析。同时,结合调研结果将非生产性房产协同管理的"三个目标"进行细化,并结合精益价值管理理论设计非生产性房产协同管理的流程设计框架,具体如图 11-3 所示。

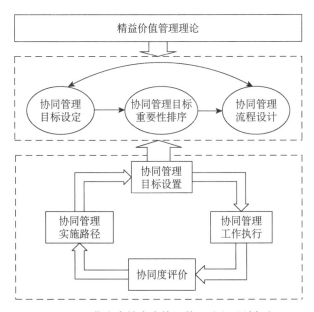

图 11-3 非生产性房产协同管理流程设计框架

2) 设计流程

以上述两个框架为依托,从组织协同、流程优化和信息共享三个方面着手,建立自上而下的非生产性房产协同管理流程,具体如图 11-4 所示。

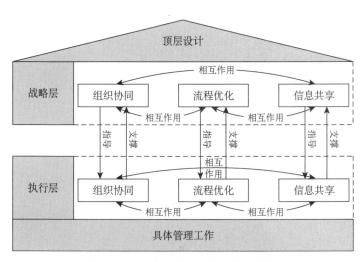

图 11-4 非生产性房产协同管理流程

3）制定路径

以非生产性房产协同管理框架为指导，以推动非生产性房产协同管理流程落地为目标，从组织优化、流程运行和信息共享三个方面出发，建立互为支撑、互相作用的非生产性房产协同管理实施路径，具体如图11-5所示。

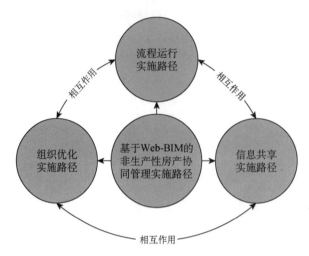

图11-5 基于Web-BIM的非生产性房产协同管理实施路径框架

第12章 基于 Web-BIM 的房产全寿命周期协同管理模式构建

本章结合 PDCA 循环理论[124]、目标管理理论,从基于 Web-BIM 的非生产性房产协同管理框架设计、目标设置和信息需求分析几个维度出发,构建基于 Web-BIM 的非生产性房产协同管理模式。

12.1 基于 Web-BIM 的房产全寿命周期协同管理框架设计

本研究结合 PDCA 循环理论,从协同管理的目标设置、工作执行、综合评价、实施路径四个方面入手,对 Web-BIM 环境下非生产性房产协同管理问题进行深入分析,构建如图 12-1 所示的协同管理框架。

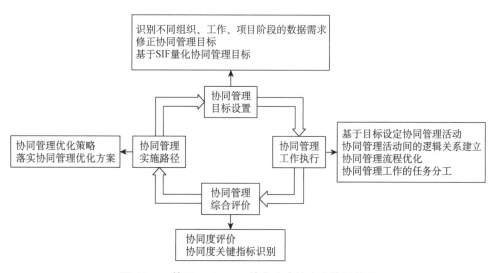

图 12-1 基于 Web-BIM 的非生产性房产协同管理

PDCA 循环又叫戴明环,由美国全面质量管理专家戴明博士首先提出,他认为管理中的任何工作都可分为四个阶段:P(Plan)是计划阶段,D(Do)是实施阶段,C(Check)是检查阶段,A(Action)是行动阶段。PDCA 循环是一个环环相扣、不断提升的循环机制,每次循环都把目标带到一个新高度,使得管理绩效逐步提高。这一理论已经在质量管理、绩效管理、风险管理等多个领域展开应用。协同管理目标是实现协同管理绩效的持续改进，这与 PDCA 的持续改进理念是一致的，因此本文以 PDCA 循环为原型，构建持续运转的非生产性房产协同管理体系。

12.2 基于 Web-BIM 的房产全寿命周期协同管理目标设置

根据传统的管理流程与目标管理理论，目标设定是实施有效管理的第一步，有效的目标将对管理工作与管理绩效的完成起到积极的引导与激励作用。在非生产性房产的协同管理中，协同管理目标设定是协同管理体系运转的首要环节和起点。有效的协同管理目标（Coordination Management Goals，CMGs）必然能够指引管理者以一定的资源投入（人力、物质、时间）开展准确、高效的协同管理工作，从而最大效率地提升协同管理的绩效。

依据上述分析结果，本文设置如表 12-1 所示的协同管理目标。

表 12-1 基于 Web-BIM 的非生产性房产协同管理目标

非生产性房产协同管理目标	非生产性房产协同管理子目标
CMG1:提升组织效率	CMG11:优化非生产性房产协同管理组织架构
	CMG12:构建非生产性房产协同管理制度体系
	CMG13:监管非生产性房产各部门职能履行情况
CMG2:提高信息共享度	CMG21:完善信息集成共享系统
	CMG22:提升员工信息系统使用能力
	CMG23:提高信息传递规范化程度
	CMG24:提高信息传递准确度
CMG3:增强流程运行能力	CMG31:增强房产全寿命周期流程运行能力
	CMG32:增强各部门间协作能力

12.3 基于 Web-BIM 的房产全寿命周期协同管理信息需求分析

本研究通过问卷调研的方式，了解不同职能、不同职务、不同阶段的工作人员在对非生产性房产进行管理时的信息需求情况，针对江苏省十三个地市的工作人员共发放调查问卷 997 份，超过了 520 份的样本量计划，能够充分地反映全省范围内各工作人员的信息需求状况。

基于《Web-BIM 协同管理信息需求调查问卷》调研结果，针对不同的职能、不同的职务、不同阶段的参与人员，将非生产性房产全寿命周期（项目规划阶段、项目可研阶段、项目设计阶段、项目土地获取阶段、项目采购阶段、项目施工阶段、项目运维阶段、项目技改大修阶段、项目退役报废阶段）信息需求整理为四类：关注的信息、概括性的信息、详细性的信息和还需要的信息。

12.3.1 房产管理不同职能参与人员的信息需求

(1) 在项目规划阶段,不同职能普遍关注的信息是项目建设的必要性和项目建设的可行性。除此之外,物资仓储人员还关注专项规划是否能够保证目标、措施、资料信息的安全可靠,施工单位和监理单位还关注项目建设规模(见图 12-2)。

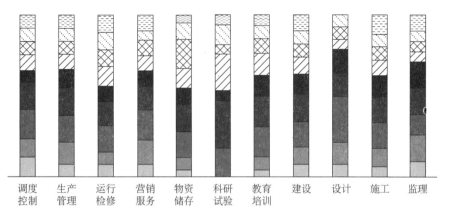

图 12-2 项目规划阶段不同职能所关注的信息

(2) 在项目可研阶段,不同职能普遍关注的信息是存在的问题及建议、可行性研究报告的结论和方案设计说明。除此之外,运行检修人员、物资仓储人员和科研实验人员还关注工程建设依据(见图 12-3)。

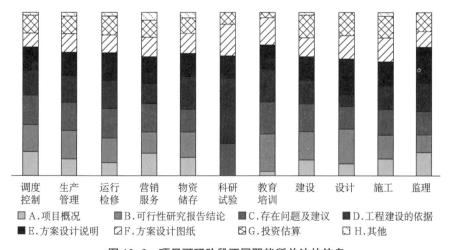

图 12-3 项目可研阶段不同职能所关注的信息

(3) 在项目设计阶段,不同职能普遍关注的信息是项目总体规模及用途、地基处理及土石方部分、项目设计部分、项目概算部分等方面是否有明显漏洞,项目可行性研究是否通过评审,设计招标是否完成,地勘报告是否完成,办理征地前期手续是否完成,是否取得地方政府的规划设计条件。除此之外,生产管理人员、运行检修人员、营销服务人员、施工单位还关注设计图纸(见图12-4)。

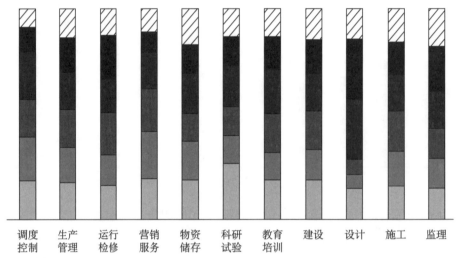

☒ F.施工图设计深度是否达到要求,能否实现建筑的功能,与初步设计方案是否能很好地契合,可施工性和工程建设环境考虑是否周全,施工图预算是否在合理范围内等

■ E.初步设计的建筑规模和概算是否超出公司可批复的监制规模和估算投资,同时,是否控制在地方政府核准的建筑规模和估算投资之内等

■ D.项目总体规模及用途、地基处理及土石方部分、项目设计部分、项目概算部分等方面是否有明显漏洞

■ C.设计图纸

■ B.设计说明

■ A.项目可行性研究是否通过评审,设计招标是否完成,地勘报告是否完成,办理征地前期手续是否完成,是否取得地方政府的规划设计条件

图12-4 项目设计阶段不同职能所关注的信息

(4) 在项目土地获取阶段,不同职能普遍关注的信息是建设项目用地总规模确定的有关依据、标准和过程等,建设项目用地的现状权属情况,建设项目用地方式等情况,建设项目相关用地指标情况。除此之外,运行检修人员、物资仓储人员、科研实验人员、建设单位和监理单位还关注项目立项批复获取流程、规划选址意见书获取流程、用地预审意见获取流程、环境影响评价意见获取流程(见图12-5)。

(5) 在项目采购阶段,不同职能普遍关注的信息是供应商资格要求、招标技术文件、评标标准及权重。除此之外,教育培训人员还关注授标原则,设计人员还关注招标项目概况(见图12-6)。

(6) 在项目施工阶段,不同职能普遍关注的信息是业主项目部安全专项职责,协助开展项目建设全过程的安全管理工作以及监理项目部总监理工程师安全职责。除此之外,生产管理人员还关注业主项目经理安全职责(见图12-7)。

第 12 章 基于 Web-BIM 的房产全寿命周期协同管理模式构建

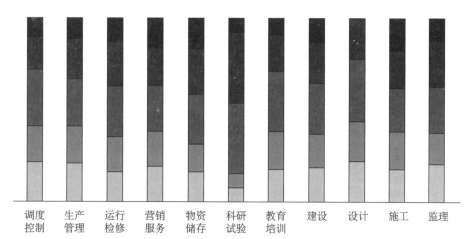

■ E.项目用地审批已获取的相关证明材料
■ D.项目立项批复获取流程，规划选址意见书获取流程，用地预审意见获取流程，环境影响评价意见获取流程
■ C.建设项目用地总规模确定的有关依据、标准和过程等，建设项目用地的现状权属情况，建设项目用地方式等情况，建设项目相关用地指标情况
■ B.需要提供的材料
■ A.现行土地政策，获取土地的方式及具体程序

图 12-5 项目土地获取阶段不同职能所关注的信息

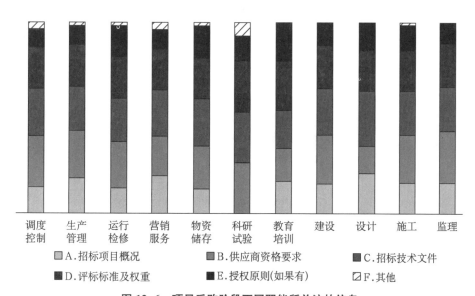

■ A.招标项目概况　　　■ B.供应商资格要求　　　■ C.招标技术文件
■ D.评标标准及权重　　■ E.授权原则(如果有)　　☒ F.其他

图 12-6 项目采购阶段不同职能所关注的信息

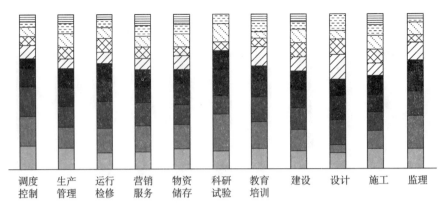

调度控制　生产管理　运行检修　营销服务　物资储存　科研试验　教育培训　建设　设计　施工　监理

- J.施工人员安全职责
- I.施工队(班组)专(兼)职安全员安全职责
- H.施工队(班组)长的安全职责，负责施工队(班组)日常安全管理工作
- G.施工项目部专(兼)职安全员安全职责，协助项目经理进行安全文明施工管理
- F.施工项目部总工程师安全职责
- E.施工项目经理安全职责，全面负责施工项目部安全管理工作
- D.监理项目部安全监理师安全职责，负责工程建设项目安全监理日常工作
- C.监理项目部总监理工程师安全职责，全面负责监理项目部安全管理工作
- B.业主项目部安全专项职责，协助开展项目建设全过程的安全管理工作
- A.业主项目经理安全职责，负责项目建设全过程的安全管理工作

图 12-7　项目施工阶段不同职能所关注的信息

（7）在项目运维阶段，不同职能普遍关注的信息是项目前期决策总结与评价，项目建设准备、实施总结与评价，项目运营总结与评价。除此之外，调度控制人员和生产管理人员还关注项目技术评价(见图 12-8)。

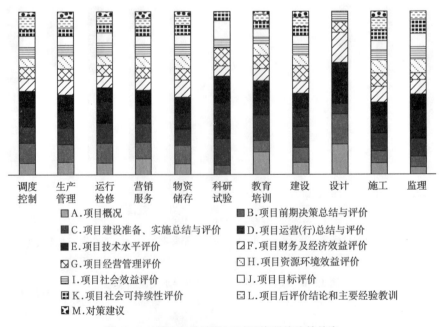

调度控制　生产管理　运行检修　营销服务　物资储存　科研试验　教育培训　建设　设计　施工　监理

- A.项目概况
- B.项目前期决策总结与评价
- C.项目建设准备、实施总结与评价
- D.项目运营(行)总结与评价
- E.项目技术水平评价
- F.项目财务及经济效益评价
- G.项目经营管理评价
- H.项目资源环境效益评价
- I.项目社会效益评价
- J.项目目标评价
- K.项目社会可持续性评价
- L.项目后评价结论和主要经验教训
- M.对策建议

图 12-8　项目运维阶段不同职能所关注的信息

(8) 在项目技改大修阶段,不同职能普遍关注的信息是技改大修的原因、项目类别、专业类别和可行性研究报告。除此之外,建设人员和设计人员还关注所涉及的建设单位(见图12-9)。

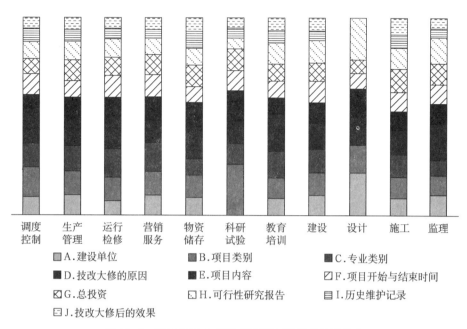

图12-9 项目技改大修阶段不同职能所关注的信息

(9) 在项目退役报废阶段,不同职能普遍关注的信息是建设单位和建设年度。除此之外,生产管理人员、营销服务人员、建设人员和监理人员还关注项目类别,营销服务人员和设计人员还关注项目名称(见图12-10)。

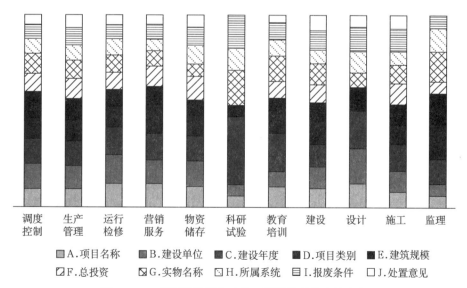

图12-10 项目退役报废阶段不同职能所关注的信息

对于不同职能(调度控制、生产管理、运行检修、营销服务、物资储存、科研实验、教育培训、建设、设计、施工、监理)的非生产性房产管理的参与人员,他们需要的信息与其职能相关,并且表现出很大的差异性。

12.3.2 房产管理不同职务参与人员的信息需求

(1) 在项目规划阶段,不同职务普遍关注的信息是项目建设必要性和项目建设可行性。除此之外,处长还关注项目建设规模;副处长还关注项目规划是否符合地方经济及企业规划,是否考虑完善相关功能及有关业务用房的规模(见图12-11)。

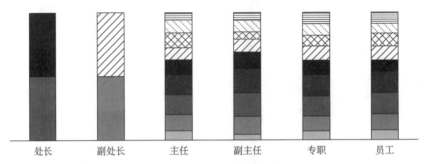

图 12-11 项目规划阶段不同职务关注的信息

(2) 在项目可研阶段,不同职务普遍关注的信息是可行性研究报告结论、存在的问题及建议、工程建设的依据。除此之外,处长、副处长和主任还关注项目概况,主任、专职和员工还关注方案设计说明(见图12-12)。

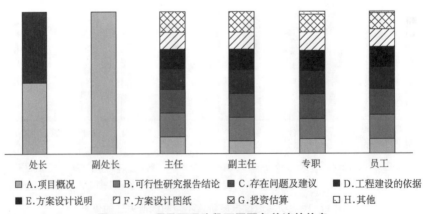

图 12-12 项目可研阶段不同职务关注的信息

(3) 在项目设计阶段,不同职务普遍关注的信息是设计图纸。除此之外,处长、副处长和员工还关注设计说明;专职和员工还关注项目可行性研究是否通过评审,设计招标是否完成,地勘报告是否完成,办理征地前期手续是否完成,是否取得地方政府的规划设计条件,项目总体规模及用途、地基处理及土石方部分、项目设计部分、项目概算部分等方面是否有明显漏洞(见图12-13)。

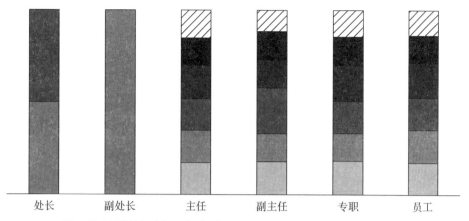

F.施工图设计深度是否达到要求,能否实现建筑的功能,与初步设计方案是否能很好地契合,可施工性和工程建设环境考虑是否周全,施工图预算是否在合理范围内等

E.初步设计的建筑规模和概算是否超出公司可行性研究报告批复的建筑规模和估算投资,同时,是否控制在地方政府核准的建筑规模和估算投资之内

D.项目总体规模及用途、地基处理及土石方部分、项目设计部分、项目概算部分等方面是否有明显漏洞

C.设计图纸

B.设计说明

A.项目可行性研究是否通过评审,设计招标是否完成,地勘报告是否完成,办理征地前期手续是否完成,是否取得地方政府的规划设计条件

图 12-13 项目设计阶段不同职务关注的信息

(4) 在项目土地获取阶段,不同职务普遍关注的信息是建设项目用地总规模确定的有关依据、标准和过程等,建设项目用地的现状权属情况、建设项目用地方式等情况、建设项目相关用地指标情况,项目立项批复获取流程、规划选址意见书获取流程、用地预审意见获取流程、环境影响评价意见获取流程。除此之外,副处长还关注需要的材料(见图12-14)。

(5) 在项目采购阶段,不同职务普遍关注的信息是招标技术文件、评标标准及权重和供应商资格要求。除此之外,副处长还关注指标项目概况(见图12-15)。

(6) 在项目施工阶段,不同职务普遍关注的信息是业主项目经理安全职责、业主项目部安全专项职责、监理项目部总监理工程师安全职责、监理项目部安全监理师安全职责、施工项目经理安全职责。除此之外,按照处长、处长和副处长、主任的顺序调整顺序(见图12-16)。

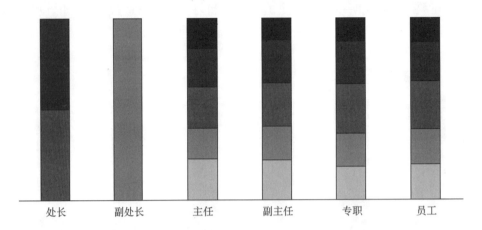

图 12-14 项目土地获取阶段不同职务关注的信息

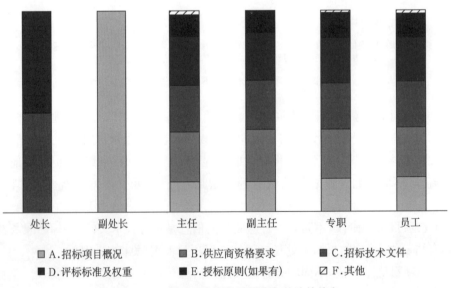

图 12-15 项目采购阶段不同职务关注的信息

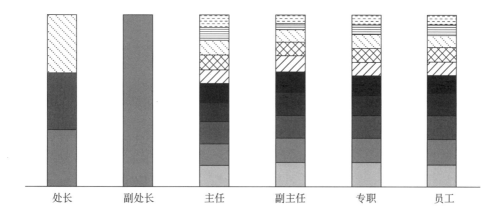

□ J.施工人员安全职责
⊟ I.施工队(班组)专(兼)职安全员安全职责
□ H.施工队(班组)长的安全职责,负责施工队(班组)日常安全管理工作
⊠ G.施工项目部专(兼)职安全员安全职责,协助项目经理进行安全文明施工管理
⊘ F.施工项目部总工程师安全职责
■ E.施工项目经理安全职责,全面负责施工项目部安全管理工作
■ D.监理项目部安全监理师安全职责,负责工程建设项目安全监理日常工作
■ C.监理项目部总监理工程师安全职责,全面负责监理项目部安全管理工作
■ B.业主项目部安全专项职责,协助开展项目建设全过程的安全管理工作
□ A.业主项目经理安全职责,负责项目建设全过程的安全管理工作

图 12-16 项目施工阶段不同职务关注的安全相关信息

(7) 在项目运营维护阶段,不同职务普遍关注的信息是项目运营总结与评价和项目建设准备、实施总结与评价。除此之外,处长和主任还关注项目财务及经济效益评价。主任和专职还关注项目技术水平评价和项目前期决策总结与评价(见图 12-17)。

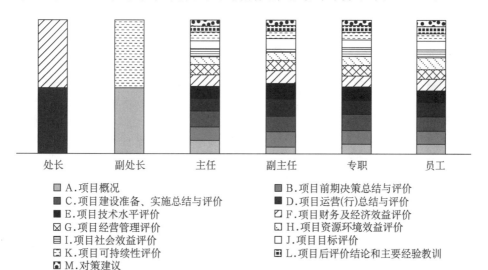

■ A.项目概况　　　　　　　　　　　■ B.项目前期决策总结与评价
■ C.项目建设准备、实施总结与评价　　■ D.项目运营(行)总结与评价
■ E.项目技术水平评价　　　　　　　⊘ F.项目财务及经济效益评价
⊠ G.项目经营管理评价　　　　　　　⊟ H.项目资源环境效益评价
⊟ I.项目社会效益评价　　　　　　　□ J.项目目标评价
□ K.项目可持续性评价　　　　　　　⊞ L.项目后评价结论和主要经验教训
■ M.对策建议

图 12-17 项目运营维护阶段不同职务关注的相关信息

（8）在项目技改大修阶段，不同职务普遍关注的信息是项目类别、技改大修的原因和项目内容。除此之外，处长和专职还关注专业类别，主任还关注项目开始与结束时间、总投资和可行性研究报告（见图 12-18）。

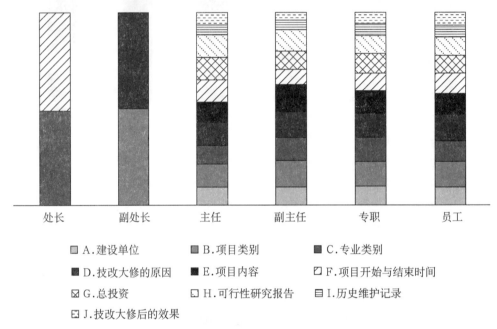

图 12-18　项目技改大修阶段不同职务关注的相关信息

（9）在项目退役报废阶段，不同职务普遍关注的信息是建设年度和项目类别。除此之外，副处长还关注总投资，副主任和员工还关注建设单位，员工还关注建设规模（见图 12-19）。

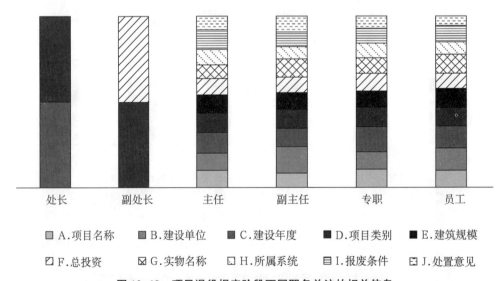

图 12-19　项目退役报废阶段不同职务关注的相关信息

对于不同职务(处长、副处长、主任、副主任、专职、员工)非生产性房产管理参与人员，他们需要的信息与其职务相关。对于高层和中层管理人员(处长、副处长、主任和副主任)，他们需要的信息比较少，并且大部分信息是宏观层面上的；对于专职人员和一般员工，他们需要的信息比较多，并且这些信息涵盖微观和宏观两个层面。

12.3.3 房产管理不同阶段参与人员的信息需求

(1) 在项目规划阶段，不同阶段参与人员普遍关注的信息是项目建设必要性和项目建设可行性(见图12-20)。

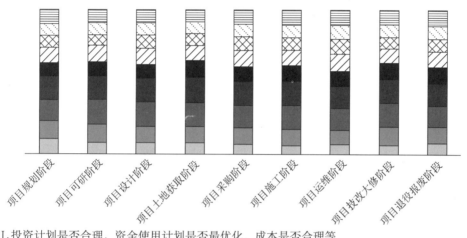

☐ I. 投资计划是否合理，资金使用计划是否最优化，成本是否合理等
☐ H. 专项计划与公司总体规划、年度投资规模、建设标准、建设时间、经营发展需求等是否一致
☒ G. 专项规划是否能够保证目标、措施、资料的安全可靠
☒ F. 项目规划是否符合地方经济及企业规划，是否考虑完善相关功能及有关业务用房的规模
■ E. 项目建设规模
■ D. 项目建设可行性
■ C. 项目建设必要性
☐ B. 现企业用房状况
☐ A. 企业概述

图 12-20 不同阶段参与人员所需要的项目规划阶段中产生信息

(2) 在项目可研阶段，不同阶段参与人员普遍关注的信息是可行性研究报告结论、存在的问题及建议和工程建设的依据。除此之外，项目采购阶段参与人员、项目施工阶段参与人员还需要方案设计说明(见图12-21)。

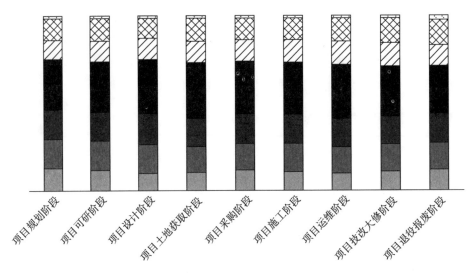

图 12-21 不同阶段参与人员所需要的项目可研阶段中产生信息

第13章
基于 Web-BIM 的房产全寿命周期协同管理流程设计

本章在前述模式构建的基础上,运用精益价值管理理论和数值型 DSM 方法,通过协同管理组织结构设计、协同管理活动识别以及协同管理各活动逻辑关系构建,最终设计了基于 Web-BIM 的非生产性房产协同管理流程。

13.1 基于 Web-BIM 的房产全寿命周期协同管理流程设计框架

在任何组织中,所有被创造的价值都是经由一系列的活动和任务,在适当的时间,按照适当的顺序逐步完成的,也就是经过一个价值流,最终得到期许的绩效或结果,对非生产性房产协同管理而言亦是如此。本研究将精益价值管理理论应用于非生产性房产协同管理,从满足利益相关者需求视角创造协同管理的价值。

13.1.1 房产全寿命周期协同管理流程的精益管理

精益管理的独特视角是从多元利益相关者视角考虑创造价值机制,包括价值识别、价值陈述和价值传递三个过程。价值识别主要包括识别所有的利益相关者以及他们的价值需求;价值陈述的关键是在各个利益相关者需求中求得平衡,并将价值需求进行重要度排序;价值传递即通过价值流中的活动将价值传递给利益相关者及产品或服务的最终使用者。其中,价值流是指为一个产品或服务提供的一切活动按次序的组合,包括增加价值和不增加价值的活动。一个完整的价值流描述包括物料流和信息流,两者相互依赖、相互驱动。

传统的精益生产方式产生于汽车工业,丰田汽车的生产方式于 1990 年被正式定名为精益生产,随后这一精益生产方式被应用于美国的航空航天工业生产中。这种传统的精益生产方式强调消除浪费,强调制造过程的精益。随着精益与价值的结合以及价值定义的发展,精益价值管理思想诞生,跨越了对传统精益的理解而扩展到整个项目或企业的全寿命周期价值,强调为每个利益相关者创造价值、消除浪费。现在,这一精益价值管理理论已广泛应用于工程维修、复杂项目管理、医疗流程管理、物流、零售供应链、教育培训等,其核心思想就是"以创造价值为目标降低浪费",通过"做正确的事"(增值活动)和"正确地做事"(活动次序)来实现利益相关者价值。

协同管理是一种增值服务,而什么样的活动或流程能够支持这一服务的完成呢？如何高效率、高效力地实现协同管理价值的传递呢？这即要求应用精益价值管理理论于协同管理的流程设计中,形成协同管理价值流的产生机制,最终为利益相关者创造价值(如图13-1)。本章研究的重点为协同管理流程的设计,将协同管理活动以及产生的物料流与信息流以合理的次序组合用流程形式展现,消除浪费以实现协同管理价值流的高效力、高效率传递。

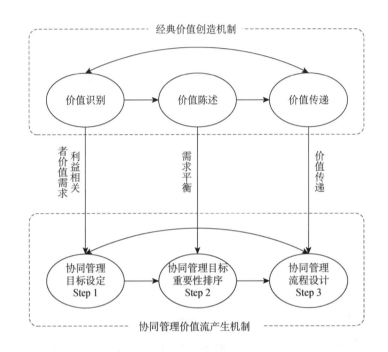

图 13-1 协同管理价值流产生机制

13.1.2 协同管理流程的定义、要素与设计框架

按照活动的性质,流程可以分为业务流程和管理流程。迈克尔·哈默(Michael Hammer)与詹姆斯·钱皮(James A. Champy)对业务流程的经典定义为:我们定义某一组活动为一个业务流程,这组活动有一个或多个输入,输出一个或多个结果,这些结果对客户来说是一种增值,即业务流程是企业中一系列创造价值的活动的组合。管理流程(Management Process)是"管理工作的流",即管理工作之间的传递或转移的动态过程,其目的是为了控制风险、降低成本、提高服务效率等。在组织中,业务流程和管理流程相互影响、相互制约,二者之间应具有动态的适应性。本书设计的协同管理流程是"管理流程",最多的是协同管理活动之间信息的传递或转移,其目的是为了高效率、标准化地实现协同管理的价值。具体而言,针对协同管理而实施流程管理,能够让协同管理人员与一般员工明确协同管理各项事务工作分别由谁做、怎么做以及如何做好的标准。一言以蔽之,

流程管理就是消除人浮于事、扯皮推诿、职责不清、执行不力的痼疾,从而达到协同管理工作运行有序、提高效率的目的。

对于流程的构建要素,比较典型的说法是"流程四要素",包括管理活动、管理活动的逻辑关系、管理活动的实现方式和管理活动的承担者。管理流程四要素中,管理活动可通过具体管理事项进行细分,本身变化余地小;管理活动关系很大程度取决于具体的管理业务内容以及整体组织架构,其逻辑关系主要有上下游、控制、任务、资源、组织等关系;管理活动的实现方式主要基于活动间关系来确定更有效的工具来代替相关活动;管理活动的承担者解决了管理流程中各环节具体活动由"谁来做"的问题,与组织架构中相应管理部门的主要职能紧密关联。此外,非生产性房产协同管理流程高效运行必须具备三个基本前提:一是组织结构设置合理,二是协同管理工作岗位职责明确,三是协同管理层级结构设计完备。基于精益价值管理理论与非生产性房产协同管理流程要素,本文构建了非生产性房产协同管理流程的设计框架(如图13-2),该设计框架指明了本章协同管理流程设计的六大步骤,各个步骤间存在信息传递,最终形成组织结构合理、任务分工科学、运转高效的协同管理流程。

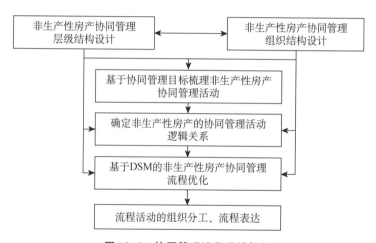

图 13-2　协同管理流程设计框架

13.2　基于 Web-BIM 的房产全寿命周期协同管理组织结构设计

13.2.1　层级结构分析

依据《国网江苏省电力有限公司小型基建项目管理工作手册》,国网江苏省电力有限公司非生产性房产的管理部门分省、市、县三级(如图13-3)。省公司后勤部是公司小型基建项目的归口管理部门,省直属单位后勤管理部门、省培训单位后勤管理部门、地市公司综合服务中心和县公司办公室是各单位小型基建项目的归口管理部门。

按照"谁使用,谁建设"的原则,将省公司本部、省直属单位、省培训单位、地市公司、县

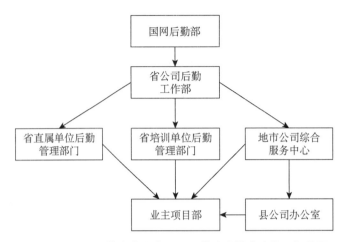

图 13-3　国网江苏省电力有限公司非生产性房产管理机构图

公司统称为小型基建项目建设单位,直属单位后勤管理部门、培训单位后勤管理部门、地市公司综合服务中心、县公司办公室统称为建设单位后勤管理部门。建设单位根据小型基建项目规模、实际情况设立业主项目部或委托相关单位代为管理。

(1) 省公司后勤部:是公司小型基建项目的归口职能管理部门,接受国网公司后勤工作部的业务管理,对建设单位后勤管理部门及相关单位进行监督指导。贯彻执行国家有关法律、法规、标准,依据国网公司小型基建项目管理办法,负责建设公司小型基建项目全过程管理体系;负责组织公司小型基建项目五年规划的编制、审核和上报;负责组织公司小型基建项目年度专项计划建议编制、初审和上报,协助国网公司做好专项计划建议评审和项目储备工作;负责组织限下及零星项目的可行性研究报告(含立项)、初步设计评审工作,并负责批复;协助国网公司进行限上项目可研和初设评审工作;负责对项目前期、项目建设及项目后期等全过程环节进行监督管理;负责公司本部小型基建项目的合同签订,指导督促各建设单位小型基建项目合同签订情况;负责对项目的安全、质量、进度、造价管理等执行情况进行检查和评价,并参加项目竣工验收;负责小型基建项目的信息收集和总结分析工作,同时按国网公司要求,按期组织报送各类文件、资料和数据。

(2) 省公司职能部门:省公司发展策划部负责将公司小型基建项目专项计划纳入公司综合计划管理,负责对计划执行情况进行监督;省公司财务资产部负责公司小型基建项目并纳入公司全面预算管理,负责对资金使用情况实施财务监督;省公司安全监察质量部、基建部等部门按照管理职能分工,协助做好小型基建项目工程建设阶段的安全、质量指导和监督;省公司审计部负责公司小型基建项目的审计监督;省公司监察部负责公司小型基建管理的监督检查。

(3) 建设单位后勤管理部门:是本单位小型基建项目的归口管理部门,在业务上接受省公司后勤工作部的指导、监督和考核。根据国网公司小型基建项目管理办法和省公司小型基建项目管理体系要求,负责本单位小型基建项目管理体系建设,负责按小型基建项目专业化管理要求配置项目管理人员,负责对本单位小型基建项目进行全过程专业化管理;负责组织编制、审核、优化并上报本单位和所辖县供电公司的小型基建项目五年规划、年度专项计划建议、可研报告及初步设计;负责检查、指导所辖县供电公司小型基建项目管理工作,对项目的安全、质量、进度、造价管理等执行情况进行检查和考核,并参加项目竣工验收;负责审查所辖县供电公司的项目备案文件并汇总上报省公司;负责本单位及所辖县供电公司小型基建项目的信息收集和总结分析工作,同时按省公司要求,按期组织报送各类文件、资料和数据。各建设单位其他职能管理部门按照职责分工,负责本单位小型基建项目综合计划、全面预算、安全质量、审计监督、监督检查等工作。

(4)业主项目部:代表业主履行项目建设过程管理职责,通过计划、组织、协调、监督、评价等管理手段,推动工程建设按计划实施,实现工程安全、质量、进度、造价和技术等各项建设目标。

13.2.2 组织结构设计

国网江苏省电力有限公司现有的非生产性房产管控组织架构中,省市级公司的后勤部、综合服务中心等处于管控核心地位。这一模式有利于实现非生产性房产全寿命周期管控的集约化和专业化,因此在组织建构中,仍然应围绕着以后勤部为中心的方式来架构管控平台。组织静态架构一旦确定,就应当具有稳定性和一贯性功能,在整个项目的全寿命周期,都由同样的组织架构来完成其管控任务。但是,管控组织在全寿命周期各阶段的运作,既要坚持中心节点关键作用,又要根据阶段需求纳入不同的组织节点,从而兼顾集约化管控与专业化分工。

在规划的组织架构中,后勤部应该作为未来非生产性房产管控网络平台的中心节点,是任务分发、管控资源汇聚和信息汇集处理的中枢。后勤部首先从专业的角度,做好小型基建项目、非生产性房产技改大修项目和日常物业维护管理的所有全寿命周期管控规划工作,并作为任务关键承担者和驱动者,在横向上主动发起和其他职能部门的协作,构造职能协同网络。同时在纵向上成为非生产性房产管控上下级沟通的核心节点和对下级授权、激励、约束的关键力量,打造纵向协同网络。在以后勤部为核心的运作下,同一层级各职能部门应该紧密参与到非生产性房产的全寿命周期管控流程中,而非在涉及部门主管相关业务时才进行后期的项目规划或财务状况审批。

国网公司非生产性房产协同管理机构如图13-4所示。为了建立适应非生产性房产协同管理的组织体系,需要对现有组织架构进行整合,应当打造一个一体化管控平台贯穿非生产性房产全寿命周期,这一平台在组织上强调对非生产性房产全寿命周期从孕育期到报废期全部职责与完整信息的集成,作为管控非生产性房产的基础平台,为全寿命周期的流程更顺畅、信息更准确、安全更可控、发展更科学提供支持。本书提出在省级和市级公司两个层级分别设立领导小组和管控小组作为核心组织,也需要在实施中明确专门处室负责相关工作,具体如下:

在省级公司层面,成立非生产房产协同领导小组,办公室设在后勤部,负责全公司非生产性房产的战略规划与标准制定,承担顶层设计功能,进行非生产性房产协同管理方面

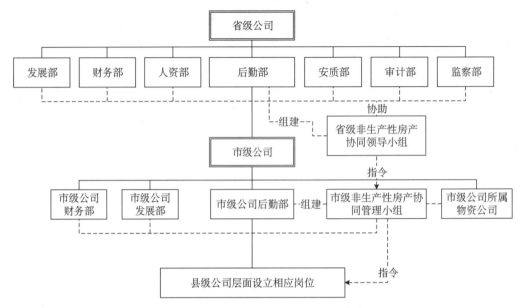

图 13-4 国网江苏省电力有限公司非生产性房产协同管理机构图

的决策,指导市级及以下公司开展非生产性房产协同管控工作。

在市级公司层面,设立非生产性房产协同管理小组,小组受市级公司后勤部领导,接受省级领导小组的业务指导,承上启下,落实省级规划和标准。管控小组组织实施辖下项目的全寿命周期管控,包括数据采集、数据存储和分析,以及采购建设、验收、运维管理等各个流程中集中承担的相应流程的全寿命周期管控监督、抽查、分析与评价工作等,但应与后勤部在项目中的日常维护管理工作做出明确区分。该部门是一个交叉业务部门,内部形成分工与协作。同时,横向上要与其他部门协同合作,如与财务部的全面预算管理深度结合,同时还要在纵向上对省公司后勤部、省公司领导小组负责,对下一层级的非生产性房产管控工作进行指挥和督导。

在县级公司层面,设立相应岗位,负责全寿命周期管控工作和全寿命周期管控事宜的落实执行,落实国网省级公司标准,并执行市级管控小组的部署。

13.3 基于 Web-BIM 的房产协同管理活动识别

13.3.1 房产协同管理活动的分解梳理

本节以价值流视角设计非生产性房产协同管理流程,这一流程是将非生产性房产协同管理涉及的活动按次序进行组合,这些活动把投入转化为交付给利益相关者的价值需求(目标实现)。因此,以目标分解视角识别非生产性房产协同管理活动是最符合价值传递思想的识别方法。本节中应用的非生产性房产协同管理目标是在协同管理常规目标的基础上结合电网非生产性房产管理协同现状调研的结果得到的。

本节主要通过以下两个步骤梳理非生产性房产协同管理活动：①以分解非生产性房产协同管理目标为视角设计所需的协同管理活动。②依据非生产性房产管理协同现状调研结果，补充管理活动。最终，本研究形成"非生产性房产协同管理活动集"（如表 13-1）。

表 13-1 非生产性房产协同管理活动集

非生产性房产协同管理目标	非生产性房产协同管理子目标	非生产性房产协同管理活动
CMG1:提升组织效率	CMG11:优化非生产性房产协同管理组织架构	A111:制定非生产性房产协同管理组织架构合理性评价方法
		A112:定期评价非生产性房产协同管理组织架构合理性
		A113:调整非生产性房产协同管理组织架构
	CMG12:构建非生产性房产协同管理制度体系	A121:制定非生产性房产协同管理办法
		A122:明确非生产性房产协同管理各部门职能
		A123:制定非生产性房产协同管理各部门考核标准
	CMG13:监管非生产性房产各部门职能履行情况	A131:定期检查非生产性房产各部门职能履行情况
		A132:指导非生产性房产各部门改善职能履行情况
CMG2:提高信息共享度	CMG21:完善信息集成共享系统	A211:制定信息协同发展规划
		A212:制定信息系统评价办法
		A213:定期进行信息系统考评
		A214:构建基于 Web 的信息共享环境
		A215:定期维护与改进信息系统
	CMG22:提升员工信息系统使用能力	A221:制定员工信息系统使用能力提升计划
		A222:定期组织员工开展信息系统培训
		A223:定期组织信息系统操作技能竞赛
	CMG23:提高信息传递规范化程度	A231:制定 Web-BIM 信息标准
		A232:制定 Web-BIM 环境中的信息传递标准
		A233:引入信息传递通用模板
	CMG24:提高信息传递准确度	A241:建立信息传递责任体系
		A242:制定信息传递奖惩制度
		A243:定期对信息传递情况进行检查
		A244:定期对信息传递情况进行奖惩
		A245:基于 BIM 提升信息系统可视化程度

续表 13-1

非生产性房产协同管理目标	非生产性房产协同管理子目标	非生产性房产协同管理活动
CMG3:增强流程运行能力	CMG31:增强房产全寿命周期流程运行能力	A311:制定非生产性房产的战略规划
		A312:制定非生产性房产全寿命周期关键点管控指南
		A313:制定非生产性房产运营维护流程
		A314:制定非生产性房产报废退役流程
	CMG32:增强各部门间协作能力	A321:监测流程运行情况
		A322:解决流程运行问题
		A323:阶段性汇总与分析流程运行问题
		A324:改进流程设计

13.3.2 房产协同管理活动的分类研究

表 13-1 以协同管理目标体系为视角,归纳了所有潜在的协同管理目标。就发生频次来看,有些协同管理活动是间断性或者突发性的,有些管理活动是日常进行、周而复始的,前者称为"项目类协同管理活动",后者称为"日常类协同管理活动"。从执行主体来看,协同管理活动又分为战略层活动和执行层活动。

1) 项目类协同管理活动和日常类协同管理活动

表 13-1 列出的定期评价非生产性房产协同管理组织架构合理性、定期检查非生产性房产各部门职能履行情况、定期进行信息系统考评、定期组织员工培训等是周而复始的活动。它们存在于非生产性房产协同管理的整个运行阶段,且能够被预知,可以称为"日常类协同管理活动"。有关制定非生产性房产协同管理组织架构合理性评价方法、制定非生产性房产协同管理办法、制定非生产性房产协同管理各部门考核标准、制定信息系统评价办法等是间断性或者突发性的,它们独立于日常的协同管理活动,其制定过程以独立的项目方式存在,然后进行全面实施,本质上来说,在协同管理流程中以"项目"形式运作,可称为"项目类协同管理活动"。

2) 战略层活动和执行层活动

前面章节已经阐明针对协同管理的管理层级划分,协同管理活动承担者根据职能划分被安排在不同层级的管理岗位中,从事不同层级的管理活动。与协同管理组织结构"省级—市级"相适应,协同管理活动被划分为战略层活动和执行层活动两个层面。战略层活动主要包括制定非生产性房产协同管理组织架构合理性评价方法、制定非生产性房产协同管理办法、明确非生产性房产协同管理各部门职能、制定信息系统评价办法、制定员工信息系统使用能力提升计划等,战略层活动一般与执行层活动产生直接联系,指导执行层活动的开展。执行层负责具体协同管理活动的开展,包括定期评价非生产性房产协同管理组织架构合理性、调整非生产性房产协同管理组织架构、定期检查非生产性房产各部门职能履行情况、定期进行信息系统考评、定期组织员工开展信息系统培训、定期组织信息系统操作技能竞赛等。在后续流程设计中,这种分类方式是必然要考虑的,其划分结果在流程设计工具中也能完全表达显示。需要注意的是,由于省级公司具体的协同管理活动由自身执行,所以其除了要执行战略层的活动,还要执行执行层的活动,故将非生产性房产协同管理小组的工作人员重新划分为战略层与执行层。战略层指省级非生产性房产协同领导小组中负责战略层工作的工作人员;执行层指省级非生产性房产协同领导小组及市级非生产性房产协同管理小组中负责执行层工作的工作人员。

3) 非生产性房产协同管理活动汇总

本节将表 13-1 中的协同管理活动按照前述两种分类方式分别标注其所属类别,以便于对流程进行分类设计且对流程中不同管理层级进行职责划分。汇总后的非生产性房产协同管理活动的分类标注见表 13-2。

表 13-2 非生产性房产协同管理活动的分类标注

协同管理活动	项目类或日常类	所属管理层级
A111:制定非生产性房产协同管理组织架构合理性评价方法	项目类	战略层
A112:定期评价非生产性房产协同管理组织架构合理性	日常类	执行层
A113:调整非生产性房产协同管理组织架构	项目类	执行层
A121:制定非生产性房产协同管理办法	项目类	战略层
A122:明确非生产性房产协同管理各部门职能	项目类	战略层
A123:制定非生产性房产协同管理各部门考核标准	项目类	战略层
A131:定期检查非生产性房产各部门职能履行情况	日常类	执行层
A132:指导非生产性房产各部门改善职能履行情况	项目类	执行层
A211:制定信息协同发展规划	项目类	战略层
A212:制定信息系统评价办法	项目类	战略层
A213:定期进行信息系统考评	日常类	执行层
A214:构建基于 Web 的信息共享环境	项目类	执行层
A215:定期维护与改进信息系统	日常类	执行层
A221:制定员工信息系统使用能力提升计划	项目类	战略层
A222:定期组织员工开展信息系统培训	日常类	执行层
A223:定期组织信息系统操作技能竞赛	日常类	执行层
A231:制定 Web-BIM 信息标准	项目类	战略层
A232:制定 Web-BIM 环境中的信息传递标准	项目类	战略层
A233:引入信息传递通用模板	项目类	执行层
A241:建立信息传递责任体系	项目类	战略层

续表 13-2

协同管理活动	项目类或日常类	所属管理层级
A242：制定信息传递奖惩制度	项目类	战略层
A243：定期对信息传递情况进行检查	日常类	执行层
A244：定期对信息传递情况进行奖惩	日常类	执行层
A245：基于 BIM 提升信息系统可视化程度	项目类	执行层
A311：制定非生产性房产的战略规划	项目类	战略层
A312：制定非生产性房产全寿命周期关键点管控指南	项目类	战略层
A313：制定非生产性房产运营维护流程	项目类	战略层
A314：制定非生产性房产报废退役流程	项目类	战略层
A321：监测流程运行情况	日常类	执行层
A322：解决流程运行问题	日常类	执行层
A323：阶段性汇总与分析流程运行问题	日常类	执行层
A324：改进流程设计	项目类	战略层

13.4 基于数值型 DSM 的协同管理活动间逻辑关系构件

13.4.1 DSM 模型的分类与应用

对于存在较多信息迭代的管理工作及流程来说，依赖结构矩阵（Dependency Structure Matrix，DSM，又称设计结构矩阵，Design Structure Matrix）弥补了传统工具甘特图、价值流程图等的不足。DSM 模型能够以简单的方式，定量描述复杂的流程，包括活动间的顺序关系、信息依赖关系及强弱，基于此减少信息迭代数量和迭代影响的范围，对各活动重新排序，以达到流程效率优化的目的，是精益管理的重要工具。

Steward 于 1981 年首次提出设计结构矩阵（DSM）理论[125]，以最小化 DSM 矩阵中上对角线部分的反馈个数作为优化方法。基于该理论模型，诸多学者进一步拓展了 DSM 的应用领域与实践方法。例如，DSM 应用最广泛的领域即是产品研发过程，Smith 和 Eppinger 等[126]基于顺序执行和并行执行的假设前提，提出 DSM 的优化模型，并拓展应用于工程领域；Eppinger 和 Browning[127]进一步分析了如何通过削减迭代次数而缩短开发周期的方法；杨青[128]将精益原则与 DSM 引入产品研发的项目管理和工程管理领域；陈冬宇、张汉鹏等人[129]提出了测量任务耦合度的方法，并对任务次序进行了优化。

20 世纪 90 年代，DSM 技术被引入建筑领域，Huovila 与 Austin 等人先后论述建筑设计流程中的信息迭代问题，并采用 DSM 理论优化建筑设计过程的信息流。吴子燕等[130]通过 DSM 设计过程模型，对资源约束下的设计过程进行了规划和工期仿真模拟。毛小平在其博士论文中将 DSM 应用与可持续建设流程优化[131]，实现了效率的提升。此外，Eppinger 和 Browning 在 *Design Structure Matrix Methods and Applications* 一书中指出，DSM 正在不断扩展应用于新的领域，包括医疗管理系统、金融管理系统和教育领域等。非生产性房产协同管理流程融合了设计与管理活动，DSM 模型的广泛应用也进一步证明了 DSM 应用于非生产性房产协同管理流程优化的适用性。

Browning[132]将 DSM 分为四种类型，即基于元素的 DSM、基于团队的 DSM、基于活动的 DSM 和基于参数的 DSM。杨青[133]归纳了四种 DSM 类型的应用范围与优化方法，如表 13-3 所示。由此可判断，基于活动的 DSM 更适用于非生产性房产协同管理活动排序及流程优化。

表 13-3 四种 DSM 模型比较

DSM 类型	描绘对象	应用范围	优化方法
基于元素的 DSM	多元素关系	系统构建、系统设计	将对角线上的独立域进行聚类，减少元素间的信息交流次数
基于团队的 DSM	多团队界面	组织设计、界面管理	将对角线上的独立域进行聚类，减少族群间的信息交流次数
基于活动的 DSM	活动输入/输出关系	活动排序、缩减项目周期与消耗资源	通过合理的排序，减少对角线左上角信息交流的次数，减少信息迭代次数或影响规模
基于参数的 DSM	参数决策	底层基于活动参数的排序	

根据信息依赖程度表示方法的不同，将基于活动的 DSM 模型又分为布尔型 DSM 和数值型 DSM。布尔型 DSM 只能表示活动间的信息交互关系，而不能准确地反映这种信息交互关系的强弱（信息依赖程度）；数值型 DSM 在原有的布尔型 DSM 的基础上能准确地反映信息反馈的强弱（信息依赖程度），同时更有利于数学建模，越来越获得一些学者的青睐。本书将选择数值型 DSM 以表达非生产性房产协同管理活动间的逻辑关系，包括信息交互关系以及信息依赖程度。

13.4.2 房产全寿命周期协同管理活动间的逻辑关系表达式

1）数值型 DSM 的一般表现形式

在一般流程中，各个活动之间普遍存在三种逻辑关系：依赖关系（串行关系）、相互依赖关系（耦合关系）和并行关系。具体而言，若活动 B 依赖于活动 A 的输出信息，而 A 不依赖于 B，这说明 A 与 B 是串行关系，时序一般是 A 先于 B；若 B 依赖于 A，同时 A 又依赖于 B，这说明 A 与 B 存在相互依赖关系（耦合关系），两者无法明确判断先后顺序，只能依据经验选择一种顺序或者并行开始，最终依据后述的流程优化方法而确定；若 A 与 B 之间没有信息依赖，则说明两者是并行关系，两者顺序可随意设定，也可并行开展，可暂设定一种次序。

上述活动间的逻辑关系以及关系强弱（信息依赖程度的强弱）均可由数值型 DSM 表

达。一个基本的数值型DSM是由一个方阵组成,信息流(流程)中的活动元素用数字或字母表示,并以相同的顺序列在矩阵的左侧(一行一个)和上侧(一列一个)。矩阵第一行或第一列中数字或字母的先后顺序即表明了此流程设定的先后顺序(上下游关系)。此外,数值型DSM能够以数值定量描述信息依赖关系强弱,其常用的信息依赖强度度量方法有四刻度法、五刻度法等。以四刻度法为例,刻度值"0""1""2""3"分别对应"无依赖关系""依赖强度低""依赖强度中""依赖强度高"。

数值型DSM中信息依赖关系强弱的具体方法见公式13-1:

$$a_{ij} = \begin{cases} 1 & \text{当活动}S_i\text{对活动}S_j\text{信息依赖强度较低} \\ 2 & \text{当活动}S_i\text{对活动}S_j\text{信息依赖强度中等} \\ 3 & \text{当活动}S_i\text{对活动}S_j\text{信息依赖强度较高} \\ 0 & \text{当活动}S_i\text{对活动}S_j\text{无信息依赖时} \end{cases} \quad (13-1)$$

用 A 表示活动间的DSM矩阵,$A = \{a_{ij}\}$,a_{ij} 为第 i 行活动(S_i)对第 j 列活动(S_j)的信息依赖关系。

2) 非生产性房产协同管理活动间信息依赖关系强弱的度量

与生产流程不同的是,非生产性房产协同管理活动间主要存在的是信息的交换和流动,涉及的人力与时间成本也主要是根据完成活动所收集与处理的信息量而定。因此,本书重点研究非生产性房产协同管理活动间的信息依赖关系,根据活动信息产生的先后确定活动的时序关系,暂不考虑物料流的问题。如上所述,以往大多数的数值型DSM主要采用四刻度法或五刻度法来衡量活动之间信息依赖关系的强度大小,但这种度量并不能揭示活动间信息交互的本质。为了更加深入地描述活动间信息依赖关系强弱,本书采用Browning定义的两个指标来定量衡量空间管理活动间的信息依赖程度:返工可能性 P(Rework Probabilities)和返工影响度 I(Rework Impact)。本书假定活动 i 和活动 j 分别为信息接收方和信息输出方,所谓"返工可能性"是指活动 j 所输出的信息引起活动 i 产生返工的可能性;所谓"返工影响度"是指活动 j 所输出的信息引起活动 i 产生的返工量或返工程度。即以返工的视角来衡量活动间的信息依赖关系,具体表述为:

$$P(\text{活动}j\text{输出的信息引起活动}i\text{的返工概率}) = DSM_{ij1} \quad (13-2)$$

$$I(\text{因活动}j\text{输出信息的变化导致活动}i\text{返工量的百分比}) = DSM_{ij2} \quad (13-3)$$

其中,P 和 I 的取值为[0, 1]。

关于返工可能性 P 和返工影响度 I 的量化,可采用模糊层次分析法、专家打分法、德尔菲法等方法来进行。为了简化指标量化的程序,本书选择专家打分法。本书首先将各活动重新编码(如表13-4),然后邀请三位资深协同管理专家对各个活动间的 P 值和 I 值进行打分,具体的度量标准如表13-5所示,最终求取三位专家打分的算术平均值。

表 13-4 协同管理活动编码

编码	协同管理活动
D1	制定非生产性房产协同管理办法
D2	明确非生产性房产协同管理各部门职能
D3	制定非生产性房产协同管理各部门考核标准
D4	定期检查非生产性房产各部门职能履行情况
D5	指导非生产性房产各部门改善职能履行情况
D6	制定非生产性房产协同管理组织架构合理性评价办法
D7	定期评价非生产性房产协同管理组织架构合理性
D8	调整非生产性房产协同管理组织架构
D9	制定信息协同发展规划
D10	构建基于 Web 的信息共享环境
D11	基于 BIM 提升信息系统可视化程度
D12	制定 Web-BIM 信息标准
D13	制定 Web-BIM 环境中的信息传递标准
D14	建立信息传递责任体系
D15	建立信息传递奖惩制度
D16	引入信息传递通用模板
D17	定期对信息传递情况进行检查
D18	定期对信息传递情况进行奖惩
D19	制定信息系统评价办法
D20	定期进行信息系统考评
D21	定期维护与改进信息系统
D22	制定员工信息系统使用能力提升计划
D23	定期组织员工开展信息系统培训
D24	定期组织信息系统操作技能竞赛
D25	制定非生产性房产的战略规划
D26	制定非生产性房产全寿命周期关键点管控指南
D27	制定非生产性房产运营维护流程
D28	制定非生产性房产报废退役流程
D29	监测流程运行情况
D30	解决流程运行问题
D31	阶段性汇总与分析流程运行问题
D32	改进流程设计

表 13-5　返工可能性 P 和返工影响度 I 的度量

返工可能性 P 的度量 （i 为信息输出方，j 为信息接收方）		返工影响度 I 的度量 （i 为信息输出方，j 为信息接收方）	
标度值	定义	标度值	定义
0	活动 i 与活动 j 无信息交互关系	0	活动 i 与活动 j 无信息交互关系
0.1	活动 i 输出的信息引起活动 j 的返工概率很低	0.1	活动 i 输出信息的变化导致活动 j 的返工量为 10%
0.3	活动 i 输出的信息引起活动 j 的返工概率较低	0.3	活动 i 输出信息的变化导致活动 j 的返工量为 30%
0.5	活动 i 输出的信息引起活动 j 的返工概率一般	0.5	活动 i 输出信息的变化导致活动 j 的返工量为 50%
0.7	活动 i 输出的信息引起活动 j 的返工概率较高	0.7	活动 i 输出信息的变化导致活动 j 的返工量为 70%
0.9	活动 i 输出的信息引起活动 j 的返工概率很高	0.9	活动 i 输出信息的变化导致活动 j 的返工量为 90%

为便于后文利用 DSM 模型优化非生产性房产协同管理流程，可将 P 和 I 两个定量指标进行综合，以转化为一种综合指标来反映协同管理活动间的逻辑关系，这一综合指标可称为活动间的信息依赖度。利用效用理论中的相乘效用函数法，将上述指标综合为 R_{ij}（Relevancy，信息依赖度），其计算公式为：

$$R_{ij}=\sqrt{P_{ij}I_{ij}} \tag{13-4}$$

本书将专家打分的结果综合为表 13-6，以 DSM 矩阵表示非生产性房产协同管理活动间的逻辑关系。此外，本书根据表 13-6 中非生产性房产协同管理活动的逻辑关系，构建了相应的协同管理流程，见图 13-5。

非生产性房产协同管理流程主要包括战略层和执行层两部分。依据前述组织结构设计，战略层指省级非生产性房产协同领导小组中负责战略制定的工作人员；执行层指省级非生产性房产协同领导小组及市级非生产性房产协同管理小组中负责执行具体工作的工作人员。

战略层主要负责从组织、信息和流程三个方面对非生产性房产的协同管理进行顶层设计。具体任务包括：首先，制定非生产性房产协同管理办法，对非生产性房产的协同管理进行全局性指导。其次，组织层面，明确非生产性房产协同管理各部门职能，制定非生产性房产协同管理各部门考核标准和组织架构合理性评价办法，为非生产性房产协同管理的组织支撑提供依据；信息层面，制定信息协同发展规划、Web-BIM 信息标准、Web-BIM 环境中的信息传递标准、信息系统评价办法和员工信息系统使用能力提升计划，建立信息传递责任体系和奖惩制度，构建一套基于 Web-BIM 的信息协同制度体系；流程层面，制定非生产性房产战略规划、非生产性房产全寿命周期关键点管控指南、非生产性房

表13-6 协同管理活动的信息依赖度

D	1	2	3	4	5	6	7	8	9	10	11	12	13	14	15	16	17	18	19	20	21	22	23	24	25	26	27	28	29	30	31	32
1	1																															
2	0.9	2																														
3		0.9	3																													
4			0.9	4																												
5				0.7	5																											
6		0.3				6																										
7						0.9	7																									
8				0.5			0.7	8																								
9	0.9								9																							
10									0.3	10																						
11										0.5	11																					
12												12																				
13												0.9	13																			
14									0.5				0.7	14																		
15										0.7				0.7	15																	
16															0.1	16																

续表13-6

D	1	2	3	4	5	6	7	8	9	10	11	12	13	14	15	16	17	18	19	20	21	22	23	24	25	26	27	28	29	30	31	32
17																0.7	17															
18																	0.9	18														
19																0.3		0.9	19													
20																			0.9	20												
21																					21											
22									0.7												0.5	22										
23												0.3										0.3	23									
24																								24								
25	0.9																								25							
26																									0.5	26						
27																										0.7	27					
28																											0.3	28				
29																											0.9	0.9	29			
30																													0.9	30		
31																														0.9	31	
32																										0.7					0.9	32

第 13 章
基于 Web-BIM 的房产全寿命周期协同管理流程设计

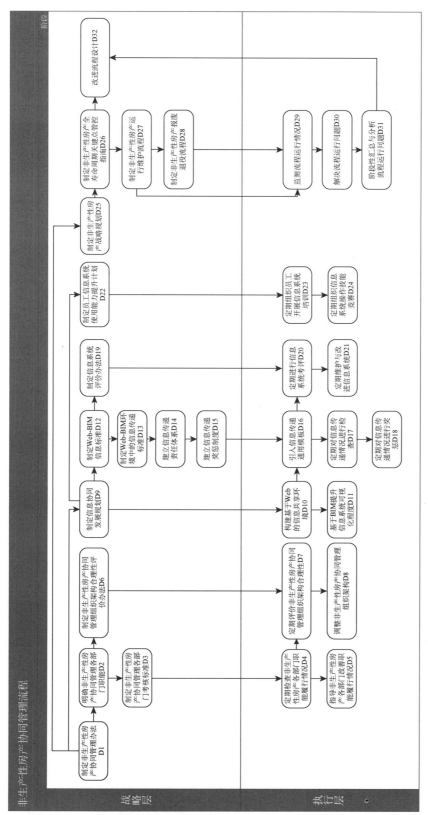

图 13-5 非生产性房产协同管理流程

产运行维护流程和报废退役流程,不断改进流程设计。

执行层主要依据战略层的顶层设计,展开具体的协同管理工作。主要包括：组织层面,定期检查非生产性房产各部门职能履行情况并指导其进行改善,定期评价非生产性房产协同管理组织架构合理性并进行调整；信息层面,首先需要构建基于Web的信息共享环境,提升基于BIM的信息系统可视化程度,引入信息传递通用模板,其次需要对信息系统和信息传递情况进行定期的检查与改进,最后需要通过培训和竞赛等方式不断提高员工的信息系统使用能力；流程层面,需要检测流程运行情况,解决流程运行问题,并对问题进行阶段性汇总与分析。

战略层与执行层相辅相成,共同构成整个非生产性房产协同管理流程。

第14章 基于 Web-BIM 的房产全寿命周期协同管理实施路径

14.1 基于 Web-BIM 的房产全寿命周期协同管理总体实施路径探索

基于 Web-BIM 的非生产性房产协同管理实施路径的建立依赖于组织优化、流程运行和信息共享三个方面的共同作用,而这三个方面又存在相互作用的关系。本章通过梳理针对组织、流程、信息三个方面的内容,以有效地支撑非生产性房产协同管理制度的全面落地,具体思路如图 14-1 所示。

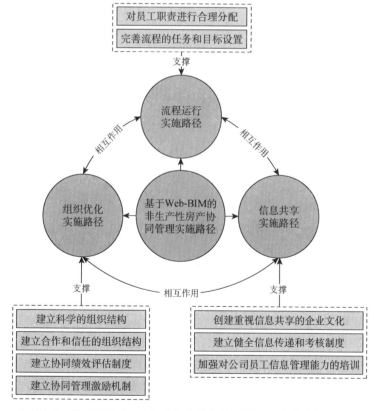

图 14-1 基于 Web-BIM 的非生产性房产协同管理实施路径思路图

14.2 基于 Web-BIM 的房产全寿命周期协同管理组织优化实施路径

1) 建立科学的组织结构

为保证国网江苏省电力有限公司在非生产性房产协同管理过程中信息传递的有效性,首先,应从管理层级、管理幅度和组织结构三个方面着手,建立战略层和执行层两个层级为主的管理层级,以缩短信息的传递链;其次,根据协同管理小组的日常工作内容,建立扁平化的组织结构,以促进信息迅速、准确地传播。

2) 建设合作和信任的组织结构

协同管理小组在进行日常的管理活动时,还需加强基于合作和信任的网络型组织结构的建立,以强化项目参与方、国网公司各部门的协同工作力度;同时,建立协同共享的企业文化氛围,使各参与方、各部门在共享和开放的组织文化中加强交流与沟通,进而不断提高信任度,最终打破项目参与方、各部门"各自为政"的局面。

3) 建立协同绩效评估制度

协同绩效评估是指对员工在一定期间内,针对非生产性房产协同管理的工作进行的系统评价,分析其协同管理工作的有效性及未来工作的潜能,作为调薪、奖励、晋升的重要参考,具体包括:①从员工的工作成果和工作行为两个方面着手,对其协同绩效进行综合评估;②建立明确的协同绩效评估标准、评估程序和评估责任,以确保评估的客观性和公正性。

4) 建立协同管理激励机制

根据非生产性房产管理过程中所涉及的不同部门的员工的需求、期望、目标等特性,从工作合理分配、公正的评估工作成果、批评教育和综合素质的提高四个方面着手,建立相应的协同管理激励方案。

14.3 基于 Web-BIM 的房产全寿命周期协同管理流程运行实施路径

1) 完善流程的目标和任务设置

以国网江苏省电力有限公司制定的规划为指导,制定合理的非生产性房产协同管理发展目标,并将该目标与协同度评价过程中的关键指标相对应,进而掌握影响协同管理目标的重要影响因素;通过分析不同影响因素对协同度的作用规律,设置协同管理工作中的不同管理活动,明确不同管理活动的工作任务,最终将目标与任务对接,提高目标执行的清晰性和效率。

2) 对员工职责进行合理分配

根据非生产性房产的不同生命阶段,在明确各阶段主要冲突的基础上,明确划分非生产性房产协同管理的责任界限,做到事事和时时有人负责;同时,通过梳理非生产性房产不同业务工作的工作流程,明确不同业务流程之间的交叉点,通过界定交叉点处不同工作的权属关系,实现交叉点处工作流程的有效集成,进而增强各部门间的协同工作能力,使管理工作更加有序。

3) 动态监督流程运行情况

由非生产性房产协同管理小组负责对公司非生产性房产协同管理的流程运行情况进行监督,发现流程运行过程中存在的问题并及时解决,提高流程运行的流畅度,并对流程运行过程中存在的问题进行阶段性汇总分析,指导流程的设计改进。

14.4 基于 Web-BIM 的房产全寿命周期协同管理信息共享实施路径

1) 创建重视信息共享的企业文化

为提升非生产性房产协同管理过程中的信息共享程度,需要结合 Web-BIM 技术创建相应的信息共享氛围,具体包括信息传递和考核制度的制定以及员工信息管理能力的培养两个方面,其中信息传递和考核制度的制定主要是从制度层面着手,以保证协同管理的有效运行,而员工信息管理能力的培养主要是为提升员工的信息管理能力,以支撑信息管理制度的落地。

2) 建立健全信息传递和考核制度

根据非生产性房产管理过程中的工作内容和性质、职权和职责关系,明确各不同部门、不同参与方在全寿命周期不同阶段的信息沟通对象、内容、方式和渠道;以组织结构的特点、常用沟通方式、实际的工作情况为基础,从纵向沟通、横向沟通、斜向沟通三个维度着手,建立完善的信息沟通制度;同时,为保证信息传递的真实性、准确性和保密性,需结合员工的实际工作情况,从信息传递考评、信息传递责任划分和信息传递奖惩方式三个方面着手,建立相应的考评制度。

3) 加强对公司员工信息管理能力的培训

根据非生产性房产协同管理过程中不同管理人员的管理层级、工作内容和职责权限,从培训规划、培训方式和培训内容等方面入手,制定完善的员工信息管理能力培训方案,以提升员工的信息管理能力。其中,培训规划是指将员工信息管理能力培训的内容列入公司的年度计划当中;培训方式主要是指通过举办培训班、讲座或定向培养等方式对员工信息管理能力进行培训;培训内容是指协同管理的培训内容不只包含员工信息沟通能力的培训,还包括信息整理、信息分析与处理等多方面的内容。

4) 制定企业信息资源管理的战略规划

战略规划是从整体出发,对企业的资源进行统筹的规划,避免各自为政、局部优先。信息是组织的重要资源,应当被整个组织所共享,只有经过规划和开发的信息资源才能发挥其作用。企业的信息管理涉及整个企业,需要各个部门密切配合,必须有来自高层的、统一的、全局的规划,将这些信息提取并设计出来,才能实现信息的共享。

5) 加强企业信息资源管理

企业的信息资源类型有计算机硬件、计算机软件、信息专家、用户、设备数据库和信息等。搞好企业的信息资源管理,就是要搞好信息、信息技术和人三者之间的协调,实现信息技术的规划、开发、管理和运用。具体的方法如下:①明确企业信息资源的主要任务;②制定企业信息资源战略规划;③培养企业员工的信息意识,树立正确的信息观念;④制定信息资源的基础标准;⑤提高信息管理部门的地位并设立相应的数据管理人员;⑥制定出科学、合理的信息资源分配与使用方案,合理有效地开发和利用信息资源,针对不同的信息需求提供不同的信息。

6)利用 Web-BIM 技术深化企业的信息管理

信息技术是推动企业深化信息管理的重要手段。利用 Web-BIM 技术,可以实现信息的集成与交互,并且对数据进行严密有效的管理。开发基于 Web-BIM 技术的房产全寿命周期管理信息系统,是公司后勤部门实现信息化管理水平质的提升的重要途径,可以使项目的不同参与人员快速获取工作层面需要的信息,提高信息传递的准确性与效率,避免信息的丢失。

第15章 总结

15.1 结论

本书结合国网江苏省电力有限公司的实际情况,以调研为基础,提出了 Web-BIM 环境下针对非生产性房产协同管理的思路和模式,是全国首创。具体研究结论如下所示:

1) 调研分析了国网江苏省电力有限公司的 BIM 应用现状

通过问卷调查,从公司房产管控综合信息集成管理的技术发展现状及面临的挑战、公司已有的信息管理系统的运行方式和使用情况、公司房产管理的信息工作中 BIM 技术的应用情况、公司非生产性房产的管理现状四个方面着手,分析了目前国网江苏省电力有限公司的现状,得出目前公司缺乏统一的信息集成平台,缺乏信息共享机制,各管理层级、各管理阶段存在信息传递不畅和信息丢失,系统使用烦琐,缺乏对 BIM 技术的了解和使用,以及在 BIM 技术推广过程中存在障碍,如针对非生产性房产管理的机构不健全,分工不明,无统一标准或标准难以执行等现状。

2) 调研分析了流程、信息、组织的协同现状

结合问卷的分析结果,目前国网江苏省电力有限公司在流程方面的协同现状主要包括非生产性房产的管理流程较为合理,流程的顺畅度较好,但也存在着一些问题,非生产性房产管理流程的高效性较强,流程的界面管理能力还有待加强。在信息方面的协同现状主要包括项目各参与方在沟通过程中基本不存在信息丢失的情况,基本不存在信息传达延误的情况,基本不存在无法准确表达信息的情况,较多公司存在信息传递的责任分配体系但权责比较模糊,较多公司存在相应规范但规范比较笼统。在组织方面的协同现状主要包括存在管理效率低的现象,存在沟通不畅的问题,存在没有明确的责任划分,规章制度存在冲突的现象。

3) 调研分析了非生产性房产协同管理过程中的信息需求现状

结合调研分析结果,非生产性房产协同管理信息需求的现状主要包括:不同职能的非生产性房产的参与人员所需要的信息与其职能相关,并且表现出很大的差异性;对于不同职务的非生产性房产参与人员,他们需要的信息与其职务相关,作为高层和中层管理人员,他们需要的信息比较少,并且大部分信息是宏观层面上的,对于专职人员和一般员工,他们需要的信息比较多,并且这些信息涵盖微观和宏观两个层面;对于不同阶段的非生产

性房产参与人员，他们需要的信息差异性不是特别大。

4）建立、验证、计算了国网江苏省电力有限公司的协同发展水平，明确了其发展阶段

本书针对非生产性房产的特点，充分考虑非生产性房产协同管理的组织协同、工作流程协同和技术提升等三个方面，结合相关参考文献，构建了基于 Web-BIM 的非生产性房产管理协同度评价指标体系，并结合结构方程模型设置了指标的权重。其中，流程协同度所占协同度评价的比重值较高，接下来依次是组织协同度、信息协同度；同时，结合调研数据计算出目前国网江苏省电力有限公司非生产性房产管理协同度得分为 3.729 9 分，并结合置信区间理论分析得出其所处的阶段为初级协同阶段。

5）构建了基于 Web-BIM 的非生产性房产多维协同管理模式

本研究结合 PDCA 循环理论，从协同管理的目标设置、工作执行、综合评价、实施路径四个方面入手，对 Web-BIM 环境下非生产性房产协同管理问题进行深入分析，构建了协同管理框架；同时根据协同现状和需求现状，结合国内外先进案例，设置了相应的协同管理目标，并制定了相应的流程设计思路。

6）构建了基于 Web-BIM 的非生产性房产协同管理实施流程

以协同管理框架为基础，结合协同管理目标，以协同管理流程设计的思路为依据，从管理层级结构、管理组织结构、管理活动识别和管理逻辑关系构建四个方面入手，设置了基于 Web-BIM 的非生产性房产协同管理流程。

7）设置了基于 Web-BIM 的非生产性房产协同管理实施路径

为保证基于 Web-BIM 的非生产性房产协同管理流程的全面落地，本书从组织优化、流程运行、信息共享三个方面着手，设置了相应协同管理实施路径，具体包括：建立科学的组织结构，建立健全信息传递和考核制度，建立协同绩效评估制度，建立协同管理激励机制，完善流程的任务和目标设置，对员工职责进行合理分配，创建重视沟通的企业文化，建立健全信息传递和考核制度，加强对公司员工信息管理能力的培训。

15.2 主要建议

非生产性房产全寿命周期管控模式框架如图 15-1 所示。

结合前述研究成果发现，省公司在非生产性房产的管理过程中已经完成了下述工作：

1）组织方面

在《国网江苏省电力有限公司小型基建项目管理工作手册》中，国网江苏省电力有限公司将非生产性房产的管理部门分省、市、县三级。

2）流程方面

（1）编制了《国家电网公司非生产性大修项目技术规范》《国网江苏省电力有限公司小型基建项目管理工作手册》《房产、设备设施实物报废管理细则及技术要求》等制度手册，以及《小型基建项目建设一体化管理创新》《楼宇节能、绿色、智能建设方案》《房产全寿命周期综合评价体系》等技术方案。

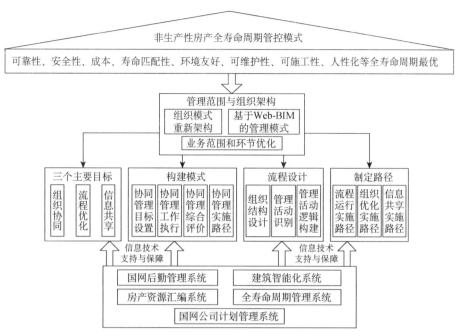

图 15-1　非生产性房产全寿命周期管控模式框架图

（2）制定了《安全文明示范工地及评比实施意见》《房产、设备设施实物报废管理细则及技术要求》《乡镇供电所室外场地标准化设计》等文件。

3）信息方面

在信息系统建设方面，以后勤管理信息系统为主，以资源汇编、全寿命系统、智能化系统、物业管理系统为辅，使得非生产性房产信息系统体系基本形成。

（1）构建了国网公司计划管理、房产资源汇编、国网后勤、建筑智能化等系统。

（2）开发了基于 Web-BIM 的房产全寿命周期管理平台系统。

（3）完成了基于视频 GIS 的小型基建施工管理智能监控关键技术和房产资源管理信息系统的推广应用及完善提升。

研究发现，上述工作成果基本能够保证省电网非生产性房产管理工作的正常运行，但仍存在下述不足：

① 组织机构有待完善，非生产性房产协同管理团队有待加强，导致现有的管理过程中内部不同层级信息沟通和共享不足，内外部参与方不能完全协调一致。

② 省公司及县市公司工作人员对 BIM 技术了解甚少，项目各参与方之间缺乏统一的 BIM 应用标准，未来大规模应用 BIM 技术存在阻碍，也难以适应 Web-BIM 协同管理模式下的非生产性房产管控。

③ 已有先进理念和大量先进成果距离推广应用尚有一段距离，需要通过示范试点开展推广应用工作，可以推广新成果，同时提升原有系统的易用性、数据兼容性，通过先进案例提高员工对成果应用的积极性。

针对上述问题，本书提出如下三条具体建议：①成立协同管理团队；②营造 BIM 应用环境;③推广应用已有成果。

15.2.1　成立协同管理团队

在省级公司层面,成立非生产性房产协同领导小组,办公室设在后勤部,负责全公司非生产性房产的战略规划与标准制定,承担顶层设计功能,进行非生产性房产协同管理方面的决策,指导市级及以下公司开展非生产性房产协同管控工作。在市级公司层面,设立非生产性房产协同管理小组,小组受市级公司后勤部领导,接受省级领导小组业务指导,承上启下,落实省级规划和标准。同时,对下一层级的非生产性房产管控工作进行指挥和督导。在县级公司层面,设立相应岗位,负责全寿命周期管控事宜的落实执行,落实省公司标准,并执行市级管控小组的部署。非生产性房产协同管理团队还需要承担与设计、施工、监理、招投标等外部组织沟通协调的职责。

在无法构建单独组织的情形下,省市县三级管理机构中应针对协同管理设立相应的兼职岗位,对内协调流程控制,对外协调各个专业。

15.2.2　营造 BIM 应用环境

利用 Web-BIM 技术实现非生产性房产的协同管理,首先需要在省公司内部及各参与方(设计方、施工方、监理方、运营方等)之间构建 Web-BIM 应用环境。图 14-1 展示了利用 BIM 技术实现非生产性房产协同管理实施路径思路,简单地说就是通过 BIM 模型在各参与方之间流转实现非生产性房产的协同管理,提高管理的效率。

从非生产性房产的全寿命周期来看,Web-BIM 在初步设计阶段介入,在不同阶段形成不同的数据成果供不同阶段的参与方使用。

在设计阶段,Web-BIM 主要供建设单位、设计单位、审核单位使用。通过三维可视化,模拟阳光、灯光照射下建筑各个部位的光线视觉,虚拟人员在建筑内的活动,直观地再现人在真正建筑中的视觉感受,提高建筑师与业主之间的沟通效率;通过碰撞检查确保建筑、结构、水电、暖通、电梯等各个专业的有效协调,避免各个专业间的构件矛盾;通过三维信息模型,展示项目的几何信息及材质信息,便于审核单位审核;通过各方协同确保设计方案达到预期的深度和精度,随着设计深度变化,BIM 模型也通过反复修改达到可指导施工的状态。

在施工阶段,建设单位、审核单位、施工单位、设计单位、监理单位等,通过 Web-BIM 进行协同工作。一方面,基于施工图设计阶段形成的 BIM 模型指导施工过程,施工单位在施工图设计阶段形成的 BIM 模型的基础上建立用于虚拟施工和施工过程控制、成本控制的模型,将工艺参数与影响施工的属性联系起来,反映施工模型与设计模型间的交互作用;另一方面,随着施工过程的深入,原先设计出现变更后也需要不断修改 BIM 模型,从而在竣工验收阶段形成可以交付运维阶段使用的 BIM 模型。

在运维阶段,使用单位、物业管理、技改大修单位等,通过 Web-BIM 进行协同工作,确保非生产性房产正常使用,并能妥善进行技改大修。一方面,基于竣工图阶段形成的 BIM 模型指导运维,通过 BIM 模型获取各系统和设备的空间位置信息,把原来编号或者文字表示的信息变为三维图形位置,指导空间管理;通过 BIM 模型存储各设施的信息,将原本存储于二维图纸和各使用手册上的信息集成到 BIM 模型中,便于运维人员在需要时进行查找;利用 BIM 模型进行应急管理,通过 BIM 技术及时定位突发事件发生位置,查询发生地点周围环境及设备情况,为人员疏散和灾情处理提供信息;将 BIM 技术与物联网技术相结合,通过安装具有传感功能的电表、水表等,实现建筑能耗数据的实时采集、传输、初步分析、定时定点上传等基本功能,使得日常能源管理监控更加便捷。另一方面,随着技改大修工作的开展,也需要不断修改 BIM 模型,以适应运维的需要。

省公司作为非生产性房产的拥有者与 Web-BIM 技术的倡导者,在 Web-BIM 技术的应用过程中应起到主导作用,通过明确 BIM 技术的应用方法与应用流程为 Web-BIM 技术的应用营造环境,具体地说包括合理选择建模软件、编制统一建模规则、制定模型交付标准以及构建 Web 沟通平台。

Web-BIM 技术的应用过程如图 15-2 所示。

1) 合理选择建模软件

目前,BIM 建模软件主要来自 Autodesk 公司、Bentley 公司、Nemetschek/Graphisoft 公司及 Dassault 公司,四款软件各具特色,如图 15-3 所示。

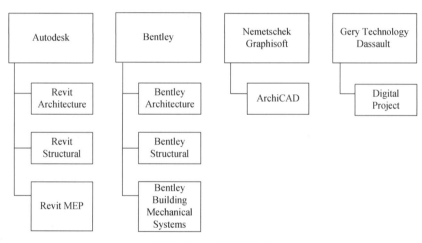

图 15-3 主要建模软件

由于 Autodesk 公司之前的 AutoCAD 在国内应用广泛,所以其 Revit 建筑、结构和机电系列软件在目前国内的民用建筑市场上占有大量份额。Bentley 公司的系列产品适用于工业设计(石油、化工、电力、医药等)和市政基础设施(道路、桥梁、水利等)领域。Nemetschek/Graphisoft 公司的 ARCHICAD 产品作为一款最早的、具有一定市场影响力的 BIM 核心建模软件,最为国内同行熟悉,但其定位过于单一(仅限于建筑学专业),与国内"多专业一体化"的设计院体制严重不匹配,故很难实现市场占有率大突破。Dassault 公司的 CATIA 产品是全球最高端的机械设计制造软件,在航空、航天、汽车等领域占据垄断地位,其建模能力、表现能力和信息管理能力明显优于传统建筑类软件,但其与工程建设行业尚未能顺畅对接。由于省公司的非生产性房产主要为民用建筑,且公司工作人员

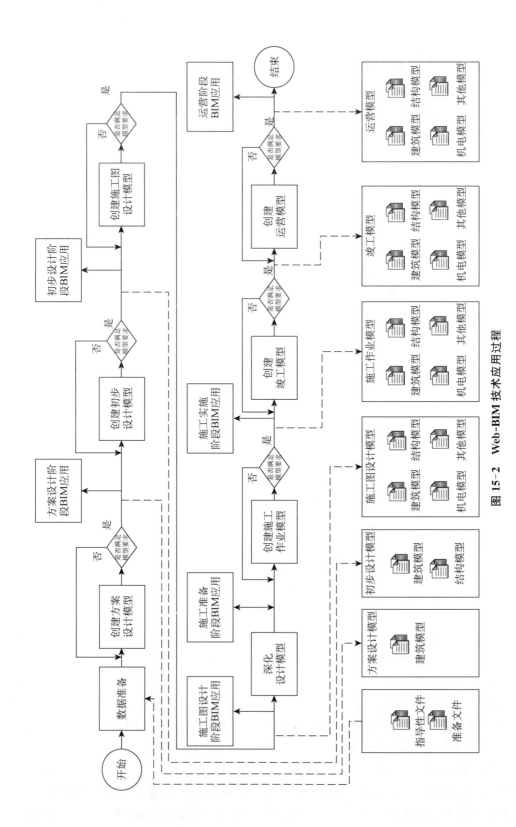

图 15-2 Web-BIM 技术应用过程

对 BIM 技术了解较少,考虑到 Revit 软件在民用建筑市场应用的广泛性和软件本身的易用性,本研究认为省公司应选取 Autodesk 公司的 Revit 建筑、结构和机电系列软件作为其主要的建模软件。

2) 编制统一的建模规则

将 BIM 技术应用于工程项目全寿命周期的协同管理要求 BIM 模型具有传承性,即一个项目的 BIM 模型从设计阶段被设计方创作出来之后,在施工阶段要被施工方依据施工方案深化,在运营阶段要被运营商依据运营情况进行更新。这就要求设计方、施工方和运营方依据同样的建模规则进行建模。省公司作为 BIM 技术的倡导者,需要编制统一的建模规则供设计方、施工方和运营方学习应用。建模规则具体包括建模精度(LOD)、单位和坐标、模型拆分规定、模型色彩规定、模型族类型命名方法等。

3) 制定 BIM 模型交付标准

如图 15-2 所示,在项目的不同阶段(设计、施工、运营),项目的各参与方(设计方、施工方、运营方)均需要对 BIM 模型进行一定程度的修改与完善,以形成新的 BIM 模型(方案设计模型、初步设计模型、施工图设计模型、施工作业模型、竣工模型、运营模型)。省公司作为项目的拥有者与 BIM 技术的倡导者,需要针对不同参与方、项目不同阶段制定具体的模型交付标准。一方面,便于对项目各参与方的工作进行考核;另一方面,方便 BIM 模型在各参与方之间流转。模型交付标准具体包括模型精度、成果形式等。

4) 构建 Web 沟通平台

构建基于 Web-BIM 的信息共享平台。一是打破省公司内部的数据传递壁垒,使计划管理系统、房产资源汇编系统、全寿命周期管理系统、国网后勤管理系统、建筑智能化系统等五大内部管理系统实现信息共享;二是 Web-BIM 平台要充分融合全寿命周期数据,特别是要对非生产性房产运行阶段的物业管理系统进行对接,保证对相关物业、设备、设施的有效管控;三是通过 Web 平台向外部参与单位开放权限,方便设计、施工、监理、招投标代理等项目各参与方进行信息共享、交流沟通。

5) 制定基于 Web-BIM 的非生产性房产运营维护方案

运营维护阶段是建筑项目全寿命周期中最长的阶段,其成本也远远超过了设计和施工阶段的成本之和,大约占建设项目全寿命周期成本的 55%～75%。Web-BIM 技术能够将项目前期规划与设计、中期施工建造所产生的大量信息数据顺利地传递到后期的运营维护当中,实现信息的高效利用和项目的精确管理,很好地解决传统运营管理中存在的管理不当、信息缺失等问题,提升非生产性房产的运营维护效率,但 Web-BIM 技术的实际应用尚需要具体应用方案的支撑,即如何将空间管理方案(空间分配、空间规划、统计分析)、资产管理(日常管理、资产盘点、折旧管理、报表管理)、维护管理(维护计划、巡检管理、报修管理)、公共安全管理(安全防范、火灾报警、应急联动)、能耗管理(数据采集、数据分析、报警管理)与 BIM 模型关联,实现基于 Web-BIM 的非生产性房产运营维护。

15.2.3 推广应用已有成果

(1) 制定成果推广应用管理办法。由非生产房产协同领导小组制定《Web-BIM 信息系统推广应用管理办法》，规范省公司的信息系统推广应用工作。明确信息系统推广的管理机构与职责、工作要求、管理流程、应用成果评比办法、奖惩规定等。

（2）推进成果应用试点工程建设。首先，由非生产性房产协同领导小组选取合适的项目，进行信息系统试点应用。第一步，选择处于不同阶段的非生产性房产，对设计、施工、运营等不同阶段的工作进行试点，采用基于Web-BIM的协同管理模式探索在不同阶段中的协同度提升机制；第二步，针对单一项目的全寿命周期进行试点，采用基于Web-BIM的协同管理模式探索在不同阶段之间的协同度提升机制。通过两到三年的试点工程，总结试点中的优点，发现试点中的不足，积累应用经验；当试点应用较为成熟后，再在全省范围内进行信息系统应用的大规模推广。

（3）提升员工信息系统使用能力。员工信息系统使用能力的提升分内部员工信息系统使用能力提升和外部人员信息系统使用能力提升两个方面。对内，一方面，为国网公司计划管理系统、房产资源汇编系统、全寿命周期管理系统、国网后勤管理系统、建筑智能化系统等五大管理系统制定使用指南，为员工使用信息系统提供指导与帮助；另一方面，定期组织员工开展各信息系统使用技能培训，提高员工的信息系统使用能力，定期组织BIM讲座，增强员工对BIM技术的了解程度；此外，还可以定期组织信息系统操作技能竞赛，激励员工不断提升自身的信息系统操作技能。对外，定期组织设计、施工、监理、招投标代理等外部参与人员进行Web-BIM平台使用培训，提升其平台使用能力；制定平台使用考核办法，将平台使用水平与付费挂钩，激励各参与方积极运用平台进行项目管理。

（4）在项目设计阶段，不同阶段参与人员普遍关注的信息是项目可行性研究是否通过评审，设计招标是否完成，地勘报告是否完成，办理征地前期手续是否完成，是否取得地方政府的规划设计条件，设计图纸、项目总体规模及用途、地基处理及土石方部分、项目设计部分、项目概算部分等方面是否有明显漏洞。除此之外，项目规划阶段参与人员还需要关注设计说明，项目运维阶段参与人员和项目退役报废阶段参与人员还需要考虑初步设计的建筑规模和概算是否超出公司可研批复的建筑规模和估算投资，同时，还需考虑该项目是否在地方政府核准的建筑规模和估算投资之内等。

（5）在项目土地获取阶段，不同阶段参与人员普遍关注的信息是现行土地政策、获取土地的方式及具体程序，需要提供的材料，建设项目用地总规模确定的有关依据、标准和过程等，建设项目用地的现状权属情况、建设项目用地方式等情况、建设项目相关用地指标情况，项目立项批复获取流程、规划选址意见书获取流程、用地预审意见获取流程、环境影响评价意见获取流程。

（6）在项目采购阶段，不同阶段参与人员普遍关注的信息是供应商资格要求、招标技术文件、评标标准及权重。

（7）在项目施工阶段，不同阶段参与人员普遍关注的信息是建设单位（业主项目部）安全管理台账、监理项目部安全管理台账和施工项目部安全管理台账，如图15-4所示。

（8）在项目运营维护阶段，不同阶段参与人员普遍关注的信息是项目建设准备、实施总结与评价，项目运营（行）总结与评价，项目财务及经济效益评价。除此之外，项目采购

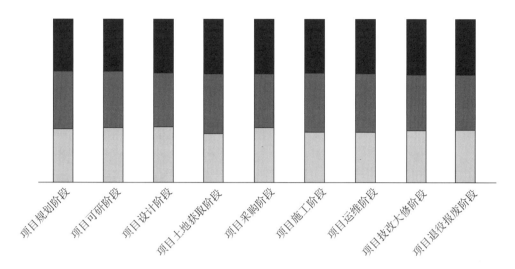

A.建设单位(业主项目部)安全管理台账 **B.监理项目部安全管理台账**
C.施工项目部安全管理台账

图 15-4　不同阶段参与人员所需要的施工阶段中产生的安全台账信息

阶段参与人员和项目退役报废参与人员还需要项目技术水平评价,项目规划阶段参与人员和项目土地获取阶段参与人员还需要项目前期决策总结与评价,项目采购阶段参与人员和项目退役报废阶段参与人员还需要项目经营管理评价,项目技改大修阶段参与人员还需要项目资源环境效益评价,如图 15-5 所示。

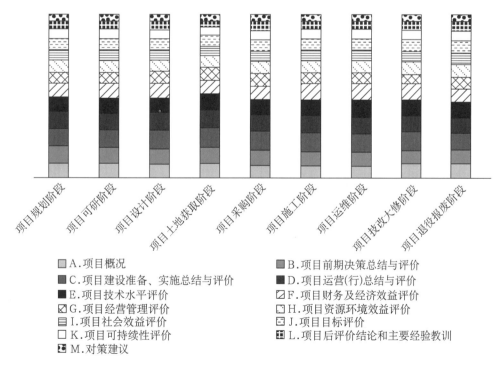

A.项目概况　　　　　　　　　　　　B.项目前期决策总结与评价
C.项目建设准备、实施总结与评价　　D.项目运营(行)总结与评价
E.项目技术水平评价　　　　　　　　F.项目财务及经济效益评价
G.项目经营管理评价　　　　　　　　H.项目资源环境效益评价
I.项目社会效益评价　　　　　　　　J.项目目标评价
K.项目可持续性评价　　　　　　　　L.项目后评价结论和主要经验教训
M.对策建议

图 15-5　不同阶段参与人员所需要的运营维护阶段中产生的信息

(9) 在项目技改大修阶段,不同阶段参与人员普遍关注的信息是项目类别、专业类别和技改大修的原因。除此之外,项目可研阶段参与人员、项目采购阶段参与人员、项目技改大修阶段参与人员和项目退役报废阶段参与人员还需要关注项目内容,项目退役报废阶段的参与人员还需要关注建设单位,如图 15-6 所示。

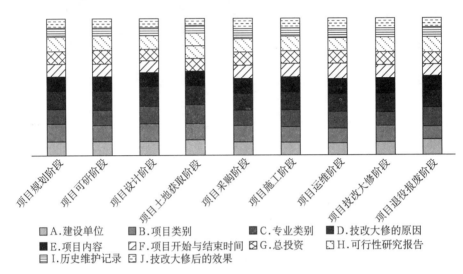

图 15-6　不同阶段参与人员所需要的项目技改大修阶段中产生的信息

(10) 在项目退役报废阶段,不同阶段参与人员普遍关注的信息是建设单位、建设年度和项目类别。除此之外,项目施工阶段参与人员、项目运维阶段参与人员、项目技改大修阶段参与人员和项目退役报废阶段参与人员还需要建筑规模。

对于不同阶段(项目规划阶段、项目可研阶段、项目设计阶段、项目土地获取阶段、项目采购阶段、项目施工阶段、项目运维阶段、项目技改大修阶段、项目退役报废阶段)非生产性房产管理参与人员,他们需要的信息差异性不是特别大,如图 15-7 所示。

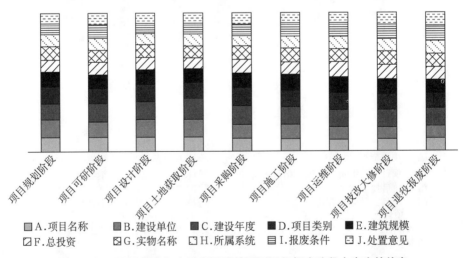

图 15-7　不同阶段参与人员所需要的项目退役报废阶段中产生的信息

参考文献

[1] 巫细波,杨再高.智慧城市理念与未来城市发展.城市发展研究,2010,17(11):56-60
[2] 姜小奇.数字房产的一体化设计.福建电脑,2007(4):172-173
[3] 王俊程.无纸化办公的难点与对策分析.兰台世界,2008,271(12):8-9
[4] 王希季.建设我国的空间基础设施.世界科技研究与发展,1998(6):19-20
[5] Azhar S. Building Information Modeling(BIM): Trends, Benefits, Risks, and Challenges for the AEC Industry. Leadership & Management in Engineering, 2011,11(3):241-252
[6] 中国勘察设计协会.Autodesk BIM 实施计划:实用的 BIM 实施框架.南京:中国建筑工业出版社,2010
[7] 许炳,朱海龙.我国建筑业 BIM 应用现状及影响机理研究.建筑经济,2015,36(3):10-14
[8] 李云贵,邱奎宁,王永义.我国 BIM 技术研究与应用.铁路技术创新,2014(2):36-41
[9] 高兴华,张洪伟,杨鹏飞.基于 BIM 的协同化设计研究:BIM 技术在设计、施工及房地产企业协同工作中的应用.北京:"BIM 技术在设计、施工及房地产企业协同工作中的应用"国际技术交流会,2014
[10] 马智亮,张东东,马健坤.基于 BIM 的 IPD 协同工作模型与信息利用框架.同济大学学报(自然科学版),2014,42(9):1325-1332
[11] 张敏,李晓丹,李忠富.国际主要 BIM 开源软件的发展现状综合分析.工程管理学报,2017,31(6):17-22
[12] 刘志君.对中国 BIM 软件发展的建议.工程技术(文摘版),2015(53):104
[13] 李相荣.BIM(建筑信息模型)应用于房地产项目管理信息化.北京:北京交通大学,2011
[14] 梁展珲.房地产项目管理的 BIM 应用.广州:华南理工大学,2014
[15] 王健.基于 BIM 云平台在建筑节能全生命周期的应用研究.安徽:安徽建筑大学,2016
[16] 杨镇宇,周佶.BIM 云平台的应用优势与在实际运用中的局限性.山西建筑,2016,42(35):255-257
[17] 陈小波."BIM&云"管理体系安全研究.建筑经济,2013(7):93-96
[18] 张洋.基于 BIM 的建筑工程信息集成与管理研究.北京:清华大学出版社,2009
[19] 陆树佳.房产管理信息化的探讨.科技风,2013(7):233
[20] 许艳,白卉.基于全寿命周期理论的绿色建筑成本研究.城市建设理论研究(电子版),2016,6(8)
[21] 黄斐娜,王进.工程项目全寿命周期管理的整体构想.铁路工程造价管理,2002,17(4):15-17
[22] 陈起俊,王艳艳.工程项目全生命周期费用管理的探讨.工程建设,2005,37(1):1-3
[23] 梁晶,庞玉成.医院建设项目全生命周期费用管理优化.中国医院建筑与装备,2015(5):92-94
[24] 沈剑飞,张文泉.关于寿命周期成本(LCC)的探讨.价值工程,2008,27(6):88-91
[25] Salomon J. Effect of Using SCPC on the Operation and Costs of Medium-Level Stations. 3rd. Kyoto: International Conference on Digital Satellite Communications, 1975
[26] Sharifi A, Mazaheri T, Emad K. Management System Designing of Bridge's Maintenance Costs.

Sharjah: Second International Conference on Engineering System Management and Applications, 2010

[27] Gandjour A, Müller D. Ethical Objections Against Including Life-Extension Costs in Cost-Effectiveness Analysis: A Consistent Approach. Applied Health Economics & Health Policy, 2014, 12(5): 471-476

[28] 何罗. BIM-BLM 技术发展及其应用研究. 科技视界, 2016(16): 155

[29] 徐恩利. 基于全寿命周期的房地产开发项目成本控制研究. 天津: 天津大学, 2007

[30] 高怀英, 张胜利. 建设项目全寿命周期管理中的知识集成. 天津理工大学学报, 2006, 22(2): 81-84

[31] 帅军庆. 电力企业资产全寿命周期管理: 理论、方法及应用. 北京: 中国电力出版社, 2010

[32] 章坚. 案例: Z 供电局的配网设备管理研究——基于资产全生命周期管理理论. 广州: 暨南大学, 2015

[33] 陆晓芬, 周全, 华燕, 等. 电网企业实施资产全寿命周期管理的优化建议. 管理观察, 2013(33): 34-35

[34] 房振良. 中国联通盘锦分公司设备综合管理信息系统的设计与实现. 成都: 电子科技大学, 2013

[35] 刘苍松. 通信公司工作辅助管理系统的设计与实现. 长沙: 中南大学, 2012

[36] 王英, 李阳, 王廷魁. 基于 BIM 的全寿命周期造价管理信息系统架构研究. 工程管理学报, 2012, 26(3): 22-27

[37] 刘晴, 王建平. 基于 BIM 技术的建设工程生命周期管理研究: "BIM 技术在设计、施工及房地产企业协同工作中的应用". 北京: "BIM 技术在设计、施工和房地产企业协同工作中的应用"国际技术交流会, 2010

[38] 朱蒙恩, 周慧芳, 高将. 基于 BIM 技术的建设项目全寿命周期集成优化研究. 安徽建筑, 2015, 22(3): 221-222

[39] 任玄磊. 基于 BIM 信息化的 EPC 模式建设项目成本动态控制研究. 郑州: 河南工业大学, 2018

[40] 刘卫平. 日用香精公司项目招标中的决策管理研究. 上海: 上海外国语大学, 2013

[41] 徐金钰. 谈房屋确权纠纷看公证在房地产市场中的作用. 上海: 全国房地产公正业务研讨会, 2000

[42] 李薇薇. 物业管理外包服务模式的若干关键性问题. 中国房地产, 2010(10): 77-78

[43] 蔡一珍. 我国国有资产管理模式: 国内外比较与构建. 广东省社会主义学院学报, 2004(3): 51-54

[44] 张一泓, 徐旸, 黎翡娟, 等. 电网企业资产全寿命周期管理模式综述. 电力信息与通信技术, 2016(5): 28-33

[45] 张勇. 电网企业资产全寿命周期管理流程优化研究. 北京: 中国管理科学学术年会, 2009

[46] 曾宇平. 产品寿命周期各阶段的财务策略. 上海会计, 2000(4): 29-30

[47] 周津慧. 重大设备状态检测与寿命预测方法研究. 西安: 西安电子科技大学, 2006

[48] 李云峰, 张勇. 国家电网公司资产全寿命周期管理框架体系研究. 华东电力, 2010, 38(8): 1126-1131

[49] 吴乃忠. 运用 COBIT 模型分析企业信息化项目风险. 硅谷, 2010(10): 30-31

[50] 唐丽. 电力企业资产管理系统(EAM)设计及开发. 电站系统工程, 2009, 25(5): 59-60

[51] 陈锋. 基于 BIM 技术的项目协同管理平台的实践. 中国住宅设施, 2017(2): 62-64

[52] 张建平, 梁雄, 刘强, 等. 基于 BIM 的工程项目管理系统及其应用. 土木建筑工程信息技术, 2012(4): 1-6

[53] 董志军. 关于企业如何加强安全管理, 实现可持续发展探讨. 中国科技投资, 2016(35)

[54] 张炳江. 层次分析法及其应用案例. 北京: 电子工业出版社, 2014

[55] 贺思辉, 胡永宏. 综合评价方法. 北京: 科学出版社, 2000

[56] 张丽,刘长滨.建筑产品的全寿命周期环境影响评价.北京交通大学学报(社会科学版),2005,4(4):39-42

[57] 孙怀玉.实用价值工程教程.北京:机械工业出版社,1999

[58] 裴龙.基于能耗模拟及生命周期评价的武汉高层住宅建筑的生态化设计研究.武汉:华中科技大学,2015

[59] 王断业.资产全寿命周期管理.电力信息与通信技术,2010(9):5

[60] 董士波.建设项目全生命周期成本管理.北京:中国电力出版社,2009

[61] 李庆远.PDCA在生产管理中的应用.广州:广东旅游出版社,2015

[62] 沈青.国外企业健康、安全、环境(HSE)管理的发展与实践初探.科技管理研究,2005,25(4):58-60

[63] 申琪玉,李惠强.绿色建筑与绿色施工.科学技术与工程,2005,5(21):1634-1638

[64] 戴栎,黄有亮.精益建设理论及其实施研究.工程管理学报,2005(1):33-35

[65] 王飞.基于4M1E的工程项目管理中质量控制研究.建筑知识,2016(5)

[66] 陈潇睿.5D模型在建筑管理软件中的设计与实现.上海:上海交通大学,2013

[67] 李金杭.建设工程项目的成本管理闭环——浅谈"三边工程"中施工方如何做好成本管理.商品与质量·建筑与发展,2014

[68] 汪亚莉.OKR绩效管理体系研究——以谷歌为例.纳税,2018(1):237

[69] 柯继红,曹冰.工程健康管理在数字化管道建设中的应用.石油工程建设,2006,32(4):70-72

[70] 周卫庆,徐治皋,司风琪.基于灰色关联分析的电站设备状态评价方法.华东电力,2009,37(3):460-463

[71] 牛晓霞,于静,赵洪宝.项目与资产评估.北京:北京邮电大学出版社,2014

[72] 邓力,马登武,吴明辉.基于健康状态监测与预测的装备维修决策方案.计算机测量与控制,2013,21(11):2895-2897

[73] 刘艺贺,周耀俊,万晓苹,等.电网实物资产"资产墙"分析方法研究.华东电力,2014,42(3):596-600

[74] 冯珍.产品循环再利用运作管理.北京:科学出版社,2014

[75] 张强,李睿琪,王传启,等.基于层次分析法的设备运行健康指数模型.合肥:系统仿真技术及其应用学术论文集,2014

[76] 马勇,陈峰.投资项目经济评价风险概率分析方法及其应用.山西建筑,2007,33(11):243-244

[77] 冯潇楠.基于LCAM的报废退役设备资产管理的思考.科研,2016(11):106-107

[78] 成家锦.电力非生产性房屋资产管理的要点.管理科学,2013(34)

[79] 周君.建筑设计师及设计单位的法律责任研究.广州:暨南大学,2008

[80] 耿望阳.《建筑工程设计文件编制深度规定(2016年版)》解析.智能建筑,2017(3):13-14

[81] 王敏.《民用建筑工程结构初步设计深度图样》05G104简介.建筑结构,2005(10):34

[82] 中国法制出版社组织编写.中华人民共和国招标投标法实施条例.北京:中国法制出版社,2011

[83] 霍睿.电力建设施工单位工程竣工技术文件组卷示例.北京:中国电力出版社,2008

[84] 住房和城乡建设部,工程质量安全监管司.建设工程安全生产管理.北京:中国城市出版社,2014

[85] 朱宏亮.项目进度管理.北京:清华大学出版社,2002

[86] 李贤明.强化质量管理健全中间验收.电梯工业,2002(5):43

[87] 刘中平,谢华.论工程设计变更的管理.建筑设计管理,2004(5):53-54

[88] 杜小培.简论工程资料的收集整理归档工作.科技信息,2013(11):233

[89] 李启明.土木工程合同管理.南京:东南大学出版社,2002

[90] 王强,贺洲强.智能变电站运行维护管理探讨.电力安全技术,2012,14(5):1-5
[91] 杜小康.非生产性技改项目预算管控研究.商情,2017(34)
[92] 徐宛容.资产报废及退役设备再利用的 LCM 实践.上海电力,2009(6):503-507
[93] 朴永哲.国有企业中国有非生产类经营性房屋资产管理的探讨.吉林:吉林大学,2012
[94] 张勇.电网企业资产全寿命周期管理流程优化研究.北京:中国管理科学学术年会,2009
[95] 李俊亭.全生命周期项目风险管理研究.西安石油大学学报(社会科学版),2007,16(4):51-55
[96] 苍立巍.莲花水电公司固定资产全寿命周期管理研究.保定:华北电力大学,2013
[97] 李新.房地产开发项目全生命周期的风险管理.天津:天津大学,2009
[98] 潘巍巍.电网资产全寿命周期过程性管理及应用.北京:中国电力出版社,2013
[99] 周思宪.电力设备状态检修评价系统设计与实现.成都:电子科技大学,2014
[100] 郭世照.建立科学的指标体系促进资产全寿命周期管理的持续改进.济南:山东电机工程学会 2012 年度学术年会论文集,2012
[101] 鲍薇.提升电网企业制度通用性的应用研究——以"1+2+3"闭环管理机制构建精益高效的制度管理体系.安徽电气工程职业技术学院学报,2016,21(4):56-58
[102] 朱庆龙.基准化管理及应用研究.合肥:中国科学技术大学,1997
[103] 余力,左美云.协同管理模式理论框架研究.中国人民大学学报,2006,20(3):68-73
[104] 李健,范晨光,苑清敏.基于距离协同模型的京津冀协同发展水平测度.科技管理研究,2017,37(18):45-50
[105] 宋松柏.区域水资源可持续利用指标体系及评价方法研究.陕西:西北农林科技大学,2003
[106] 陈长杰,马晓微,魏一鸣,等.基于可持续发展的中国经济——资源系统协调性分析.系统工程,2004,22(3):34-39
[107] 刘星,周振宇.基于灰色关联分析的城市群道路客运系统协同发展研究.交通运输研究,2014(19):49-53
[108] 李海东,王帅,刘阳.基于灰色关联理论和距离协同模型的区域协同发展评价方法及实证.系统工程理论与实践,2014,34(7):1749-1755
[109] 畅建霞,黄强,王义民,等.基于耗散结构理论和灰色关联熵的水资源系统演化方向判别模型研究.水利学报,2002,33(11):107-112
[110] 刘艳清.区域经济可持续发展系统的协调度研究.社会科学辑刊,2000(5):79-83
[111] 崔涛.煤炭企业多元化、产业协同与企业绩效研究.徐州:中国矿业大学,2016
[112] 孟庆松,韩文秀.复合系统协调度模型研究.天津大学学报(自然科学与工程技术版),2000,33(4):444-446
[113] 徐浩鸣.混沌学与协同学在我国制造业产业组织的应用.哈尔滨:哈尔滨工程大学,2002
[114] 梁玉泉.基于全生命周期的 A 公司电网设备资产协同管理.广州:华南理工大学,2012
[115] 张远,王佳.全寿命周期成本技术在电力行业中的应用.电源学报,2013,11(4):26-29
[116] 徐颖.基于 B/S 和 C/S 相结合的网络架构系统对比分析.电脑知识与技术,2005(11):28-31
[117] 王珩玮,胡振中,林佳瑞,等.面向 Web 的 BIM 三维浏览与信息管理.土木建筑工程信息技术,2013,5(3):1-7
[118] 詹双环.用面向对象技术实现 PMS 的四层体系结构.北京:北京理工大学,2003
[119] 张建平,梁雄,刘强,等.基于 BIM 的工程项目管理系统及其应用.土木建筑工程信息技术,2012(4):1-6

[120] 周海浪,王铮,吴天华,等. 基于 BIM 技术的工程项目数据管理信息化研究与应用.建设监理,2016(2):8-12

[121] 刘洪舟. 组织协同与信息化管理. 珠海:工程项目管理信息化高层研讨会,2006

[122] 赵璐. 基于流程优化的政府集中代建项目管理. 武汉:华中科技大学,2010

[123] 包厚华. 基于云计算和物联网的供应链库存协同管理和信息共享机制.广州:华南理工大学,2012

[124] 巩亚强. PDCA 循环理论在项目管理中的应用研究.城市建设理论研究:电子版,2014(28):1065-1066

[125] Steward D V. The Design Structure System:A Method for Managing the Design of Complex Systems. IEEE Transactions on Engineering Management,1981,28(3):71-74

[126] Eppinger S D,Whitney D E,Smith R P,et al. A Model-Based Method for Organizing Tasks in Product Development. Research in Engineering Design,1994,6(1):1-13

[127] Browning T R,Eppinger S D. Modeling impacts of process architecture on cost and schedule risk in product development. IEEE Transactions on Engineering Management,2002,49(4):428-442

[128] 杨青,吕杰峰,黄健美. 基于 DSM 的复杂研发项目价值流优化. 管理评论,2012,24(3):171-176

[129] 陈冬宇,张汉鹏,李伟军. 基于参数影响度的任务耦合度测量模型研究. 中国管理科学,2012(S1):184-190

[130] 吴子燕,覃小文,刘中峰,等. 建筑工程并行设计过程规划与仿真研究. 系统仿真学报,2007,19(15):3577-3581

[131] 毛小平. 工程项目可持续建设的流程优化研究.南京:东南大学,2012

[132] Browning T R. Applying the design structure matrix to system decomposition and integration problems:a review and new directions. IEEE Transactions on Engineering Management,2001,48(3):292-306

[133] 杨青,等. 基于迭代的项目进度风险分析. 项目管理技术,2009(8):33-36